365 Días de Oraciones

a los

Ángeles

365 Días de Oraciones

a los

Ángeles

con Sunny Dawn Johnston, Kimberly Marooney,
Karen Paolino Correia y Roland Comtois

Incluyendo Mensajeros de Ángeles de todo el mundo

SDJ Productions LLC, 4640 W. Redfield Road, Glendale, AZ 85306

www.sunnydawnjohnston.com

Debido a la naturaleza dinámica del Internet, las direcciones web o enlaces contenidos en este libro pueden haber cambiado desde su publicación y pueden no ser válidos. Las oraciones y opiniones originales expresadas en este trabajo son únicamente de los autores.

Los autores de este libro no dispensan consejos médicos ni prescriben el uso de ninguna técnica como forma de tratamiento para problemas físicos, emocionales o médicos sin el consentimiento y/o prescripción de un doctor, directa o indirectamente. La intención de los autores es sólo ofrecer información de carácter general para ayudar al ser humano en la búsqueda de bienestar emocional y espiritual. En caso de que utilice cualquiera de la información incluida en este libro, lo cual es su derecho constitucional, los autores y el editor no asumen ninguna responsabilidad por sus acciones.

Primera Edición Febrero 2014: CreateSpace Independent Publishing Platform

Segunda Edición Abril 2018: SDJ Productions LLC

ISBN-13: 978-0-9961389-8-7

Diseño de Portada por: Kris Voelker

Diseños Compilados por: Deb McGowan

Formateado por: Shanda Trofe

Traducido al Español por: María Alejandra Celis - MYP Productions Inc.

Disponible en Amazon.com y en otros minoristas.

Impreso en los Estados Unidos de América.

Agradecimiento

Este trabajo de amor está dedicado a todos los maestros maravillosos, sanadores y personas del día a día que comparten el amor y el trabajo de los ángeles.

Gracias ... la oración más grande y más simple que uno pueda compartir. Gracias a los ángeles y guías que inspiraron a tantos para conectar con su espíritu y escribir desde sus corazones.

Una mención especial de agradecimiento a Elizabeth Harper y Cathleen O'Connor PhD, quienes dieron luz a la idea de este libro y crearon la versión original.

Cuando entraron los vientos de cambio, le dieron alas al libro al permitirme crear esta hermosa y recién editada, segunda edición.

Permítete descansar sabiendo que el amor de tus Ángeles está siempre contigo.

Permítete sentir esa verdad dentro de las páginas de este libro, ya que proporciona un recordatorio diario de la verdadera expresión del amor incondicional.

~ Sunny Dawn Johnston

Dedicatoria

Este libro está dedicado a una de nuestras mensajeras más especiales, quien dejó su cuerpo para tomar vuelo con los Ángeles durante la publicación de este libro. La oración de Vicky Mitchell nos deja con estas palabras de predicción...

"Luz de arco iris del amor celestial, ayúdame a celebrar bailando en mi nuevo camino a la alegría."

Pido que todos recordemos a través de las palabras de Vicky … **celebrar, bailar y encontrar nuestra alegría en cada momento!**

Índice

Marzo

Abril

Mayo

Julio

Noviembre

Diciembre

Prefacio

En el proceso de mi despertar espiritual a mediados de los años 80 me di cuenta de que todos tenemos muchos ayudantes en espíritu que han sido asignados para asistirnos! A medida que mi conciencia comenzó a elevarse, empecé a comprender realmente cómo nos cuidamos espiritualmente mientras estamos en la tierra. Fue durante este tiempo de buscar y buscar para mejorar mi vida espiritual que los ángeles me dieron un mensaje dictado por escrito que era tan amoroso y curativo, que sabía que era de ellos! ¡De este primer mensaje espiritual, una "Epifanía Angélica" sucedió y mi vida espiritual ha estado llena de enorme amor y sabiduría desde entonces!

A través de este intercambio angelical llegué a la conclusión de que todos tenemos un propósito o una misión para el bien mayor, pero afortunadamente; nunca estamos solos en el cumplimiento de nuestro trabajo de vida. Estaba tan claro para mí que Dios estaba enviando mensajeros angelicales para estar a nuestro lado y que su presencia era siempre constante. Ves, el trabajo de un ángel no es sólo hacer la obra de Dios, sino también guiar, apoyar, enseñar y animar, y más importante amar a cada uno de nosotros mientras estamos aquí cumpliendo nuestro propósito de vida. Cada uno de nosotros es verdaderamente bendecido. La mejor parte de nuestro despertar es aprender que realmente podemos formar una asociación real y significativa con nuestros ángeles para cualquier cosa en nuestras vidas que nos gustaría saber, tener o hacer. Nuestro equipo espiritual de ángeles está aquí para ayudarnos en todos los niveles, físico, mental, emocional, espiritual y en todos los sentidos imaginables. Aprender a formar una asociación con mis ángeles fue un proceso increíble para mí, ya que comencé a hablar u orar con ellos a diario.

Inclusive antes de levantarme de la cama por la mañana, me gusta pasar tiempo con Dios y los ángeles. Comienzo mi día en oración para dar gracias por todo lo bueno que ha llegado a mi vida. También pido ayuda con cualquier evento que esté pasando en mi vida. Pedir es clave para trabajar con nuestro equipo espiritual de ángeles, porque cuando pedimos su ayuda le damos permiso a los ángeles para trabajar con nosotros mientras estamos aquí en la Tierra. También hay días en que escribo sus mensajes amorosos y palabras de sabiduría que llegan a mí en mi tiempo de oración y meditación. ¡Es muy fácil comunicarse con los ángeles porque siempre están listos para conectarse con nosotros!

Aquí hay una oración que los ángeles me dieron hace muchos años que todavía uso con frecuencia. Pueden utilizarla en cualquier lugar y en cualquier momento:

Querido Dios y Ángeles,

Por favor, tráiganme las personas,

las circunstancias y los acontecimientos correctos

para que yo pueda hacer mejor su voluntad.

Amén

Es sabiendo que los ángeles están listos y esperando para conectar con ustedes, que los invito a hacer una conexión aún más cercana con su propio equipo de apoyo espiritual de ángeles, guías y seres queridos a través de "365 Días de Oraciones a los Ángeles". Utilice este maravilloso libro diariamente como sus autores sugieren, como una herramienta para ayudar a mantener su conexión divina. De la bienvenida a cada día mientras experimenta los mensajes amorosos que ellos han enviado y recibirá la bondad y el amor que fluye de cada página y cada autor. ¡Disfrute y descanse sabiendo la continua presencia de los ángeles de Dios entre nosotros!

Trudy Griswold, Autora

Angelspeake ~ Cómo hablar con sus ángeles

Trudy Griswold es una entrenadora de vida espiritual, maestra, intuitiva y autora de los cuatro libros más vendidos sobre espiritualidad, incluyendo Angelspeake: Cómo hablar con sus ángeles y el libro *The Angelspeake Book of Prayer and Healing*. Como una clarividente dotada y sensitiva, Trudy ayuda a los individuos a abrirse más plenamente a su más alto y mejor potencial espiritual. Guiada por los ángeles, Trudy cree que todo el mundo tiene un propósito de vida o un llamado especial y es su privilegio ayudar a otros en la realización de los suyos.

Conéctate con Trudy en www.TrudyGriswold.com.

Introducción

Bienvenidos a una celebración de comunicación con el reino angelical. Es una celebración, porque una vez que abra su corazón a los ángeles, cosas asombrosas empiezan a suceder. Desde el momento en que invite su amor y luz a su vida, comienza un viaje que eleva su cuerpo, mente y espíritu. Su viaje y su amor por los ángeles comienza entonces, a esparcir el amor y la luz a aquellos con los que entra en contacto, y a muchos otros que nunca conocerá. Debido a que está eligiendo enfocar su energía a los ángeles, también está eligiendo compartir esa energía de amor y sanación con toda la humanidad - algo que necesitamos ahora, más que nunca.

Parece que estamos en un momento de nuestra historia cuando los ángeles son realmente necesarios para cambiar la pesadez y la densidad en nuestro mundo. Y con las vidas ocupadas que todos vivimos, puede ser fácil olvidar tomar el tiempo para conectar con el Espíritu cada día ... cualquiera que sea la forma de Espíritu para usted. A lo largo de los años, yo misma he comprendido la necesidad de una práctica espiritual consistente que, para mí, incluye meditación, invocación y presencia. Ha sido un viaje que ha cambiado mi vida y ha expandido mi corazón en los últimos 17 años ... un viaje que espero que usted se permita la oportunidad de tomar también, a través de este libro.

Esa es una de las razones por las que decidí publicar este libro en Español, así podrá tener un recurso diario de inspiración, amor, sanación y oración que le ayudará a hacer tiempo para esos preciosos momentos de recordar su conexión con el Espíritu. Con el apoyo y la guía de los Ángeles, mi equipo y yo hemos sido bendecidos para trabajar juntos y crear esta increíble edición en Español de 365 Días de Oraciones a los Ángeles - trayendo nuevo amor, luz y energía a este fabuloso proyecto.

365 Días de Oraciones a los Ángeles es una compilación de oraciones diarias escritas por personas que trabajan con los ángeles para manifestar alegría, sanación, paz profunda y amor. La inspiración de cada día ha sido compartida por alguien que tiene un propósito de vida divina de comunicarse con el reino angélico y un profundo deseo de compartir ese propósito a escala global. Cada día es un nuevo comienzo - un recordatorio de que, no importa cuáles sean sus luchas en la vida, usted nunca está solo.

Usted tiene ángeles listos para ayudarle en cualquier momento! Se puede conectar con ellos cada día, invitando su energía a su espacio vibratorio y usando las oraciones especiales que encontrará aquí, cada día un hermoso regalo de amor de nuestros autores, creado con la intención de difundir la guía angelical y la curación. ¡Como usted, ellos son todos parte de una gran iluminación del amor y de la luz! Algunas de las oraciones son para Arcángeles específicos, otras pueden dirigirse al Dios de su entendimiento; algunas son para nuestros ángeles peludos que encarnan el amor incondicional por nosotros; otras son para la Madre Tierra - lo más preciado de los Ángeles de la Tierra; algunas honran las tradiciones de los pueblos indígenas; otras son poéticas; otras son líricas, y algunas son mensajes profundamente canalizados. Todas ellas le ayudarán a crear una conexión con los Ángeles.

No hay una manera "correcta" de orar por la bendición,

sanación, amor y ayuda divina. Lo que encontrará al trabajar con este libro, es que la mejor comunicación es aquella que está en sus propias palabras y que viene del corazón. Por lo tanto, permítase inspirarse en estas oraciones; tal vez incluso pueda sentirse guiado por sus ángeles para escribir su propia oración.

Puede experimentar este libro de varias maneras: leer la oración que corresponde a cada día del calendario; usando su intuición y pidiendo a los ángeles que le guíen a la mejor oración para usted, para cualquier día o circunstancia; o abrir una página y leer la oración de esa página. Por supuesto, usted puede hacer el libro suyo agregando una oración suya original, justo en el libro, si usted está inspirado a hacerlo.

Ofrezco un par de sugerencias a considerar mientras lee la oración de cada día: Libere cualquier expectativa o juicio para que pueda estar abierto a recibir la energía amorosa de sus ángeles. Permita que las palabras se muevan a través de su mente y corazón como las ondas a través del agua, envolviéndolo completamente. Pida que usted pueda recibir de la oración de ese día, lo que sea para su mayor bien. Confíe y sepa, que experimentará exactamente lo que necesita en el momento. Es así de simple.

Este asombroso libro cuenta con el apoyo y la contribución adicional de cuatro reconocidos expertos en ángeles, una de ellos so yo, Sunny Dawn Johnston y junto a Kimberly Marooney, Karen Paolino Correia y Roland Comtois, compartimos nuestras hermosas oraciones que le elevarán y le asegurarán que los ángeles y seres divinos de amor y luz le rodean, incluso en las actividades más mundanas de su vida cotidiana. Usted tiene un recurso de información en este libro, el contacto con algunos de los mejores comunicadores de ángeles del mundo, así que utilice ese recurso. Visite sus sitios web, aprenda más sobre ellos; y si se siente guiado, agradézcales por el regalo de amor que tan generosamente nos han ofrecido a todos.

Desde el hermoso prólogo del autor de *Angelspeake* Trudy Griswold, hasta todas las oraciones de los ángeles contenidas dentro de este libro; usted y este libro, forman parte de un círculo de luz que se extiende alrededor de la tierra - vecino a vecino, pueblo a pueblo, país a país, fe a fe ... y lo más importante - corazón a corazón.

Me siento honrada y emocionada de que usted tenga este libro en sus manos ahora mismo. Muestra de que usted está listo para comprometerse a un viaje de 365 Días de Oraciones a los Ángeles. Una vez que comience este viaje - y si permanece constante - usted experimentará cambios en su vida que nunca hubiera creído posibles. Los Ángeles cambiarán su vida ... Yo sé, me pasó hace más de treinta años, y estoy eternamente agradecida.

Disfrute su viaje con los Ángeles mi amigo y que cada momento de su vida, se llene de Paz, Amor y Luz.

Bendiciones de Ángeles para usted,

~ Sunny Dawn Johnston

Enero

1 de Enero

Oración para la Manifestación de los Arcángeles
Por: Rev. Jennifer Shackford

Yo invoco a los Arcángeles para que pavimenten la vía
para un futuro abundante,
lleno de amor, felicidad, gratitud y fe.
Yo creo la intención de que este será el mejor año de mi vida.

Yo invoco al Arcángel Miguel
para que me de la fuerza necesaria para enfrentar
los retos en el año venidero.

Yo invoco al Arcángel Gabriel
para tener las palabras y comunicación que necesito,
para preparar el camino de mi verdad y mis deseos,
en mis éxitos y relaciones presentes y futuras.

Yo invoco y le entrego todo al Arcángel Rafael
para que permita los procesos de sanación de mi ego y
mi ser superior; y no admita más nunca, que mis miedos pasados controlen
mi presente o futuro.

Yo invoco al Arcángel Uriel
para activar y abrazar mi verdadero poder y amor interno;
para dirigirme fácil y sin esfuerzo a las lecciones
de mi alma en esta vida.

Yo invoco al Arcángel Raguel
Para balancear todas las relaciones en mi vida con paz y armonía.
Permíteme reconocer, aceptar y liberar cualquier relación que no está
sirviendo a mi mayor bien y enviarle gratitud y paz.

Queridos Arcángeles
Yo estoy siempre abierto y dispuesto, y deseo su amor y guía.
Bendiciones de Amor.

2 de Enero

Hoy es el Día en que Vivo con Todo mi Poder
~ Un Recordatorio de los Ángeles
Por: Jodie Harvala

Hoy es el día para vivir con todas mis fuerzas.

Yo tomo la luz desde lo más profundo de mi interior.
El sol brilla en la mañana, para mostrarme el camino.
Vivimos, caminamos, elegimos, damos un paso.
Tenemos una opción en cada día de nuestra vida.
Toma la luz, y sostenla con todas tus fuerzas.

Aférrate en el amor y nunca lo dejes ir.
Brilla tu luz tan brillante como pueda ser.
Escoge cada palabra con amabilidad y respeto.
Hoy es el día en que vivo con todas mis fuerzas.

La acción inspirada es la clave en cada opción que creamos.
Hoy es el día en que vivo la vida con todas mis fuerzas.
Deja fluir la vida, y deja a tus ángeles entrar.
Permite un lugar tranquilo dentro de tu alma.

Hoy es el día en que vivo con todas mi grandiosidad.
Los Ángeles piden que los dejes entrar.
¿No los dejarías venir y jugar?
Aférrate a este día!
Hoy es el día en que vivo con todas mis fuerzas.

3 de Enero

Arcángel Miguel
Por: Trish Grain

Yo invoco al Arcángel Miguel para tener fortaleza interna,
que me ayude a cortar los lazos de cualquier creencia,
emociones negativas y cualquier adicción que no me sirva ya más.

Te pido que me ayudes a liberar cualquier miedo y estrés,
y así yo pueda soltar esta situación.

Pido tu ayuda para que yo pueda perdonar a otros y a mi mismo,
y así pueda vivir en paz.

Te pido que me ayudes a vivir en mi propia verdad y a brillar mi luz.

4 de Enero

Oración a los Ángeles
para el Año Nuevo
Por: Suzanne Gochenouer

Queridos Ángeles,

Guíenme para tener un entendimiento más profundo
de cómo puedo servir mejor a mis propias necesidades,
así como también las de otros en este mundo,
mientras inicio este hermoso Año Nuevo.

Llénenme con la fortaleza necesaria para enfrentar cualquier reto,
y el conocimiento para discernir mi camino correcto.

Ayúdenme a escuchar los susurros de mi alma y concédanme
el entendimiento verdadero de mi propósito mayor,
mientras trabajo en darle forma a mi vida.

Ayúdenme a hacer mi camino en este año venidero
con amor, paz y armonía.

Compartan conmigo la habilidad de oír y el arte de la sabiduría,
para escuchar las voces de mis ángeles y,
permitirme a mi mismo confiar en mi intuición
plenamente cada día.

Amén, Amén, Amén.

Gracias, Gracias, Gracias.

5 de Enero

Oración para la Buena Salud
Por: Elizabeth Harper

Arcángel Rafael,

Estoy abierto a recibir tu rayo esmeralda de luz sanadora,
listo para ser sanado en todos los niveles de mi ser y
dispuesto a dejar ir cualquier cosa que interfiera en el
camino de la buena salud.

Ayúdame a liberar todos los patrones dentro de mi conciencia,
que crean enfermedades y dolencias.

Guíame para conseguir la modalidad correcta de sanación
que me lleve a tener óptima salud.

Dirígeme a la comida que mejor sirva y nutra mi búsqueda
de la buena salud y la felicidad.

Dame el coraje para reconocer que soy merecedor
de vivir una vida sana y saludable.

Yo soy saludable.

Yo estoy completo.

Yo estoy sano.

Gracias!

Y así es.

6 de Enero

Amor Divino
Por: Lisa Clayton

Amado Niño de la Fuente, te amamos mucho y estamos contigo siempre.

Confía y recibe nuestras bendiciones cada hora de cada día.

Sigue adelante corazón precioso, con la luz y esencia en tu alma,
para vibrar el amor puro e incondicional que el Mundo tanto necesita.

Llena tu fuente con meditaciones y oraciones nutritivas
del banquete que la vida te ofrece.

Observa su potencial crecimiento en relaciones iluminadas con los demás.

Ahora es el momento de amarte incondicionalmente,
sin juicio del pasado o miedo al futuro.

Permite que el Amor Divino se integre a tu vida
como nunca lo has experimentado.

Acepta la responsabilidad de alimentar y ejercitar tu alma sabiamente,
mientras invocas diariamente el alimento del Amor Divino.

Confía y recibe. Vibra alegría y amor.
Haz tu trabajo interno amándote y apreciándote a ti mismo… siempre.

Sorprende a tu alma dándole alimentos de amor y aprecio en cada
respiración consciente y mira lo que sucede!!

Camina con nosotros en fe, espíritu y amor.
El Amor es el alimento del alma. Dios es tu Guía.

Los ángeles son los Guías de la Manifestación
creando milagros y magia diariamente en tu vida.

Observa tus bendiciones desplegarse y se agradecido por nuestra asistencia
así como nosotros estamos siempre contigo.

7 de Enero

Presencia Divina
Por: Katrina L. Wright

No tengas miedo, porque los ángeles están aquí!

Miguel, Gabriel, Uriel, Chamuel,
ellos están todos aquí rodeándome y protegiéndome.
Si, ellos están donde quiera!

Ellos vienen porque los llamé.
Yo siento la presencia de su Luz Divina,
permeando mis sentidos en todo nivel.

Estos Seres del cielo están esperando ansiosamente para asistirme,
amarme y guiarme en el resto de mi misión en esta tierra.

Con gratitud, estoy abierto a recibir.

8 de Enero

Espíritu de Paz
Por: Ann Phillis

Espíritu de Paz, lávame con Amor.
Levántame en tus alas de compasión y corazón.

Revélame el camino, mi viaje en adelante.
Levanta mi mirada para ver esperanza y no temor.

Despierta en mi corazón, la presencia divina de mi alma.
Lléname con la fuerza de la vida, siempre presente.

Mueve mi fuerza, mi poder para ser
Amoroso y amable, un verdadero Ser Humano!!

9 de Enero

Oración a los Ángeles para una Asignación Divina
Por: Michelle Mullady

Amados Ángeles del Espíritu Santo,

Gracias por la guía, los dones y la gracia que traen a mi vida.

Yo aspiro ser un recipiente de su amor, poder y sanación,
para traer tranquilidad al mundo.

Libérenme de las dudas y miedos, para que yo pueda escoger llevar
la llama del amor divino, brillándola alrededor mío y encendiendo
los corazones y mentes de todos aquellos que conozco.

Ayúdenme a alinearme con mi contribución única al todo y
darme cuenta de mi potencial.

Les pido que me den una tarea celestial para que utilice completamente
mis talentos, habilidades e intereses.

Yo deseo ser un servidor con devoción.

Por favor utilicen mi tiempo de maneras profundas y significativas.

Guíenme claramente con facilidad, alegría y placer
a dónde y cómo puedo ayudar.

Gracias. Y así es.

Amén.

10 de Enero

Una Oración para Sanar el Niño Interior
Por: Gina Barbara

Queridos Ángeles,

Rezo para recibir su amor y apoyo, en sanar las partes de mi
que he rechazado a sabiendas y sin saberlo.

Les pido que me hagan amorosamente consciente,
de escuchar el llamado de mi amor y atención
para las partes descuidadas de "Mi Pequeño Niño";
amando y nutriendo el espíritu amable, bondadoso,
amoroso, que soy, sabiendo traer luz a mi sombra
a través de lo cual "Mi Pequeño Niño"
puede ser reconocido y sanado.

Doy Gracias a los Ángeles por lo que he recibido hoy.

11 de Enero

Más
Por: Lisa K.

Querido,

Tu vida es siempre nueva.

Es un lugar donde eres libre de explorar,
para lograr más y estar dispuesto a
permitir más en tu vida.

Tú has estado esperando para que llegue más a ti,
pero debes saber que tienes que estar abierto
para permitir que mucho más pueda estar disponible para ti.

Toma este nuevo comienzo, el Año Nuevo,
Para darte el permiso de estar abierto, sin juicio,
y liberar tus preconcepciones de lo que puede ser,
y así puedas experimentar lo que sería todo
si tú solo lo permites.

-Tus Ángeles-

12 de Enero

Ángeles Serafines, Vengan

Por: Bobbe Bramson

Ángeles Serafines, Vengan, Vengan; Ángeles Serafines, Vengan.
Canten las alabanzas de Dios para nosotros. Báñennos con su amor.
Ángeles Serafines, Vengan, Vengan, Vengan.

Ángeles Serafines, Vengan, Vengan; Ángeles Serafines, Vengan.
Purifíquennos con su fuego de Amor. Santifíquennos en el
nombre de Dios.

Cantemos:
Santo, Santo, Santo
Santo, Santo, Santo
Santo, Santo, Santo
Santo, Santo, Santo
Gloria a Dios en el Cielo

Abran los lugares olvidados dentro de mi corazón.
Toquen dentro de mí, suave y gentilmente, la parte adolorida.
Oh, por favor, ríndanme al Amor de Dios
A la casa que he estado soñando...

Oh, Ángeles Serafines, Vengan, Vengan; Ángeles Serafines, Vengan.
Penetren las mentiras que me arrastran hacia abajo. Levántenme a un
terreno más alto.
Ángeles Serafines, Vengan, Vengan, Vengan.

Cantemos:
Santo, Santo, Santo
Santo, Santo, Santo
Santo, Santo, Santo
Santo, Santo, Santo
Gloria a Dios en el Cielo

13 de Enero

Arcángel Jeremiel:
Oración de Propósito Divino
Por: Cathelijne Filippo

Amado Arcángel Jeremiel,
Por favor, guíame en mi camino y ayúdame a vivir mi Plan Divino.
Envíame señales para tener claro mi Propósito Superior en la vida y,
ayúdame a hacer cualquier ajuste necesario
para vivir de acuerdo con la verdad de lo que realmente soy.
Ayúdame a dejar de lado cualquier temor o preocupación
que pueda tener, mientras vivo mi Propósito Divino.

Querido Arcángel Jeremiel,
Dame la fuerza y la claridad para revisar mi vida.
Ayúdame a ver lo que resuena con mi Alma y lo que no.
Dame el coraje de dejar ir todo lo que ya no me sirve
mientras abrazo lo que refleja mi verdad interna.
Ayúdame a seguir la guía de mi corazón,
porque él es la brújula de mi Alma.

Estoy listo ahora, para compartir mi Luz interior con los demás
de cualquier manera que se ajuste a mi Alma.
Que sea un viaje de descubrimiento y magia.

¡Que así sea!

14 de Enero

Quédate quieto y escucha
~ Un Recordatorio de los Ángeles
Por: Sarah Berkett

Escucha atentamente y escucharás
los ángeles cantando
la canción más dulce que hayas escuchado.

Descansando sobre la suave hierba verde,
mirando hacia el cielo más azul,
estás rodeado por los ángeles cantando.

Siente tu alma, llena de amor,
mientras los Ángeles cantan suavemente.

Tú puede sentirlos rozando contra sus mejillas,
cantando sus canciones celestiales.

Escucha a los ángeles cantando,
dejando su dulce canción
depositada seguramente en tu corazón.

15 de Enero

Rompiendo con las Ilusiones que te mantienen pequeño
Por: Julie Geigle

Arcángel Metatrón,

Invoco tu ayuda para alinearme con mi verdad interior.
Ayúdame a invocar a los Ángeles y seguir mi guía divina.

Desecho todos los pensamientos negativos y rompo
con las ilusiones creadas por mi ego, que me mantienen pequeño.
Dejo fluir mi sabiduría y le permito a la magnificencia que soy,
fluir dentro y a través de mis venas, reemplazando todas las ilusiones y
proyecciones del pensamiento negativo con la pureza y el amor
de mi alma.

Mientras me alineo con la voluntad de Dios en mi vida
el camino se me muestra, y donde no hay posibilidades,
los milagros ocurren y el camino se revela.

Las ilusiones que me sirvieron alguna vez,
ahora se desintegran y desaparecen de mi vista.

Mi esencia es tan pura y sagrada como la de un recién nacido y
mientras más acepto esta verdad, no hay nada que no pueda ser,
hacer o tener.

Sólo el amor existe ahora, Sólo el amor.
Gracias Arcángel Metatrón,
por ayudarme a recordar quién soy y por qué vine aquí.

Por la gracia de Dios esto es así.

Gracias, Gracias, Gracias.

16 de Enero

Celebrando las Bendiciones de los Ángeles
Por: Amber Lee Scott

Hoy celebro a los ángeles,
Guardianes Divinos del Amor y la Luz.

Hoy expreso mi gratitud,
mientras los ángeles continúan ...

Me traen consuelo y
descubren la verdad para que la pueda ver.
Escuchan mis oraciones
me muestran a alguien que le importo.
Revelan mi propio valor y
me enseñan el amor de nuestro planeta.
Caminan conmigo entre los árboles
canta conmigo en una brisa.
Me Guían hacia lo que busco
Me Abrazan cuando los tiempos parecen sombríos.
Brillan una luz en la oscuridad
Abren mi corazón vulnerable.
Protegen a todos los que amo
Nos llenan con las bendiciones de arriba.

Gracias por estar conmigo siempre en todo-camino
¡Hoy los celebro!

Amén.
Y así es.
Yo Soy la Luz, la Luz YO SOY.

17 de Enero

Una Conciencia
Por: Shalini Breault

Ángeles de Creación y Protección,
Gracias por permitirnos estar en el flujo de la vida
Con facilidad, amor, amabilidad y apoyo mutuo.

Ángeles de Transformación y Poder, gracias por nuestra singularidad.
mientras tenemos gracia y coraje y nos permitimos ser libres
Sabemos que estamos en sus brazos amorosos!
¡Sabemos que están con nosotros en cada paso del camino!
Somos todos una pieza de un rompecabezas - el Universo.
Nuestras creaciones únicas, voces, talentos y dones
contribuyen a una obra maestra - la conciencia!

Ángeles de la Abundancia, gracias por cuidar amorosamente de nosotros.
Siempre tenemos lo que necesitamos.
Siempre tenemos acceso a la Abundancia del Universo.

Ángeles de la Expresión Artística,
Gracias por guiarnos a ser los MEJORES CREADORES!
Las plantas han sido sembradas por ustedes, Ángeles,
para que crezcamos en hermosas flores,
cantando y bailando entre la Madre Tierra.
Creen tiempo de juego y guíennos a estar en la alegría de la vida.

Ángeles de Luz y Paz,
Gracias por permitirnos brillar nuestra luz al mundo.
Es esta luz la que nos hace chispas, nos enciende y nos conecta.

¡PAZ!

18 de Enero

Gracia Cósmica
Por: Ann Phillis

Penetra en el espacio cósmico
de luz viva, la gracia suprema.
Los mundos celestiales inundan de amor
a todos a quienes cuidan, planetas y estrellas.

Nuestro pequeño mundo brilla en sus alas, nos abrazan
los Ángeles de Sirio bendicen todas las cosas.
Pero debemos elegir, día tras día
ser parte de este cambio, de este amor y nueva vida!
Porque no son ellos, sino nosotros, los que sostenemos la llave
de la paz y armonía del mundo.

Nosotros, los ángeles y los humanos fusionados
El cuerpo de espíritu, hecho del cuerpo de la tierra.
Vivos estamos en cada plano
de la elección consciente - ¡así es como creamos el cambio!

No retrocedas de la necesidad de la hora
Estamos al borde de todo lo que da poder.
Acepte las exigencias del cuerpo, del espíritu, de la luz
El equilibrio es la clave para el deleite de los ángeles.

Despierta tu alma al poder puro del amor
La luz en tu corazón brotará y florecerá.
Los Ángeles de Sirio, fluyen vida, luz amorosa
nutren a quienes están a su cuidado – quédate con ellos esta noche!

19 de Enero
Arcángel Gabriel
Lo más profundo de Presencia
y Amor
Por: Kimberly Marooney

Gabriel, ayúdame a ir más abajo de la capa superficial de la ilusión.
Siento como un dispositivo de flotación que me impulsa
hacia la superficie
cuando anhelo permanecer en lo más profundo de tu presencia y amor.
Mi mente vive en la superficie, constantemente creando
escenarios de desastre.
No son más reales que las películas que me gusta ver.
¿Son simplemente entretenimiento personal?
Sin embargo, creo que son verdaderos porque vienen de mi mente!

No más.
Eres la realidad que mi alma anhela.
Tuyo es el amor eterno que mi corazón anhela.
Ayúdame a cortar la chaqueta que se infla con el miedo,
la auto-importancia y las historias.
Deja que suba a la superficie por sí mismo. Te escojo a ti.

Deseo vivir en verdad y paz contigo
todos los días de mi vida y por la eternidad.
Llévame más profundo a la verdad de quién soy en ti.
Llévenme más profundamente a esta experiencia de paz.
Abrázame. Soy todo tuyo.

Guíame.
Revélame la visión de cómo quisieras que viva -
pídeme lo que quieras que haga y a quién te gustaría que sirviera .
Yo soy tuyo en el amor.

20 de Enero

Una Oración por un Nuevo Comienzo
Por: Tracy Quadro

Ángel Metatrón,
Tú eres el Guardián Todopoderoso
de todas las posibilidades por venir.
Tú tienes la promesa que trae comenzar de nuevo-
Los innumerables caminos de "¿qué pasa si más bien lo intento" y
"vamos a hacerlo!"

Con tu guía y sabiduría,
te pido que pueda ver cada señal de parada o bloqueo aparente
como una luz verde para la nueva aventura y,
un paso en la dirección correcta.
Por favor, empújame a moverme de "¿ahora qué?" a "¿qué sigue?"
Y por favor, recuérdame que los cambios son comas, no puntos;
estaciones en el camino en las que puedo parar y leer un mapa,
reabastecerme y comprar algunos bocadillos,
usar el baño y luego, una vez más,
retomar el camino hacia donde quiero estar.

A veces tocamos el fondo porque no hay dónde ir sino hacia arriba. En nuestro camino hacia arriba, estamos obligados a conseguir nuestro mejor camino a lo largo de la vía. Imagina las posibilidades que verás cuando la pizarra frente a ti esté limpia! Sin nada, pero con las oportunidades abiertas y la promesa de que algo mejor se está desarrollando para todos aquellos que han aprendido en su camino de descenso.

21 de Enero

Oración al Ángel de la Guarda en la mañana
Por: Stacey Wall

Queridos Ángeles Guardianes,
Por favor cuiden de mí y manténganme a salvo.
Ayúdenme a abrazar este día y las infinitas posibilidades que ofrece.
Iluminen todo lo bueno que viene hacia mi y
Ayúdenme a permanecer en un lugar de gratitud,
Dándome cuenta de que mi vida está rebosante de abundancia y belleza.

Guíen mis pasos para que me mantenga fiel a mi camino
que es bueno y correcto, diseñado especialmente para mí.
Denme fuerza para hacer elecciones que sean para mi mayor bien.

Permítanme vivir verdaderamente mi propósito Divino.
Ayúdenme a servir de alguna manera hoy.
Permítanme usar el regalo de este día para ayudar a alguien a sanar.
Déjenme ser las manos de Dios, Su corazón, Su voz en este mundo.
Déjenme vivir mi vida como una expresión de lo Divino en forma física.

Ayúdame a hacer mi parte para sanar nuestro hermoso planeta.
Ayúdame hoy a difundir el amor y la alegría.
Ayúdame siempre a ser amable, compasivo, paciente y comprensivo.

Ángeles, gracias por estar a mi lado,
guiándome y protegiéndome ahora y siempre.
Estoy agradecido inmensamente.

Y así es.

22 de Enero

Arcángel Jofiel
Oración para la Creatividad
Por: Cynthia Helbig

Arcángel Jofiel,

Que yo sea un instrumento de tu belleza en la Tierra.

Ayúdame a liberar cualquier bloqueo o miedos que pueda tener
sobre mi creatividad.

Por favor envuélveme en tus alas de oro para que pueda escuchar tu voz
en la quietud.
Suavemente apóyame para que mi imaginación sea inspirada.
Concédeme fuerza, coraje y energía para brindar mis propias
y únicas creaciones
al mundo físico.
Recuérdame que celebre mis logros con amor y alegría.

Doy gracias por tu amor y apoyo mientras manifiesto
mis creaciones inspiradas de belleza, fácil y sin esfuerzo.
Y así es.

También puede pedirle al Arcángel Jofiel que le ayude a:

- *Reducir la velocidad y respirar*
- *Alinear sus energías con el cielo*
- *Centrar sus pensamientos en alegría y bendiciones*
- *Soltar su sabiduría interior*
- *Crear belleza dondequiera que more en la tierra.*

23 de Enero

Mi Intención de Cambiar
Por: Karen Cowperthwaite

Estoy buscando el cambio ahora.
¿En qué me convertiré?
En la construcción de una nueva pieza, muy potente,
Tengo mucho que ofrecer, mucho que amar.

Arcángel Rafael, busco entender quién soy,
Guíame hacia lo que es verdad.
Envuélveme en tu cuidado amoroso,
Levántame para que pueda ver.

Conéctame a mi propósito,
Ayúdame a despejar el camino.
Estoy dispuesto a aceptar este desafío,
Hónrame con toda la fuerza que necesito.

Las bendiciones de un nuevo año traen intenciones de renovación y transformación. Permite que tu equipo de ángeles y guías, amorosamente creen infinitas posibilidades para los cambios que desea crear. Mi ángel para el crecimiento es el Arcángel Rafael. Durante una clase de meditación, sus palabras reconfortantes me permitieron salir de mis temores de terminar mi carrera como profesor y utilizar mis regalos como un ángel que susurra y sana, para cambiar. Sorprendentemente, no tomé en serio su mensaje, prácticamente lo olvidé por completo. Así que Rafael envió a otro mensajero en un sueño esa noche. Mi padre se adelantó y pronunció estas mismas palabras: "Ustedes son tan dignos." Él sabía que yo lo creería si mi papá lo decía. ¡Y lo hice!

24 de Enero

Ángeles que bailan libremente
~ Un mensaje de los Ángeles
Por: Joelle Rose Szlosek

Chispas de luz llenan el aire,
Ángeles bailando por todas partes.
La magia respira en este espacio,
Perfecto amor y tierna gracia.

Todo lo que necesitas reside aquí mismo.
Mis ángeles susurran en mi oído.
Un mensaje fuerte y cristalino,
me siento bendecido por tenerlos cerca.

Para escuchar su voz y escuchar como dicen,
"Estoy a solo un pensamiento de distancia."
"Te levantaré e iluminaré tu camino,
entonces te mostraré cómo reír y jugar. "

Ángeles, ángeles somos uno,
en este reino de alegría y diversión.
Yo soy tú y tú eres yo
la energía infinita que baila libremente somos nosotros.

25 de Enero

Una Oración a los Trabajadores de Luz
Por: Rev. Vicki Snyder-Young

¡Llamando a todos los Ángeles!
Rodeen, protejan y apoyen completamente a todos los trabajadores
de la luz
de cada ciudad, estado, país y continente.
Reúnanlos a todos en espíritu para hacer el trabajo de los ángeles.
Utilicen su luz para iluminar todo el universo para que todos los vean.

Que sus objetivos comunes se unan y hagan una verdadera diferencia
en el mundo.
Es hora de que el resultado de sus deseos sea visto y sentido por todos.
El mundo está listo para la paz, el amor y la unidad para todos.

Estos trabajadores de la luz requieren que ustedes
continúen respirando vida y amor en ellos,
para que puedan continuar con su misión y la misión de Dios.
Cuando estos trabajadores de la luz estén decaídos,
se sientan cansados o tengan bajo el suministro de energía,
proporciónenles el alimento que necesitan para continuar.

Ayúdenles a ser modelos a seguir, para que todos vean
cómo manejar mejor los altibajos de la vida.
Demuéstrenles que pueden sobrevivir y ver
que su compromiso con la luz y el amor es reconocido.
Denles señales de que son exitosos.
Llenen sus corazones de amor para que puedan seguir difundiendo
más amor y librar al universo de cualquier temor.

26 de Enero

Oración a los Ángeles
para el Balance y la Luz
Por: Jan Harper

Le pido a mi ángel interno encontrarme esta noche
mientras voy más y más adentro,
guiándome para traer equilibrio y luz a mi alma infinita.

Mientras dibujo la invisible luz cósmica de la conciencia
a la infinidad de mi alma,
permitiendo que esta luz expanda mi cuerpo físico
haciéndome sentir más abierto y poroso.

Ayúdame a sentir que esta luz irradie
a través de los espacios entre los átomos y
moléculas en mi cuerpo
haciéndome sentir más espacioso, ligero y difuso.

Expandiéndome en los alcances exteriores del espacio
mientras que al mismo tiempo me ayudan a sentir
la conciencia de estar centrado y equilibrado
en mi alma interior infinita.

27 de Enero

La Oración de la Virgen María para el Propósito de Vida
Por: Debby Tamborella

Madre María,
Te veo como el epítome de la maternidad
nutriendo, cuidando, desinteresada.

Tu resististe la angustia con dignidad y fe.

Veo mariposas de color azul claro que me muestran que estás aquí,
rodeándome con tu amor y ánimo.

A través de tu gracia y sabiduría serena,
guíame para ver la luz que traigo al mundo.

Ayúdame a darme cuenta que mi fuerza es mi vulnerabilidad,
la cual permite que otros vean y aprendan de mí,
y que a través de mis heridas,
pueda mostrarle a otros cómo sanarse a sí mismos.

Y así es.

28 de Enero

Pide, Cree y Recibe
Por: Susie Robins

Queridos Ángeles,

PIDE
Por favor, acompáñenme durante todo este día y
ayúdenme a permanecer centrado en su amor, luz y energía.
Les pido su sanación divina en todos los niveles:
físico, mental, emocional y espiritual.
Por favor, ayúdenme a mantenerme positivo y
guíenme a ver lo mejor de los demás.

CREE
Creo y confío en su divina presencia y
estoy agradecido por su ayuda detrás de escena
para que yo pueda experimentar su sanación divina, paz y gozo.
Dejo ir mi pasado y libero cualquier temor y preocupación
a mi futuro para que mis oraciones sean escuchadas y contestadas.
Confío en que todo está trabajando para el mayor bien de todos.

RECIBE

Gracias por su curación en mi cuerpo, en mi mente y mi espíritu.
YO ESTOY sano, entero y completo.
Estoy agradecido por su guía, apoyo y por sincronizar mi vida
para tener el mejor resultado posible.
YO ESTOY seguro, apoyado y abundante.
Gracias por saber exactamente lo que necesito y por los milagros
cotidianos de su amor y luz.
YO ESTOY feliz, gozoso y libre. Así es. Todo está bien.

29 de Enero

Oración de una Madre
Por: Sama Akbar

Oh Todo Viviente, Subsistente, (Señor),
Por amor a tu misericordia, te pido tu ayuda.
Rectifica por todos mis estados, y no me dejes ni siquiera por el parpadeo
de un ojo.
Te agradezco con todo mi corazón y la esencia de mi ser por todas las
bendiciones que me has otorgado, especialmente mis hermosos hijos.
Tienes innumerables ángeles en el cielo y ángeles en el suelo.
Por favor asignen muchos ángeles para acompañar siempre a mis hijos y
guiarlos,
a través de los signos divinos, en cada momento.

Por favor ayúdenlos a reconocer estos signos para que estén
seguros de su presencia constante.

Por favor envíen ángeles para mantener a mis hijos seguros y
apoyados en todo momento.
Por favor, rodéenlos con ángeles que los guíen
para tomar siempre la mejor decisión en base a sus
pensamientos y acciones diarios.

Por favor asignen ángeles para estar a su lado,
para ayudarlos a ser exitosos y felices en
cada aspecto de sus vidas.

Por favor asígnenles ángeles en todo momento para ayudarlos a
encontrar compañeros amorosos que se unan con ellos en alianzas
benditas, y juntos,
vivan en alegría y regocijo cumpliendo con sus propósitos de vida.

Amén.

30 de Enero

Me Relajo en el Conocimiento, Mi Abundancia es Divina

Por: Rachel Cooley ATP® and
Kimeiko Rae Vision ATP®, The Angel Warrior™

Querido Dios, Ángeles, Arcángel Ariel y Arcángel Barachiel,
Gracias por su continuo apoyo y suministro de bendiciones
tanto para mí como para mi familia en todas las áreas de nuestras vidas.
Estamos muy agradecidos!

Por favor, ayúdenme a hablar y pensar de manera positiva y poderosa
para que yo manifieste y experimente bendiciones aún más abundantes
en todas las áreas de mi vida.
Ayúdenme a crear la visión perfecta de lo que sé
está allí en la verdad espiritual.

Gracias por entregar continuamente sus mensajes guiados,
para que entienda y sepa claramente todo lo que me están
guiando a hacer,
a través de mis pensamientos, sentimientos, audición y visión.
Gracias por aumentar todas las formas de flujo financiero,
para que pueda priorizar mi espiritualidad,
el cuidado de mí mismo y comer alimentos de alta calidad.
Gracias por el tiempo y la energía para preparar y disfrutar
de todos ellos.

Ayúdenme a saber verdaderamente que tener mis necesidades satisfechas
es un acto de generosidad.
Mientras proveo para mí y mi familia, estoy libre y motivado para
ayudar a otros en el mundo que necesitan mi apoyo y amor.
¡Muchas gracias!

31 de Enero

Oración para Manifestar su Mejor Año
Por: Karen Paolino Correia

Queridos Ángeles, Espíritu Infinito,
Reconozco este momento como sagrado.
Estoy pidiendo su ayuda, orientación e intervención
para que pueda tomar mi poder, elegir liberar y dejar ir
pensamientos, creencias, sentimientos y todo lo que
ya no me sirva para mi mayor y más alto beneficio.

Estoy eligiendo ser renacido en un nuevo comienzo.
Doy la bienvenida a este Año Nuevo con pensamientos positivos, fe
y el saber de que los milagros son posibles.

Elijo creer que nunca estoy solo,
Soy muy amado y tengo un apoyo divino infinito a
mi alrededor, siempre.
Por favor, muéstrenme signos innegables, milagros
y la confirmación de su presencia para poder aumentar mi fe.

Mientras me duermo esta noche, doy la bienvenida a la
divinidad para entrar.
Cúrenme y aclaren mi mente, cuerpo y espíritu para que así yo pueda
despertar para sentirme recién nacido en un nuevo comienzo donde
manifiesto un año mejor de lo que jamás podría imaginar.

Pido que esté lleno de alegría, amor, paz, armonía y prosperidad
(y cualquier otra cosa que usted elija para afirmar).
¡Muchas gracias!

Y así es.

Febrero

1 de Febrero

Oración de Sanación
Por: Trish Grain

Invito a la más alta vibración de luz de los ángeles

Le pido al Arcángel Rafael que me bañe con sus suaves rayos sanadores,
en mis cuerpos físico, mental, emocional y espiritual.

Pido sanación y confío en que me cuidarás para sentirme bien
y tener bienestar.

Te agradezco por haberme guiado hacia las personas
que pueden ayudarme.

Agradezco por la curación ya dada y por las bendiciones que tengo
en mi vida.

Acepto tu sanación ahora y así es, y así sea.

2 de Febrero

Oración a Imbolc
Por: Cathelijne Filippo

Amado Arcángel Ariel,

Bendíceme con la aceleración de la energía de la Diosa
durante este Imbolc,
cuando las semillas de la vida sean plantadas dentro de la tierra
y dentro de mí,
trayendo esperanza para un nuevo tiempo de florecimiento y crecimiento.
Porque así como es adentro, así es afuera.

Ayúdame a cuidar las semillas profundas de mis
pensamientos y sentimientos,
para crear nuevos comportamientos amorosos y manifestaciones
en mi vida.
Ayúdame a abrirme a la luz y al fuego interno de la Diosa,
creando sanación, revitalización y un revuelo de vida dentro de mi.

Pido ser bendecido por la energía de la Madre María,
ayudándome a conectarme con la energía interna de la mujer sabia,
trayendo su energía en todos los nuevos proyectos e intenciones.
Sanando mi cuerpo y mi alma, abrazándome y haciéndome completo.

Querido Ariel,
Ayúdame a renacer hoy,
dejando atrás lo viejo y anticuado,
abrazando al nuevo y poderoso yo,
mientras fusiono mi mente y corazón en la unidad de mi alma.

Que así sea.

3 de Febrero

Hola desde el Otro Lado
Por: Krista Emma Gawronski

Querido Ángel,
Hoy comienzo con un simple hola. Reafirmo tu presencia y gracia
en mi vida.
Busco tu amor como el de un viejo amigo.
Tú eres mi apoyo tranquilo y mi defensor espiritual.

Comienzo este día con un precioso hola. Soy humilde y abierto.
No tengo que explicar mi carga, porque ya conoces el deseo
de mi corazón.
Guíame hacia el amor y la paz.

Comienzo mi día con el más dulce hola ... algún término suave y familiar
que nos permita retomar donde lo dejamos. Doy la bienvenida a tu
energía en mi corazón.
Somos como viejos amigos que se sientan en el porche.

Comienzo mi día con un atrevido hola ... sabiendo muy bien que
reflejarás el valor que he extraviado. Permite que la compasión tenga
algún lugar en mi día, y ayúdame a liberar cualquier energía que no
me sirva bien.
Sí, hoy comienzo con un alegre saludo y una comprensión perfecta de
que nunca estoy sin tu amor o tu protección. Somos socios en la creación
de bendiciones.
Será un día hermoso y satisfactorio. ¡Ven conmigo mientras sirvo,
vuela alto y brilla!

4 de Febrero

Oración a los Ángeles para Situaciones Difíciles

Por: Maria Alejandra Celis

Queridos ángeles,
Por favor, denme la fuerza para encontrar el amor y la paz
mientras estoy pasando por situaciones difíciles.

Rezo para tener una visión clara, ver la dirección correcta,
y encontrar la armonía incluso en el peor caos.

Les pido que pongan a las mejores personas en mi camino,
para que pueda recibir apoyo y mantener la calma cuando mi mente
está llevándome fuera de control.

Es fácil perderme a mí mismo cuando me enfrento a la muerte o el
sufrimiento de un ser querido, pero sé que ustedes son me asisten,
me iluminan y me apoyan;
y cuando les pido, siempre recibo de ustedes, mis amados ángeles.
Estoy seguro de que ustedes son los ayudantes de Dios y
están cerca de nosotros los seres humanos
para ayudar de cualquier manera, en cualquier momento.

Así que les pido que sean mis ayudantes hoy, y todos los días de mi vida.

Gracias.

Y así es.

5 de Febrero

Oración para la Transición
Por: Rev. Jennifer Shackford

La transición es difícil.
Un período de tiempo entre un viejo capítulo que se cierra y
uno que se abre en la vida de alguien.

Dios y Ángeles, les invoco para soltar a ustedes, toda mi culpa del
pasado,
los errores y arrepentimientos.
Libero todo sabiendo que tenía que experimentarlo
para estar en mi presente y futuro.
Sin mis experiencias, no habría preparado el camino para mi futuro.

Estoy abierto a los nuevos retos que hay delante de mí,
en el claro entendimiento que son para mi mayor y mejor bien.
Le entrego todo a ustedes.
Diríjanme al siguiente capítulo;
¡Soy lo suficientemente fuerte para superar todo!

Seré paciente a través de esta transición y
todo sucederá en el momento divino!

6 de Febrero

Oración a los Ángeles
para la Amistad
Por: Giuliana Melo

Queridos Ángeles,
Vengo a ustedes ahora por mis amigos que tengo en mi corazón hoy.
Por favor traigaN alegría para disminuir su tristeza.
Por favor traigaN esperanza cuando se sientan perdidos.
Por favor sanen su cuerpo cuando estén enfermos
Por favor llénenlos con luz cuando estén en la oscuridad
Por favor, calmen su mente cuando estén en ansiedad
Por favor calmen su alma cuando estén en dolor y sequen sus lágrimas
cuando lloren.
Por favor ayúdenles a sentirse amados cuando están solos.
Por favor traigan consuelo cuando tengan dolor
Por favor traigan fuerza cuando estén débiles
Por favor cuídenlos y guíenlos.
Y sobre todo,
Ayúdenlos a conocer la Gracia de Dios
todos los días de sus vidas.
Por esto oro.
Y así es.
Amén.

7 de Febrero

Oración a los Ángeles para una Vida Inspirada

Por: Suzanne Gochenouer

Ilumina mi mundo con una inspiración maravillosa en cada parte de mi vida.
Alimenta mi alma con la bendición de una mente curiosa,
un corazón generoso y una vida inspirada.
Muéstrame cómo usar esos dones para hacer de este mundo
un lugar de paz y armonía.

Guíame para compartir mi creatividad con otros,
que como yo, desean cambiar el mundo donde es oscuro y cruel,
trayendo luz y gracia a todos los que la necesitan.

Guíame para usar palabras que cambien vidas,
para realizar actos que consuelen a los perdidos,
para compartir el amor con los que no tienen ninguno.

Hazme un instrumento de cambio
para aquellos que temen que nunca serán inspirados.

Comparte conmigo el coraje
que permita abundancia de inspiración en mi vida,
y reconocerla en todos sus gloriosos aspectos.

Amén, Amén, Amén.

Gracias, gracias, gracias.

8 de Febrero

Milagros Benditos
Por: Lisa Clayton

Cree en tu capacidad para crear milagros benditos,
cada día, a través del Amor Divino del Ángel.
Aquieta tu corazón porque es un lugar sagrado y santo,
donde los milagros pueden ocurrir con claridad y profundo despertar.
Al experimentar la resistencia de otros y los temores
profundamente arraigados,
deja que la luz de tu corazón brille e ilumine para
sanar, amar, guiar y estar al servicio de la evolución.

Ve y confía.
Nuestras infusiones diarias del Amor Divino te guían.
El amor es siempre la respuesta.
El perdón es tan necesario como la respiración.
Rendirse es tan necesario como comer.
La confianza es tan necesaria como dormir.

Sigue adelante con confianza mientras ves con claridad
y experimentas los milagros de confiar, creer y rendirte
al Amor Divino escuchando diariamente la voz de tu corazón.
Eres un poderoso creador de milagros.
Cada acción que tomas y cada pensamiento que vibras con Amor Divino
se magnifica y expande en milagros benditos.

¡Estás listo, Amado!
Tus alas del alma son de oro y tu corazón está lleno de nuestro amor.
Mantén tus ojos en el cielo, las manos en tu corazón,
y los pies apoyados en la preciosa Madre Tierra.
Siente las vibraciones del amor permeando tu corazón
para el nacimiento de nuevos milagros.

9 de Febrero

Yo Soy
~ *Un recordatorio de los Ángeles*
Por: Dennis Seeb

El Espíritu Santo mora dentro de mí.

Estoy inundado de amor. Estoy inundado de esperanza.

Estoy inundado de alegría.

Estoy inundado en paz.

Cae en cascada sobre mí y alrededor de mí, sobre mí y debajo de mí.

Va dondequiera que vaya anunciando mi llegada.

Purifica mis pensamientos.

Guarda mi corazón.

Libera mi alma para hacer la voluntad de Dios.

10 de Febrero

Sanando a través de los Sueños
Por: Gina Barbara

Ruego a los ángeles,
que en mis sueños sus suaves susurros de guía
vengan a través de un silencioso discurso.

Oro para que mientras sueño,
sus palabras de sabiduría vengan a través de mí,
para que pueda usarlas durante mi día;
sabiendo esto, mi corazón se abre a la pequeña y quieta voz dentro de mí,
permitiendo tal amplitud.

Oro para que mientras sueño, el amor de ustedes conecte conmigo
a través de la luz más allá de cualquier oscuridad,
para que despierte mi espíritu soñador.

Soy mucho más de lo que posiblemente podría imaginar,
mientras mis sueños traigo a través del color del lienzo de mi vida.

Con la luz de ustedes, para verme a través,
el sueño y el soñador despiertan!

11 de Febrero

Oración para Sanar un Corazón Roto
Por: Rev. Vicki Snyder

Con estas palabras rezo y pido la curación de mi corazón.

Le pido al Arcángel Rafael que rodee mi corazón
con el más hermoso color verde esmeralda.
Permite que este color curativo nade a través y alrededor de mi
corazón roto.
Que las lágrimas fluyan para liberar todas las heridas y decepciones.
Permite que mi corazón se expanda en este color verde sanador
y lata con el constante golpe a golpe,
como un sonido de tambores de vida y de amor.

Te ofrezco estas palabras, Rafael
en la esperanza que puedas crear una sensación de paz
y aceptación dentro de mi corazón
de las cosas que no puedo cambiar.
Ayúdame a liberar esas cosas que crean pena y dolor.

Te pido que me ayudes a nutrir un corazón fuerte
que me permita vivir mi vida de la manera más valiente;
para reconstruir mi confianza en el amor.
Dame fuerza para luchar contra esta batalla de angustia
y ganar contra la oscuridad que se opone.
Permite que la luz vuelva a brillar y que la esperanza prevalezca
Y así una vez más, mi corazón palpitará con el sonido del amor.

12 de Febrero

Oración para Merecer el Amor
Por: Elizabeth Harper

Abre mi corazón, Arcángel Chamuel
a la fuente universal del amor divino.

Permíteme estar dispuesto a abrazar el amor en todas las formas,
para liberar el juicio de mí mismo y de los demás,
y traer el amor en cada aspecto de mi vida.

Dame el poder de aceptar el amor,
Incluso cuando el miedo surja.
Dame la fuerza y el coraje,
para mantener mi corazón abierto a la esencia y
la generosidad del amor.
Dame la devoción de seguir en el nombre del amor
en todo lo que soy y hago.

Arcángel Chamuel, por encima de todo
Guíame a amarme a mi mismo.

Ayúdame a darme cuenta de la importancia del amor propio.
Abre mi corazón a la bondad amorosa de mi espíritu y alma,
Y ayúdame a conocer y amar a mi propio ser angélico.

Gracias. Y así es.

13 de Febrero

Oración de Protección
antes de trabajar con otros
Por: Michelle Beltran

Ser Supremo, Todo Lo Que Es,
Gracias por esta oportunidad de completar este medio psíquico de lectura
(o meditación).

Que sea guiado por tu Amor y Luz.

Envuélvenos (a mi) con tu Divina Energía Dorada.

Solo la esencia más pura, positiva y más alta es permitida en este espacio
de lectura (o meditación).

Maestros, Ángeles, Guías Espirituales, Maestros Ascendidos,
Arcángeles gracias a todos por venir.

Procuro líneas claras, abiertas y claras de comunicación.

Amén.

14 de Febrero

Oración al Arcángel Chamuel
Por: Cathleen O'Connor

Amado Chamuel,
Trae tu amor y luz a mi relación.
Ayude a que mis palabras para ser amable,
mis pensamientos responsables,
mis acciones honorables.
Ayúdame a recordar que el amor es un espejo
que refleja mi propia sombra y luz.

Ayúdame a decir mi verdad de una maneras amorosa y suave;
y dame los límites para saber cuándo guardar silencio.
Ayúdame a conocer mis propias necesidades y pedir lo que deseo,
y a mantener mis expectativas realistas.
Ayúdame a aprender a dar y recibir en equilibrio,
ser cuidado y cuidar, estar solo y estar acompañado.

Recuérdame que mantenga mis valores cuidados,
A perdonar con un corazón abierto para que
cualquier herida sea sanada rápidamente,
y permanecer en el presente no en el pasado.
Permíteme ver mi relación como nueva cada día,
y dame la gracia de saber que mi felicidad viene de adentro.
Ayúdame a mantener mi deseo vivo a través de la presencia,
y un corazón dispuesto y agradecido para que esta relación
pueda seguir creciendo en amor y luz.

Baña esta relación con las bendiciones de la paciencia,
la alegría y la risa profundizada por los dones de fidelidad,
longevidad y amistad.

Y así es.

15 de Febrero

Oración para una Nueva Relación
Por: Sharina

Querido Ángel DARACHIEL

Siempre sabes mis tiempos difíciles y siempre
estás allí cuando necesito una palabra de alegría,
alguien para alabar, para darme esperanza,
o enjugar mi lágrima.

Tú sabes cuando necesito el confort de un corazón comprensivo,
para darme la fuerza y el coraje, para emprender un nuevo comienzo.

Gracias por cuidarme siempre y darme tan gran felicidad,
Gracias por nunca huir cuando necesitaba tu ayuda
Y gracias por ser mi ángel de la guarda.

COLOQUE 6 pequeños cristales rosados o artículos rosados en un paño blanco, encienda 6 velas de té rosadas y luego visualícese abrazando a su nuevo compañero mientras dices esta oración en la noche de la luna creciente.

16 de Febrero

Mensaje de Luz del Arcángel Jofiel
Por: Bobbe Bramson

Tu verdadera naturaleza es brillar.

Se necesita mucha energía para bloquear los rayos de ese brillo Glorioso.
Esa luz es más brillante que 10 billones de estrellas y más
allá de tu imaginación.
No tienes idea de la brillantez absoluta de tu potencia.
Ustedes son todos Almas Radiantes que se han puesto
interruptores reguladores.
Son el Amor Divino ardiendo brillante…pero ocultan su luz.

Desconecten el interruptor regulador.
Quiten eso que les prohíbe brillar su luz completa de
adentro hacia afuera.
¡Déjenla salir!

17 de Febrero

Oración para los Descorazonados
Por: Trina Noelle Snow

En el lado equivocado de la puerta, con solo la ropa en la espalda.
cuando estés agotado, deprimido, percibiendo solo carencia.
cuando los amigos en los que has confiado te ataquen,
¡Cree!

Cuando las aguas corran rápido y sean peligrosas para cruzar.
los sueños que tengas no puedan ver el camino hacia adelante,
Y los pensamientos sobre el mañana no sean sino de temor,
¡Cree!

Cuando tu cuerpo este cansado y lleno de cicatrices,
cuando el amor que diste vuelva mutilado y estropeado,
y tu cielo parezca barbudo, maltrecho y prohibido.
¡Cree!

Cuando estés gritando que no puedes salir Adelante.
los niños griten hambrientos que no pueden esperar el amanecer.
entiende mas allá del buen sentido, que tu batalla está ganada.
¡Cree!

Aférrate a la verdad de que tus ángeles no están lejos.
y el resplandor dentro de ti construye las estrellas.
esta marea que rompe te llevará más allá de donde estás.
¡Cree!

He conocido muy bien el dolor que sientes,
Deja atrás las puertas cerradas, los amores perdidos y sentirte viejo.
de infinita soberanía somos creados, debemos mantener nuestras
cabezas en alto.
¡Y Creer!

18 de Febrero

Oración al Arcángel Chamuel para un Alma Gemela

Por: Rev. Vicki Snyder

Querido Arcángel Chamuel,
Te ruego que me ayudes a encontrar a mi alma gemela perfecta.
Estoy abierto a recibir el amor que está destinado para mí.
He trabajado diligentemente para desbloquear mi Corazón,
Y ahora soy capaz de dar y recibir amor.
Anhelo tener un compañero de vida que me ame y me apoye
en todo lo que hago,
también quiero devolver este amor y apoyo.

Déjame encontrar a mi alma gemela y permite que venga la paz
a nuestras vidas al momento de encontrarnos.
Sé que toda sanación viene a través del amor
así que permite que sigamos sanando juntos en nuestro camino.
Deja que vengamos desde un lugar amoroso centrado en el corazón,
en tiempos difíciles y tiempos felices.

Nunca dejes que nos olvidemos del sentimiento de alegría y amor,
y de cómo comenzamos.
Ayúdanos a aprender y crecer como pareja;
a estar dispuestos a cambiar para el mejoramiento
de nuestra sociedad como un todo.

Envuélvenos en tus hermosas alas rosadas
y sácanos de la jaula que nos encierra el corazón.
Permite que nuestros corazones se eleven y se unan mientras
laten como uno solo, lleno de luz rosada amorosa.
De soberanía infinita somos creados,
¡Debemos mantener nuestras cabezas en alto y creer!

19 de Febrero

Oración de Gratitud a Mis Ángeles Guardianes
Por: Misty Proffitt-Thompson

Mi Querido Dios y los Ángeles Guardianes:
Muchas gracias por la guía que tienen,
y siempre me proveerán.

Estoy continuamente agradecida por los asombrosos regalos que usted gentilmente me dan, no sólo a mí misma, sino a mi esposo, hijos, nietos y padres. Estos regalos incluyen todo, desde nuestras necesidades humanas básicas de comida, bebida, ropa y refugio, hasta el espectro más amplio que incluye mis lecciones de vida, especialmente las difíciles, y las personas maravillosas que han contribuido a mi crecimiento espiritual.

Gracias por mis regalos que ahora reconozco y valoro por completo. Con su guía, mis fuerzas, habilidades y oportunidades sólo florecen y se vuelven contagiantes a los que encuentro diariamente.

Con ustedes guiándome, ya no vivo en un lugar de miedo, sino en un lugar de amor. Estoy muy sorprendida de lo claro que es esto, ahora que he dejado ir, confiado y creído en ustedes.

Les pido que continúen usándome para el bien más alto de todos,
Como me honra servir.

Estas cosas pido en el nombre de Jesús, Oro.
Amén.

20 de Febrero

Decreto de Amor - Arcángel Chamuel
Por: Sandy Turkington

Querido Chamuel,
Aquí estoy, abierto, listo, sincero. Te pido que sientas mi conexión.
Te pido que sientas mi amor. Tú y yo somos uno. Cuando estoy
contigo no hay dolor, ni preocupación, ni miedo. Sólo amor,
gratitud y paz. Abro mi corazón a ti, ya que soy un canal
para tu amor.

Por favor nunca me dejes. Sé que si te tengo a mi lado, siempre
permaneceré en este hermoso espacio. Tu equilibrio es muy
importante en mi vida y mi vibración.
Tú me has demostrado que venimos del amor y volveremos a él, y
necesitamos esta conexión sincera para recordarnos de quiénes
somos en realidad. Por favor continúa mostrándome la belleza en
mí, en los demás, en la naturaleza y en todo lo que soy y tengo.
Con esto, estoy eternamente agradecido. Gracias. Amén.

21 de Febrero

Despertar
Por: Ann Phillis

Luz etérea, pura y brillante,
Vida efusiva, radiante y fluida.

Los ángeles están aquí, ellos eleven mi ser,
Ellos me enseñan y nutren, me aman con sanación.

!Abro mi Corazón! Entonces conozco
el amor más profundo del flujo universal.

Ahora estoy en servicio,
Despierto y completo,
Mi alma, encarnada,
Mis alas están brillando.

22 de Febrero

Oración para encontrar
el Amor Verdadero
Por: Tracy Quadro

¡Sé que estás ahí afuera!
Sé que hay alguien ahí afuera que ilumina
mi mundo y aligera mi carga.
Esa persona es mi amiga, mi aliada, mi confidente,
Mi socio, mi compañero, mi amor.
Estamos dispuestos a encontrarnos,
estamos tan cerca nos podemos sentir uno al otro!
Nuestros corazones están conectados,
y ya somos parte de la vida del uno y del otro.

Ángel Rafael,
Sanador de la mente y del cuerpo
que acomodas todas las cosas que no están en su lugar apropiado,
¡Por favor trae a mi alma gemela junto a mí, por fin!
Estamos listos, dispuestos y capaces para unir nuestras vidas.
Necesitamos tu ayuda para que esto suceda.
¡Por favor te pedimos nos pongas en el lugar correcto al mismo tiempo!
Abre nuestros ojos el uno al otro y enciende esa chispa en nuestros
corazones.
Por favor, concédenos la sabiduría para llegar, sonreír, escuchar el
latido del corazón del otro. Y que nos reconozcamos en el alma
del otro, con un brillo juguetón en nuestros ojos.

Susurra en cada uno de nuestros oídos, que esto es
lo único que hemos estado esperando.
Suavemente empújanos el uno al otro, con la repentina revelación:
"Oh…ahí estas…te he estado buscando…"

23 de Febrero

Oración para atraer el Amor
Por: Julie Geigle

Arcángel Metatrón,
A veces me siento tan solo y aislado.
Anhelo el romance y el amor, a veces temo que esto nunca sucederá.
Por favor ayúdame.

Tomo un respiro profundo y me conecto con mi flujo
interminable de amor y alegría sin límites.
Mientras me sintonizo con esta energía, mi alma emerge,
y me baño de paz y tranquilidad.
Empiezo a recordar el creador poderoso que soy,
y mi habilidad para elegir de nuevo.
El amor que estoy buscando fuera de mi tan desesperadamente
no existe, porque no estoy separado de ese amor.
Yo soy ese amor.

Cuando vuelvo a mi interior, mi alma me recuerda
que ya tengo lo que quiero.
La belleza del amor emana de mi alma.
Me convierto en un imán de amor, atrayendo muchas oportunidades
y experiencias para compartir mi amor con otros que tienen
ideas afines y desbordantes con
esta energía magnética.

Yo soy amor. Soy amado.
Estoy pleno y conectado con todo lo que es.
El Universo, Dios y los Ángeles han escuchado mi llamado
para experimentarme a mi mismo como amor.
Y personas y oportunidades se están poniendo en el lugar AHORA
para que esta verdad sea revelada.

24 de Febrero

Amor
Por: Lisa K.

El amor está en el aire;
El amor está en todas partes,
¡Si solo pudieras ver lo mucho que nosotros, tus ángeles, te amamos!

Rociamos tu camino con las chispas y caprichos del polvo de ángel.
Esto te trae la magia de nuestro trabajo para hacer que tu camino sea
ligero y despreocupado.

Nunca permitas que tu conciencia se nuble,
porque cuando estemos a tu alrededor, y siempre estamos.
te expandirás con felicidad y especialmente con amor.

Cuando hagas esto, experimentarás más amor de los que te rodean,
incluso de aquellos a los que pensabas que no te amaban en lo absoluto.

- Tus Ángeles -

25 de Febrero

Oración por una Mente, Cuerpo y Alma Sanos
Por: Marci Cagen

Queridos Ángeles
Estoy listo para liberar mi deseo de consumir
Alimentos y/o bebidas poco saludables.
Confío en que su presencia amorosa me rodee y me apoye ahora.
Ayúdenme a concentrarme sólo en alimentos y bebidas que
alimenten mi espíritu y nutran mi cuerpo.
Por favor, quiten de mí cualquier sentimiento de control,
lucha o frustración;
en cambio, llénenme de facilidad y tranquilidad.

Les pido que por favor me alivien de la esclavitud de antojos de azúcar,
cafeína, sal o cualquier otra sustancia que no apoya un cuerpo y una
mente saludables.
Por favor, creen un deseo en mí para tener los nutrientes que son
vivificantes y llenos de sabor.
Confío en su amorosa orientación y apoyo.
Por favor, ayúdenme a aprender a cocinar de maneras nutritivas que me
llenen de contenido.
Que pueda aprender a apreciar todos los maravillosos colores, texturas y
sabores que la naturaleza tiene para ofrecer.

Rezo para que ustedes me den la voluntad y energía cada día, de incluir
variadas actividades divertidas, construyendo fuerza, vitalidad y balance
de adentro hacia fuera.
Estoy muy agradecida por su amor y apoyo.
Gracias. Y así es.

26 de Febrero

Arcángel Zadkiel
Oración por el Perdón
Por: Jillian Leigh

Querido Arcángel Zadkiel,
Te pido que me rodees en la más pura luz blanca.
Abrázame con tus amorosas alas.
Ayúdame a soltar las experiencias negativas del pasado,
Que me retienen de mi máximo potencial.

Guíame para liberar todas las transgresiones.
Porque sin ti, soy una flor marchita
Anhelando lluvia nutritiva.

Contigo soy una hermosa flor, floreciendo
Abriendo mis regalos para que todos sepan, sientan y vean.

Mientras te llamo y trabajo contigo,
sé que puedo sacudirme toda la energía negativa
que pude haber absorbido durante mi día.

Sé que enviarás todos los pensamientos, energías,
sentimientos y palabras negativas al cielo para su transmutación.

Ahora estoy en paz con un corazón ligero y amoroso.
Te agradezco por tu amor, orientación y asistencia.

Y así es.

27 de febrero

Guerreros Pacíficos, Mantos de compasión
Por: Bonnie Larson

Gracias Arcángeles por equilibrar el cielo y la tierra,
Sosteniendo la guía de las estrellas mientras navegamos los Reinos de Mirth.
Orquestando ritmos de movimiento cíclico,
Que paso a paso levantan devoción en espiral .
La luz que brilla danzante hacia adelante, ilumina
el camino del jardín, orante rumiando.
El regalo de la pasión, en la moda cotidiana,
guerreros pacíficos, trajeados de compasión.
Brazos de Ángel Levantándome, Guardian Permanente,
Sentinela vigilante sosteniendo rápido, muy duro.
Los acordes celestiales de la escala musical,
Coros de Ángeles, saliendo del Grial.
Ángeles de Misericordia, Ángeles de Amor,
Intercesores arriba en el cielo.
Ángeles de gracia, la cara cariñosa,
Ojos del ángel, abrazo adorador.
Esferas del amor más allá del velo,
Hacia nuestros deseos se disponen.
Corazones blandos, celebración de la luz,
Elevando a lo alto, la vista radiante.
Sueños cumplidos por Keen Insight,
Susurró tiernamente en la noche.
Cuéntame la Verdad, algunos muy justos,
tu sabiduría, inquietudes o preocupaciones.
Vibración ascendente de resonancia,
Ejemplo anunciado para emancipar.
Manos ayudantes de la verdad Divina,
Cuna de la vida, diseño original.
Empoderándonos para Florecer Brillantemente,
El Jardín de la Vida, Vibrante, sigiloso.
Oraciones Cumplidas, Angélicamente Habilidosas,
Los ángeles de la guarda contestaron, desearon.
Perforando la noche, Sin comentario,
musculoso y poderoso, blandiendo, escucha!
Arcángel Miguel galantemente salvado,
legiones de Ángeles Silenciosamente valientes!

28 de Febrero

Oración para Amarte a ti Mismo
Por: Karen Paolino Correia

Arcángel Chamuel, Bendita Madre María
y mis queridos Ángeles guardianes, por favor vengan a mi ahora.
Envuélvanme en su amor incondicional
para que pueda recordar lo que se siente ser amado
tal como soy, sin condiciones ni expectativas.
(pausa para respirar y recibir)

Me doy cuenta de lo duro que puedo ser conmigo mismo,
y nunca le hablaría a los demás de la misma manera que me hablo
a mi mismo.
Les pido que me empujen y me recuerden
cuando mis partes no amadas están pidiendo atención y aceptación.

También pido los milagros de la sanación.
Por favor borren y sanen cualquier palabra o acción hiriente
que fueron dichas o echas por otros, que aún me afectan hoy.
Ayúdenme a recordar mas allá de toda duda que-
"Yo soy amado, no importa que, Soy perfecto tal y como soy
Y no hay nada que arreglar, solo mas de mi para amar".
Únanse a mi queridos ayudantes divinos. Abrácenme mientras
me abrazo a mi mismo y proclamo… "Me amo y Yo soy muy amado!"
(pausa, repite y experimenta).

Ayúdenme a ver, y saber lo hermoso que soy desde adentro hacia afuera
Y a entender profundamente que estoy haciendo el mejor trabajo que
puedo con lo que se en cada momento y siempre estoy
aprendiendo y creciendo.
Pero sobre todo, ayúdenme a amarme a mi mismo tanto como
ustedes me aman.
Y así es!

29 de Febrero

Oración para el Año Bisiesto
Por: Cathleen O'Connor

Queridos Ángeles,

Con gratitud doy la bienvenida a este día extra -
Un nuevo día lleno de posibilidades y potencialidades.

Guíenme a usar este día como la joya preciosa que es.
No me dejen apresurarme durante el día, ignorando sus regalos.

En lugar de ello, trabajen conmigo para recordarme lo que es
hoy más importante:

Un corazón agradecido
Una mente abierta
Un toque compasivo
Una risa profunda y alegre
Este es un día lleno de Bendiciones.

Ayúdame a ver la oportunidad de volver a establecer una intención.
Recuérdeme que mis intenciones y acciones hoy crean mi día siguiente -
Y el siguiente, y el siguiente.

Permítanme hacer mis intenciones con una mente y un corazón claros,
Con conciencia y presencia,
Para que mis días de mañana (mis próximos días después de hoy)
Estén llenos del amor y la luz de la Gracia Divina.

Y así es.

Marzo

1 de Marzo

Oración a los Ángeles para la Protección del Hogar
Por: Suzanne Gochenouer

Pequeña casita , voy a salir otra vez

pero volveré lo antes posible.

Ángeles, por favor protejan mi casa y mi propiedad.

Las casas y propiedades de mis vecinos,

y mi vencidario entero,

mientras yo estoy fuera y en todo momento.

Protéjannos de la fuerza del tiempo.

Protéjannos de aquellos con intención oscura.

Protéjannos de lesiones y enfermedades.

Amén, amén, amén.

Gracias, gracias, gracias.

2 de Marzo

Oración al Arcángel Miguel para Protección y Limpieza
Por: Elizabeth Harper

Arcángel Miguel,
Te invito a proteger mi campo de energía
con el profundo rayo azul violeta de protección.
Crea una superficie brillante para protegerme
de toda negatividad y oscuridad.
Protege mi aura permitiendo que sólo entre la luz.

Te invito a que aproveches el poder de tu espada para cortar
cualquier atadura insana que ya no me sirva.
Limpia completamente mi energía y cuerpos celulares
de todos los apegos físicos, mentales, emocionales
y espirituales, tanto de esta vida como de la anterior.

Disuelve suavemente cualquier obstáculo que pueda estar
en mi camino de vida bloqueando la más alta vibración de luz.
Infunde mi corazón con la fuerza, el coraje y el poder
del amor incondicional.

Guíame a perdonar y aceptar el perdón, que esto y mi amor por la
humanidad,
fortalezca mis fronteras y me traiga paz.

Arcángel Miguel,
estoy dispuesto a aceptar y estoy agradecido por
tu protección, apoyo y orientación.
Y así es.

3 de Marzo

Oración para la Relación
Por: Rev. Jennifer Shackford

Dios y Ángeles.
Sé que todas las relaciones son puestas en un lugar
por una razón y una lección.
Ayúdenme a entender con corazón y mente abiertos
cuándo una relación ha terminado su curso.
Dénme la fuerza para no seguir en una relación
que ya no es para mi mayor bien.

Permítanme desconectarme, enviarles amor y
agradecerles por enseñarme a lo largo
de mi viaje y avanzar positivamente.

Estoy agradecido por el tiempo
que fueron parte de mi vida y
las contribuciones hechas alineados
con el camino de mi alma, en esta vida.

Gracias!

4 de Marzo

Luz de mi Alma
Por: Ann Phillis

Desde el vientre del tiempo, me levanto como una llama,
mis alas llenas de luz, mi corazón ardiendo.

Abro los brazos, ¡radiante soy!
Levanto la mirada, impermeable al dolor.

Veo el horizonte, mi vida fluye,
estoy en mi alma, soy quien soy.

Fuerte, pacífico, claro, en amor,
¡Yo soy la luz de mi alma en mi corazón!

5 de Marzo

"Angelizada"
Por: Lisa Clayton

Todo está cuidado cuando nos piden ayuda.
Vamos a "angelizar" su visión del corazón y del alma.
El sol de la abundancia y el amor brilla sobre ti
incluso a través de las densas nieblas de la vida.
Limpia la niebla de los lentes que has estado utilizando
para que tengas la visión del propósito de tu vida en la tierra.
Date la visión clara de tu corazón y
escucha atentamente sus mensajes.

Tienes la belleza interior, la gracia, la pasión y, sobre todo,
el amor del ángel para ver claramente.
Hoy, siente la luz dorada
de la multitud de Ángeles que te rodean.
Siente nuestra esencia y vibración dorada
en cada chacra de tu cuerpo y en cada chacra
de luz por encima y debajo de ti.

Siente tu composición celular cambiando y
hormigueando con la esencia dorada de nuestro amor.
Siente la vibración de tu espíritu y alma llevándote a
un nuevo nivel de amor puro e incondicional.
Esta increíble infusión de la esencia del amor dorado te mantendrá
siempre en el verdadero camino del proyecto de tu alma a medida
que abras tu corazón más y más al Amor de los Ángeles.

Estás siendo "Angelizado", alineando tu experiencia humana en la tierra
a tu propósito del alma, mientras esta viaja en las alas del Amor Eterno.

6 de Marzo

Crear
Por: Lisa K.

La primavera ha brotado dentro de ti.
Dentro, te estás llenando con la semilla entera del potencial del universo.

Puedes crear cualquier cosa, con alguien más, o solo, junto con nosotros.

Es posible que hayas llegado al final de tu lista de resoluciones de año nuevo,
o simplemente empezaste a trabajar en ella.

Estamos aquí para animarte.

Puedes avanzar con facilidad,
sabiendo que te apoyamos en tus emprendimientos,
para crear cualquiera sean tus sueños.

Así pues, ve adelante y date cuenta que te apoyamos y
asistimos en cada deseo sincero.

– Tus Ángeles -

7 de Marzo

Arcángel Gabriel
Por: Trish Grain

Invoco la energía del Arcángel Gabriel.

Tu hermosa y suave energía amorosa
para ayudarme a elevar mi vibración,
para ser más cariñoso y compasivo.

Te pido que rodees a mis hijos y a todos los niños,
manteniéndolos seguros y protegidos en todo momento.

También te pido que me ayudes a nutrir mi propio niño interior.

Te pido tus mensajes divinos llenos de amor divino.

Te pido que me muestres el camino a seguir para vivir el propósito
de mi alma.

8 de Marzo

Oración al Ángel
para Manifestar la Intención
Por: Bobbe Bramson

Queridos Ángeles, amados mensajeros de lo Divino,
vengo a su santa presencia
con deseos e intenciones cercanas y queridas para mi corazón.
Llénenme de esperanza, inspiración y un sentido de merecimiento,
para que yo de verdad los cumpla.

Denme una visión clara
que pueda ver a través de cualquier ilusión auto-impuesta
de limitación y falta,
y manténganme abrazado dentro de su amor incondicional, mientras
hago los cambios que necesito hacer y encuentro el coraje
para transformarme.

Caminen conmigo, queridos ángeles, e iluminen mi camino,
Susúrrenme palabras de estímulo amoroso e infinitas posibilidades
para que pueda recordar mi magnificencia.
Brillen su luz en cada forma y contorno de mis deseos para que
pueda reconocerlos cuando aparezcan, y denme todo el enfoque
cristalino, la perseverancia y la devoción necesarios para hacerlo así.

Y cuando haya hecho todo lo posible,
les ruego que envuelvan mis intenciones dentro de sus alas de ángel
y las eleven a la más alta vibración para mi bien.
En ese momento, los bendeciré y entregaré a Dios
para el logro de su Divina Perfección.

Gracias, Amados
Con Gracia y Naturalidad, Amén.

9 de Marzo

Arcángel Chamuel: Oración para el Amor Propio y el Amor

Por: Cathelijne Filippo

Amado Arcángel Chamuel,

Gracias siempre por tu siempre presente energía amorosa.
Por favor, envuélveme en esta suave vibración hoy.
Ayúdame a amarme a mi mismo verdadera e incondicionalmente.
Ayúdame a aceptar mis defectos y abrazar mis fortalezas.
Ayúdame a hacer cambios positivos desde este lugar
de aceptación amorosa.
Déjame verme con ojos de amor, para que pueda ver mi Luz Interior
salir y brillar.
Sé que soy parte de lo Divino y por tanto soy perfecto tal y como soy.

Querido Arcángel Chamuel,
Sé que solo puedo compartir el amor verdadero con los demás, si y
cuando me amo a mi mismo.
Así que ayúdame a formar vínculos significativos con los demás desde
este lugar de amor propio.
Y ayúdame a sanar el centro de mi Corazón completamente,
Y así pueda ser libre para dar y recibir amor.
Ahora me amo a mi mismo.
Estoy abierto al amor.
Soy digno de amor.
Mi corazón desborda de amor.
Hay amor suficiente para todo el mundo.
Porque el amor es todo lo que hay, en verdad.

Y así es!

10 de Marzo

Oración de Gratitud a los Ángeles
Por: Melanie Barnum

Hoy, doy gracias por la abundancia de bendiciones que me
han sido dadas.

Agradezco a los ángeles y al universo por darme todo lo que necesito.
Oro para recibir abundancia financiera constante,
para poder tener todo lo que necesito para ayudarme a tener éxito
y me permita ayudar a otros también.
Pido la libertad financiera para perseguir mis metas y
los objetivos de mi familia y seres queridos.

Les agradezco la motivación para seguir positivamente y alcanzar mi
mayor bien.

Ruego con gratitud para que la guía este lista y disponible
para ser exactamente quien estoy destinado a ser, exactamente quien se
supone que debo ser.
Agradezco con alegría a los ángeles que me están ayudando
para estar más feliz y saludable que nunca.

Estoy bendecido y pido que mis bendiciones sean compartidas
con todos los que las necesitan, para que también puedan alcanzar su
verdadero potencial.

Oro para escuchar sus mensajes y para reconocer cuando ustedes estén
allí para ayudarme.

Oro también para entender la sabiduría de los ángeles y del universo y
seguir su guía.

Gracias hoy y todo los días.

11 de Marzo

Oración al Arcángel Uriel para Poder Personal y Manifestación
Por: Coryelle Kramer

Arcángel Uriel luz del Universo
e hijo de Dios/Diosa.
Haz brillar tu luz sobre mí; Iluminando mi camino
para la creación de la vida que deseo manifestar,
a través del cual la claridad y la certeza residen.

Asísteme para liberarme de la esclavitud de pensamientos limitantes,
visión, emociones y creencias que me
están reteniendo de mi derecho Divino
como creador de mi tiempo en este planeta.

Descansa tu luz transfigurante sobre mi
para que yo pueda moldear lo negativo en positivo,
encontrar luz en las sombras del pasado
y conocer la tranquilidad en mi corazón.

Estoy listo para estar contigo en la luz de la Conciencia Universal,
Que traerá consigo el conocimiento de que todas las cosas se cuelan
por una razón
y de esa sabiduría encontraré paz dentro de mí.

Camino contigo como un hijo orgulloso,
y como un artista creador de esta vida que estoy viviendo,
una representación viva respirando
la fuerza de Dios/Diosa en todas las cosas.

12 de Marzo

Floreciendo en Mi Divinidad
Por: Andrea Porter

Querida Dulce María Divina y mis preciosos Ángeles,
Mientras camino el mi sendero de mi despertar, floreciendo en la
autenticidad divina, que estoy destinado a ser ...
Permito que su amoroso apoyo y guía me rodeen con gracia y facilidad.
Les pido me ayuden a aceptar sus suaves susurros de guía e inspiración.
Animen mi recuerdo consciente, para recibir abiertamente su gentil lluvia
de recordatorios y sincronicities amorosos chispeados a lo largo
de mi trayecto.

Puedo sentir y dejar entrar el amor, lo que me permite liberar mi control
sobre las creencias desgastadas y obsoletas que crean obstáculos
en mi vida.
Así puedo ser calmado por respiraciones dulces Angélicas, abriendo
amorosamente y completamente mi corazón a mi divinidad.
Anímeme a descubrir nuevas verdades de sabiduría,
Mientras me abro a los regalos de potenciales divinos,
iluminando oportunidades
para nuevas experiencias.
Llévenme a mi saber, mientras disfruto de estas posibilidades de
expansión en el descubrimiento de más de mi ser genuino.

Les pido que su brillo Angélico sea mi luz y cobija de recuerdos -
envolviéndome, abrazándome, y, siempre tan suavemente, guiándome
hacia un bendito cambio divinamente orquestado.
Que el eterno amor incondicional me consuele mientras yo broto de una
fuente en mi brillante y auténtica expresión del único don divino
Estoy realmente destinado a ser.
Amén.

13 de Marzo

Una oración por la Restauración y la Curación
Por: Justin Roberge

Mi Querido Arcángel Chamuel, Guardián del Amor y la Paz:

Por favor ayúdame a restaurar y renovar mis relaciones.
Envía tu energía amorosa para sanar y levantarme,
mientras yo reflejo esa misma energía a los que me rodean.
Ayúdame a traer la paz a mis relaciones, y que permanezca en un
estado de satisfacción ahora y en el futuro. Reemplaza cualquier
pensamiento negativo y mecanismos de supervivencia insanos que
pueda tener, con amor incondicional por mí mismo,
y por todos a mi alrededor.

Ayúdame a hablar nueva vida en mis relaciones, y utilízame como
un instrumento de paz, para curar a las personas con las que entro
en contacto mientras camino por este mundo. Mantén mi
frecuencia vibracional alta, para que pueda vivir desde en un lugar
de puro amor y alegría cada día, libre de dolor innecesario. Gracias
por proteger mi paz mental, e ir delante de mí en paz y amor para
liderar el camino en mi vida.

Gracias por ayudarme a sanar a mí mismo y aquellos que me
rodean, recordándome que soy digno de amor ... y que si me
permito estar en el sentimiento de gratitud - viendo todo como ya
total y completo – así lo será.
En tu glorioso amor incondicional yo elijo vivir.

Gracias Arcángel Chamuel.
Y así es.

14 de Marzo

Amistad con un Ángel de la Guarda
Por: Rev. Vicki Snyder

Oh mi amigo,
Siempre estás ahí cuando te necesito.
Tomas mi dolor,
me apoyas,
siempre puedo contar contigo,
Eres mi mejor amigo.

Es una amistad unilateral
Sin embargo, me das sin descanso y sin preguntas.
Te llamo en todo momento y estás a mi lado,
levantándome y empujándome a seguir adelante.
Siento tu guía y acepto tu ayuda.

Confío en ti sin experimentarte con todos mis sentidos.
Así que me hago preguntas acerca de ti y esto es lo que me imagino.
No puedo sentirte, pero tú puedes sentir cálido, suave y cariñoso.
No puedo escuchar tu voz real, pero oigo tus dulces
y amables pensamientos.
No puedo olerte, pero hueles como galletas calientes
maravillosamente horneadas.
No puedo probarte, pero sabes como un buen vaso de agua fría
en un día caluroso.
No puedo verte, pero tienes un rostro sonriente con ojos compasivos.

Eres puro amor en todos los sentidos.

Usando todos tus sentidos,
¿Cómo se mira, se siente, huele o sabe tu Ángel de la Guarda?

15 de Marzo

Oración para Amar, Aceptar y Abrazar mi Alma
Por: Karri Ann Gromowski

Ángeles Guardianes, gracias por caminar a mi lado cada momento
a lo largo de este viaje de mi alma. Envuélvanme en su amoroso abrazo.
Ayúdenme a sentirme seguro, protegido y amado hoy y por
toda la eternidad.

Claridad, Maestro de Pureza y Arcángel Rafael,
Despierten mi corazón al Amor, Divinidad y Luz de Dios, que yo soy,
Sabiendo que soy bendecido, merecedor y abierto a recibir milagros.
Infundan energía prístina, de luz blanca en mi ADN celular
para limpiar, purificar y sintonizar mi alma.

Arcángeles Jofiel y Ariel,
Báñenme con sus bellas flores de confeti,
Abriendo mis ojos a la belleza que soy.
Armonicen y equilibren mi mente y emociones.
Integren la confianza, el valor y la aceptación para quien realmente soy.
Fortalezcan mi Espíritu para revelar una expresión alegre y libre
de la Esencia Verdadera de mi evolución del Alma.

Arcángeles Raziel y Miguel, Ángeles de la Atlántida,
Levanten mis velos de la ilusión, iluminando las profundidades de mi Alma.
Llénenme de energía dentro de su cascada de energía efervescente
del Arco Iris.
Rodéenme con la Llama Transmutadora de Oro y Plata Violeta.
Sosteniéndome y apoyándome en la quinta dimensión.
mientras transmuto y aumenta mi frecuencia.

Ángeles, ayúdenme a abrazar la vida, vivir ahora y dejar que mi alma brille!
Y así será.

16 de Marzo

Sanación de la Supresión Generacional de las Mujeres
Por: Julie Geigle

Arcángel Metatrón, hoy te pido la sanación
de generaciones de mujeres que sufren en silencio,
tolerando abuso y maltrato de sus parejas.
Permito que mi aliento sirva como puerta de entrada
para conectarme con mi madre, quien se conecta con su madre,
conectando las madres en todos partes.

Permito que su dolor se convierta en mi dolor y
en este acto de permitir, el dolor es transmutado en amor.
Con otra respiración limpiadora, siento una profunda sanación dentro
de mi alma.
Mi voz emerge fuerte, segura y gruesa.

La Divinidad Femenina se levanta cuando entro en la Divina Diosa que
vine a ser aquí.
Ahora soy una fuerza imparable de verdad e integridad;
limpiando, aclarando y liberando toda supresión
en generaciones pasadas, presentes y futuras.

Ahora me resulta fácil pararme y defenderme por mi misma.
Sé exactamente qué decir y cuándo decirlo.
Mis pies están firmemente plantados en el suelo
arraigados en la verdad y la integridad.
Digo una palabra a la vez viviendo mi vida con honor y dignidad.
El miedo no reina más cuando me uno
a las mujeres a través del tiempo y el espacio para sanar.
La libertad suena en mi corazón hoy. ♥

17 de Marzo

Invocación al Ángel de la Guarda
Por: Thea Alexander, Ph.D.

Quédate conmigo, mi Ángel, te pido en este día. Para siempre y por siempre, mientras lo hago a mi manera.

Ángel de la Guarda, Guardián querido. Mantenme cerca, Mantenme junto a ti.
Está a mi lado, en todo lo que hago.
Guíame y protégeme, todo el día.

Con admiración, mi ángel, en gratitud y gracia.
Completo este día,
en tu amoroso abrazo.

Ángel de la Guarda, Guardián querido. Mantenme cerca, Mantenme junto a ti.
Cuida de mí, manteniéndome a salvo. A lo largo de la noche,
hasta que despierte.

18 de Marzo

Arcángel Chamuel
Oración para el Amor Propio
Por: Michelle Mullady

Arcángel Chamuel,
Te invito a que envuelvas mi campo de energía con el rayo rosado del
ángel de luz.
Por favor, disuelve todos los pensamientos y sentimientos de auto-odio,
auto-condena y baja autoestima que traigo de dolorosas experiencias.

Te pido ayuda para amarme y aceptarme a mí mismo,
mis opiniones, belleza, emociones,
mis fallas, imperfecciones y defectos,
mis fuerzas, humor, sabiduría,
Así como mi manera única y peculiar y de ver el mundo.

Ayúdame a amar y aprobar cada una de mis partes.
Deseo saber en el centro de mi ser
que soy digno, valioso y amable.
Que tu luz sanadora de amor incondicional
entre en cada área de mi realidad y llene mi alma y corazón.

Que la magia del amor siempre me mueva
para irradiar calor y cuidarme a mí mismo.
Que se haga de acuerdo con la Santa Voluntad de Dios.
Amén.

* Al decir esta oración, coloca tu mano derecha sobre el centro de tu corazón y permítete atraer la energía del ángel de amor incondicional para que te caliente, balancee y te sane.

19 de Marzo

Oración por los Guerreros Renuentes

Por: Kimeiko Rae Vision ATP®, The Angel Warrior™

Queridos Angeles,
Los oigo correctamente?
Me están susurrando que **ahora** es mi momento de brillar?
Por favor, ayúdenme a ser valiente
frente a todo peligro percibido, real o imaginado. Ahora!
Que la vibración de esta oración se lave sobre mi espíritu de lucha
como música para mis oídos.
Que el bienestar sea el ritmo, la tranquilidad sea la armonía,
y sea tan bienvenida y familiar para mí como mi canción favorita.

Ángeles,
por favor háganme cosquillas y háganme reír mostrándome
pequeñas señales,
señales medianas y GRANDES SEÑALES de que ustedes me aman y
me apoyan diariamente,
y que cada paso sea Divinamente colocado
en el camino más alto de Dios para mí.

Por favor, denme señales tan claras y agradables
que mi misión Divina se vuelva inconfundible para mí.
Gracias por fortalecer mi capacidad de hablar por mí y por los demás,
convirtiendo mis inseguridades en sorprendentes bendiciones
para todos nosotros.

Estoy listo ahora.

Por favor, manténganse a mi lado mientras yo encarno el plan de Dios.
Como el Ángel Guerrero que soy.
¡Acepto!

20 de Marzo

Oración del Equinoccio
Por: Cathelijne Filippo

Esta oración es para el Equinoccio de Primavera en el hemisferio norte;
Si usted vive en el hemisferio sur, lea la Oración del Equinoccio
del 23 de Septiembre.

Amado Spugliel, Ángel Guardián de la Primavera,
Bendíceme con la energía de la primavera;
La promesa de un nuevo día,
trayendo abundante belleza y vitalidad.

Déjame despejar las telarañas en mi mente,
permíteme purificar mis emociones,
y tomar un buen cuidado extra de mi cuerpo
cuando entro en primavera.

Querido Spugliel
Pido que florecer como una flor de primavera que se da vuelta
hacia la luz.
Baña mis nuevas intenciones y proyectos
con la energía del amor y el empoderamiento.
Riego las plantas de estas intenciones con amor, positivismo y gratitud,
mientras abrazo mi capacidad de crear y renovarme.

Gracias por toda nueva vida en primavera:
flores que florecen, pájaros cantores, corderos juguetones y rayos de sol.
Permítanme canalizar la pasión, el cambio y la positividad de la
primavera en mi propia vida
y la de auqellos que me rodean.

Que Así sea.

21 de Marzo

Oración para el Amor Propio
Por: Ann Albers

Amados ángeles,
¡Enciendan el fuego de mi alma!
Ventilen las chispas y las llamas
del deseo del Amor Divino
para reconocerse en los ojos de la creación ... y en Mí.
Déjenme mirarme en el espejo y ver Solo un Eterno Amor Mirando
…hacia mí!

A través de las ventanas de mi alma déjenme percibirme como perfecto,
Hermoso, brillante, entero!

A medida que crezco,
Incluso mientras llego a conocer Su Amor, Más amor, Un Amor.
¡Llénenme de la Alegría del Ser! ¡La alegría de ver!
Solo amor dentro de la gota de agua, una piscina tranquila, el hielo, la
tormenta, la cascada ...

Los rayos de luz y oscuridad dentro de mi alma, Los miedos, las
angustias, las alegrías, la esperanza, los dolores.
Todos mis ayeres, hoy, Mañanas ...

Compartanme el don de la dicha de conocer el Amor dentro
de todas las cosas,
Y sobretodo todo

El Amor que ustedes ven,
que Vive y espira dentro de mí.
El Amor que nunca me deja fallar o caer, El ÚNICO Amor Eterno
Que nutre todo.

22 de Marzo

Oración de Inspiración
para el Arcángel Uriel
Por: Cathleen O'Connor

Querido Arcángel Uriel,
Inspírame!

Inspírame para vivir con propósito.
Inspírame para vivir con pasión.
Inspírame para vivir con compasión.
Inspírame para vivir con perdón.
Inspírame para vivir con alegría.
Inspírame para vivir con amor.
Inspírame para vivir con aceptación.

Inspírame para vivir con presencia.
Inspírame para vivir con gratitud.
Inspírame para vivir con esperanza.
Inspírame para vivir con integridad.
Inspírame para vivir con responsabilidad.
Inspírame para vivir con visión.
Inspírame para vivir con sabiduría.

Inspírame para vivir con valentía.
Inspírame para vivir con tolerancia.
Inspírame para vivir con curiosidad.
Inspírame para vivir con entusiasmo.
Inspírame para vivir con generosidad.
Inspírame para vivir con humildad.
Inspírame para vivir con gracia.

Inspírame! Y así es.

23 de Marzo

Disfrutando de la Vida con un Sentido Divino del Humor
Por: Christina Scalise

"Ángeles, por favor ayúdenme a encontrar la mejor manera para hacer frente a esta difícil situación."
No oigo nada. No veo nada. No siento nada.

Empiezo a agobiarme y a hacer planes… y Dios sonríe.
Pido señales de mis Guías… y escucho una risita.
Oro para que los Ángeles me ayuden… y ellos bailan y se ríen.

"¿Están ahí? ¿Están escuchando? ¿Me escuchan?"

Pido de nuevo una señal… y mi canción favorita comienza a tocar en la radio.
Sonrío… siento el ritmo de la música… y empiezo a fluir.
Oh, por qué estoy aún tan preocupado?

Sin embargo, pido una señal una vez más… y el sol y las nubes forman una sonrisa.
Pido confirmación… y de repente, una pluma cae del cielo.
Exijo una prueba más allá de la sombra de la duda …y siento excremento de pájaro caer en mi cabello.

"Mensaje Recibido."

*"Ángeles, por favor, denme la fuerza para encontrar el humor en todas las situaciones,
la habilidad de reírme de mi mismo y disfrutar de la vida con sentido divino del humor. Gracias."*

*Que tus días siempre encuentren humor, tus ojos siempre brillen…
Y un pájaro no haga caca en tu cabello – Christina.*

24 de Marzo

Ángel de Dios –
Oración de la Mañana
Por: Betty Sue Hanson

Ángel de Dios,
mi querido guardián,
a través del cual el amor de Dios
me permite estar aquí.

Que este día
estés a mi lado,
para dar luz y guiar
para poner orden y proteger.

AMÉN

Queridos ángeles
por favor guíenme, rodéenme,
protéjanme y diríjanme hoy
para hacer la voluntad de Dios.
Por favor, llévenme a todos lados
sano y salvo.

Estas son oraciones de intención y conexión con tus ángeles para ser usadas diariamente.

25 de Marzo

Un Ángel a Tu Lado
Por: Anna Taylor

Cada momento que estamos vivos,
un ángel esta siempre con nosotros.
Cada vez que pedimos ayuda,
un ángel cumple su propósito.

Cada vez que nos sentimos solos,
un ángel susurra: "Estoy aquí".
Cada vez que oramos por la paz,
descansamos en las alas de un ángel.

Cada vez que seguimos nuestra guía,
un ángel se relaja.
Cada vez que elegimos la felicidad,
un ángel celebra.

Cada vez que tenemos el valor de volar,
un Ángel vuela a nuestro lado.
Cada vez que cantamos y bailamos,
un Ángel toca más música.

Cada vez que decimos 'te amo' y lo digo en serio,
Nosotros mismos nos convertimos en ángeles.

26 de Marzo

Sanación de Rosas
Por: Ann Phillis

Te mantengo cerca. Derramo amor en tu corazón
A través de los pétalos de la rosa, en alas del amor.

Somos ángeles de armonía, resplandecientes en la luz
Comprometidos con la Tierra, a través de flores de deleite.

Los pétalos de rosa brillan mientras descendemos nuestro abrazo
Así es como llegamos a todos, con la gracia pura del amor.

Una revolución de corazón está sucediendo ahora
en la Tierra como en el Cielo, es el poder cósmico.
El velo se eleva entre mundos de luz.
Entre los mundos de la materia y la elección consciente.

Nosotros, los ángeles del flujo evolutivo
venimos en millones por el tiempo que es ahora.
Véannos, conózcannos, estamos en cada flor
Somos de cada bosque, cada roca y lluvia.
Busca la rosa, el jardín, la naturaleza amorosa
por donde sientas amor. Es allí donde empoderamos.

Entra en nuestro amor, permite que tu conciencia lo sepa-
¡Déjanos llenarte, nutrirte, regar la gracia del espíritu a todos!

27 de Marzo

Oración de Sanación para "Llevar Luz a los Días Grises"
Por: Gina Barbara

Les pido Ángeles de arriba,
mantener viva su luz y pureza de amor.

Les pido su sanación en las partes sombrías de mi vida,
de modo que la nube gris se levante
Y los rayos de sol brillen sobre mí.

Pido que esto sea así,
abriendo mi corazón a la belleza y calidez
que ustedes ofrecen con su radiante resplandor.

Reemplacen mi miedo con amor,
para que pueda abrazar todo lo que es,
y permitan que la sanación tenga lugar amorosamente.

Dejo ir mi voluntad a su voluntad
y me abro para recibir todos los colores del arcoíris
para sanar mi vida, la de los demás y la Tierra.

Doy gracias por lo que he recibido.

28 de Marzo

Oración a los Ángeles
para el Amor Propio
Por: Keysha Sailsman/Alberga

Queridos Ángeles
Enséñenme a saber que soy un espíritu bellamente encarnado con un potencial ilimitado.

Por favor ayúdenme a aumentar mi auto-conciencia cada día y todos los días.
Llenen mi mente con pensamientos positivos y amorosos, y eliminen todo temor y duda.
Pónganme en perfecta alineación con mi Espíritu
y ayúdenme a vivir la vida desde mi auténtico yo.

A través del proceso del perdón, aliméntenme con
la mejor medicina que la vida tiene para ofrecer- "amor propio"
Y muéstrenme cómo perdonar a los demás y liberarme en el proceso.

Por favor, vuelvan a despertar mi alma con sus
toques angélicos, besos, susurros y guía.
Les pido que planten la semilla del amor incondicional dentro del centro de mi corazón.

Limpien mi cuerpo (en particular mi corazón), mente, espíritu y aura
de todos los pensamientos negativos sobre mí mismo.
Enséñenme y muéstrenme cómo valorarme sin buscar la aprobación de los demás.
A medida que la semilla del amor germina, que el nacimiento de un ángel venga en mi para arrojar luz al mundo.

Gracias por sanarme a través de este tiempo en mi vida.
Gracias por su amor, apoyo y orientación.
Infinito amor y gratitud.
Y así es.

29 de Marzo

Arcángel Zadkiel:
Oración para la Transformación
Centrada en el Corazón
Por: Cathelijne Filippo

Amado Arcángel Zadkiel,
Te pido que llenes mi corazón con la Luz Violeta de la Transformación.
Que, al respirar, mi corazón se llene de esta Luz.
Mientras exhalo, que mi aura se llene con el Rayo Violeta.
Ahora coloco en mi corazón todos los asuntos que necesitan transformación,
Esto es: (dígalo con sus palabras)

Te pido que resplandezca la Llama Violeta en de estos temas,
convirtiendo mi corazón en un caldero alquímico de Luz.
Al hacerlo, dejo ir todo lo que ya no me sirve,
haciendo espacio para un cambio positivo dentro de mi ser y de mi vida.
Ahora coloco en mi corazón a todas esas personas y circunstancias
que necesitan mi perdón,
Esto es: (dígalo con sus palabras)

Perdono a todos aquellos que me han herido en el pasado, incluyéndome a
mí mismo.
Ayúdenme a dejar de lado la crítica y el juicio
Mientras me abro al amor incondicional y a la comprensión.

Querido Arcángel Zadkiel,
Estoy dispuesto a ser un recipiente para la transformación positiva y el
cambio,
y estoy profundamente agradecido por tu ayuda para aprender mis lecciones
de vida
con facilidad y gracia.

Y así es.

30 de Marzo

Una Oración para el Crecimiento Creativo
Por: Tracy Quadro

Ángel Uriel, ¡Ponme en llamas!
Trae tu antorcha de pensamiento creativo a aquellos que luchamos
por comprender la profundidad de la abundancia del Universo.
Ayúdanos a apreciar los cambios que soportamos a diario…
El clima, los movimientos de la tierra
ambos sutiles – grande y lento, repentino e
intenso – cataclismo en erupción …
y las cosas que nos mueven, de la gravedad,
a los terremotos, a los cantos de nuestras almas.

Todo es crecimiento, toda una continuación
de la fuerza creativa que nos puso aquí.
La pasión del Creador para agregar, para realzar,
para mejorar, está también dentro de cada uno de nosotros.
Te pido por favor que avives el fuego dentro de mi vientre.
Respira suavemente sobre las ardientes brasas de mi alma creativa
y enciéndeme a una nueva vida.
Muéstrame que siempre tengo el tiempo para poner liberar
la musa juguetona dentro de mí.
Enciende en mi la sed de conocimiento que me llevará
a las respuestas que yo y otros esperamos.
Y guíame por favor hacia la sabiduría que chispeará mi expresión
de una manera que toque a los demás y los lleve a su propia
y única experiencia de la Verdad.

31 de Marzo

Oración por el nuevo Crecimiento y la Manifestación de Milagros
Por: Karen Paolino Correia

Queridos ángeles,
Al igual que las estaciones inevitablemente cambian,
Me doy cuenta de que mi pasado quedó atrás y no puedo cambiarlo.
Mi deseo es vivir mi vida plenamente en el presente
y avanzar para experimentar un nuevo comienzo
mejor de lo que podría imaginar.

Estoy pidiendo ayuda y sanación,
para aceptar y dejar ir todo lo que ya no me sirve,
estoy listo para sembrar las semillas sanas y poderosas de mi pasado
junto con las semillas de mis deseos para crear una vida
llena de amor, alegría, plenitud y prosperidad.

Vengo a ustedes ahora queridos ángeles y comparto mis más
profundos deseos
(sea tan especifico y detallado como usted comparte con los ángeles).
Ayúdenme a creer y tener fe en los milagros,
especialmente cuando dudo y no confió en que mis sueños se están
haciendo realidad.

Les pido con gratitud que me guíen y dirijan desde este
momento en adelante
con sincronías, coincidencias y milagros profundos e innegables
para que pueda reconocer, confiar y ver claramente el camino de mis
almas iluminado ante mí.

Estoy abierto, soy digno y me convierto ahora en un imán
atrayendo toda la ayuda y apoyo que necesito y merezco
para vivir mi cielo personal en la tierra con facilidad, alegría y gracia.
¡Y así es

Abril

1 de Abril

Aparición
Por: Ann Phillis

De la oscuridad emerjo;
desde el vientre de mi Madre,
Madre de la Tierra, Madre del Cielo.

Nutrido y completo,
Libre y fuerte,
Animado y brillante,
Estoy listo para crecer!

Mi alma se eleva con amor,
mis alas se extienden con gracia,
Estoy aquí en la Tierra,
compartiendo bendiciones, en mi lugar.

Corazón radiante,
Ahora soy eso,
un humano radiante,
mis alas fluyen con amor.

2 de Abril

Una Oración por los Animales
Por: Marla Steele

Estamos unidos en espíritu, bajo el auspicio del reino angélico, enviando paz, amor y protección a todos los animales de nuestro planeta. Llamamos al Arcángel Rafael para que asista a cualquier animal con necesidades especiales y observamos su perfección ahora.

Le pedimos al Arcángel Miguel que guíe con seguridad a cualquier animal perdido o desaparecido, a los brazos amorosos de sus familias y amigos. Con la presencia pacífica del Arcángel Chamuel, vemos a los animales pasando a la siguiente etapa de su viaje, haciéndolo muy feliz y suavemente.

Damos gracias porque la Madre María se ocupa de nuestras organizaciones de bienestar animal y de todas las almas que trabajan para cuidar y proveer hogares duraderos para las mascotas entregadas.

Disfrutamos viendo cómo nuestra fauna prospera, viviendo en ecosistemas saludables y equilibrados con las abundantes bendiciones del Arcángel Ariel y los espíritus de la naturaleza.

Estamos eternamente agradecidos a Dios por regalarnos estos seres sagrados de amor puro e incondicional. Damos gracias a San Francisco que nuestros corazones, mentes y oídos estén abiertos a sus susurros intuitivos y que podamos seguir honrándolos de las formas más altas y mejores.

Estamos abiertos y receptivos. Le damos la bienvenida a cualquier milagro con un corazón agradecido.

3 de Abril

Oración para el Crecimiento y Nuevos Comienzos
Por: Rev. Jennifer Shackford

Ángeles, les pido que me apoyen con un nuevo crecimiento para mi alma abriendo las puertas a nuevas oportunidades. Les pido que me ayuden a dejar ir lo que ya no sirve en mi vida.
Estoy listo para grandes cambios!

Si una relación en mi vida no es para mi mayor bien, por favor intervengan y ayúdenme a hacer los cambios necesarios. Elijo tener sólo relaciones amorosas en mi vida.

Ángeles, les pido que intervengan y me pongan una carrera que esté alineada con el camino de vida que impulsa a mi alma. Estoy abierto y listo para nuevos comienzos en todas las áreas de mi vida.

Les pido que hagan este proceso fácil y sin esfuerzo.
¡Mientras me embarco en estos nuevos comienzos, elevaré naturalmente mi vibración de energía para conectar mejor con la Guía Divina en mi vida cotidiana!
¡Gracias por su ayuda siempre !!

4 de Abril

Una Oración para el Crecimiento
Por: Lisa K.

Este mes lleva al corazón todo lo que estás buscando.

Permítete ser como el capullo de una flor;
toma los nutrientes del suelo de la tierra,
el agua dulce de la lluvia de primavera,
y los maravillosos rayos del sol.

Estás preparando la cama para crecer
nutriendo tu alma de pensamientos espirituales de arriba del cielo;
asegurando que tu cuerpo se alimente con alimentos frescos y agua,
y que tu mente esté basada en buenos pensamientos.

Con todo esto, tu flor se abrirá,
Con grandeza y gran abundancia!

– Tus Ángeles

5 de Abril

No estás Solo
~ Un Recordatorio de los Ángeles
Por: Tanya Dzingle

No estás solo;

Las alas de los Ángeles te envuelven, te protegen y te dan paz.

Ellos sostienen todos sus temores y abren tu corazón a la esperanza

y el amor.

Toma una respiración profunda ... inhala amor, exhala miedo.

El confort te rodea, la paz te envuelve.

Recuerda querido, no estás solo.

6 de Abril

Oración para Guía
Por: Elizabeth Harper

Ángeles, abran mi corazón,
para que pueda sentir fácilmente sus mensajes de apoyo.

Expandan mi mente,
para que yo pueda saber las elecciones correctas por hacer.

Guíenme a escuchar sus suaves susurros,
para que pueda escuchar sus palabras de sabiduría.

Ayúdenme a ver la luz de su amor,
para que pueda compartir su visión.

Ángeles, guíenme para ser consciente de su presencia,
para que pueda confiar implícitamente en la guía que recibo de ustedes
como la verdad, y como mi verdad.

Gracias.
Y así es.

7 de Abril

Ángeles de la Atlántida:
Oración por la Integridad Espiritual
Por: Cathelijne Filippo

Amados Ángeles de la Atlántida,

Ahora les pido que me reconecten a la edad de la Atlántida de Oro,
cuando los seres humanos eran Maestro y Sanadores caminando de la
mano con los Ángeles.
Por favor limpien mi Alma de cualquier impureza y karma,
causado por mal uso o abuso de mi poder espiritual en el pasado.
Que pueda caminar mi sendero espiritual con la más alta energía,
eligiendo el amor sobre el miedo y la luz sobre la oscuridad.

Queridos Ángeles de la Atlántida,
Por favor, despierten de nuevo en mí, mis poderes espirituales.
Abran con seguridad mis sentidos superiores de clarividencia,
clariaudiencia,
sensibilidad y conocimientos claros.
Por favor, despierten al Sabio dentro de mí.
Que siempre tenga en cuenta su sabiduría y actúe según
mi conocimiento interior.
Que pueda estar siempre conectado a mis ángeles y guías espirituales de
Luz 100%,
mientras camino mi verdadero sendero en la vida.

Ahora doy a mi ser Superior la soberanía
completa de todo lo que hago, pienso y digo,
Ayudándome a elegir siempre sabiamente para el mayor bien de todos.
Como tal, déjenme ser un trabajador de la Luz fiel a la pureza de la
Atlántida Dorada.
Manténganme firme en mi camino de Luz,
con alegría en mi corazón y un ser ligero.
Que así sea.

8 de Abril

Oración a los Ángeles para Autoconfianza
Por: Suzanne Gochenouer

Queridos Ángeles,

Implanten en mí una autoconfianza humilde
en las habilidades y pasiones con las cuales soy bendecido.

Ayúdenme a reconocer los dones que puedo compartir
con aquellos que buscan nuevas formas de conectarse con ellos mismos,
con la Madre Tierra y con sus Ángeles.

Cuando me sienta inseguro, denme el conocimiento y la fuerza
que necesito
para retomar mi poder personal.

Ayúdenme a mantener mis pies en el suelo y mi corazón en el cielo,
para poder estar presente en este mundo
permaneciendo plenamente conectado con el espíritu
del amor incondicional.

Compartan conmigo el entendimiento
de que mientras soy bendecido con muchos dones,
cuanto más comparto esos dones, más ellos crecen.

Amén, amén, amén.

Gracias, gracias, gracias.

9 de Abril

Ayúdame a Enamorarme de mí Mismo
Por: Ann Cabano

Amado Chamuel, Guardián del Misterio del Amor, Guardián del Secreto,
Maestro de lo Sagrado,
te ruego desde un estado de gracia y una vibración de gratitud.

Por favor guíame hacia el camino del verdadero amor,
un amor duradero, completo y puro.
Llévame al lugar dentro de mi alma que reconoce que solo yo debo
estar de primero.

Ayúdame a otorgar el amor que busco para mi propio corazón.
Porque si no sé que la forma más pura de amor es el amor de
mi propia existencia,

¿Cómo puedo realmente decir que conozco algún amor en absoluto?
No hay acto que haya hecho, que me haga indigno de amor.
Me perdono a mí mismo, me respeto a mí mismo, y amo quien soy -
porque este es el cuerpo que me fue regalado, y esta fue la mente
con que fui creado.
Estoy agradecido de ser YO.

Por favor enséñame y ayúdame a entender que cuando me amo, cuando
me honro a mí mismo, cuando confío en mí mismo, cuando me respeto a
mí mismo, nadie quedará fuera de mi abundancia.

Amado Chamuel, te ruego que me muestres el camino en mi corazón.
Amén.

10 de abril

Creando Alegría con el Arcángel Jofiel
Por: Autumn Vicki Cole

Amado Arcángel Jofiel, Ángel de la Alegría, Belleza e Inspiración

Bendíceme con el regalo de la alegría cuando me levanto por la mañana para saludar el día y presenciar nuestro hermoso amanecer.

Despierta mi alegría mientras veo la belleza en todos aquellos que amo mucho y aquellos a los que todavía no he aprendido a amar.

Abre mi corazón para deleitarme en mi propia alegría sabiendo que es mi naturaleza divina para experimentar la verdadera felicidad.

Inspírame a vivir cada día con positividad mientras me muevo a través de los días de facilidad y los días de lucha.

Guíame a confiar y sentir tu presencia para que pueda ser alegre y optimista y crear alegría en los demás.

Permíteme recibir todo lo que puedo dar mientras me convierto en un faro brillante de alegría radiante, siempre presente!

Amado Arcángel Jofiel, Ángel de Alegría, Belleza e Inspiración.
Gracias, gracias, gracias.

11 de Abril

Cruzando
Por: Pam Perrotta

Queridos Ángeles,

Les pido su guía y amor incondicional durante este tiempo de transición.

Ayúdenme a conectar valientemente con ustedes para que pueda sentir su energía amorosa.

Protejan a mis seres queridos durante este momento tan difícil. Permitan que su energía amorosa sanadora repare sus corazones afligidos para que puedan sentir mi espíritu, escuchar mi voz y reunirse con mi alma.

Por favor, guíenme para dejar esta experiencia humana con gracia y alivio ...

En amor y gratitud ~ les doy las gracias.

12 de Abril

Arcángel Rafael
Por: Trish Grain

Invoco la hermosa luz sanadora del Arcángel Rafael

Te pido llenes mi cuerpo con su energía sanadora verde esmeralda,
Ayudando a sanar mi corazón, mente y emociones,
Trayendo paz, equilibrio y armonía.

Te pido que me ayudes a dirigirme a las personas adecuadas
quienes puedan ayudarme con mis problemas de salud
para obtener el tratamiento que tanto necesito.

Confió y tengo fe n que me ayudarás a encontrar
lo que necesito para volverme saludable y vital de nuevo
y me ayudarás a recuperar mi poder

Gracias, Arcángel Rafael.

13 de Abril

Declaro
Por: Julie Geigle

Declaro…
Que los Milagros son un acontecimiento diario en mi vida.
Que las puertas empiezan a abrirse
y me reciben con sorpresas inesperadas.
El dinero fluye hacia mi fácilmente y sin esfuerzo.
Las células de mi cuerpo están siendo regeneradas, recargadas
y reiniciadas para mi propio bienestar.

El amor comienza a florecer y resplandecer en mi corazón
y toca todo con lo que entro en contacto.
Los ángeles me rodean y me elevan a diario
mientras caminan este viaje conmigo.
Todos los sistemas de creencias limitantes caen
y son reemplazados por sistemas de creencias prósperos y poderosos
que me conectan y me alinean con la perfección infinita de mi alma.
Paz, armonía y amor recorren mis venas
llenándome con un sentido de conectividad a todo.

Mi éxito está asegurado mientras me sintonizo y honro
la voz de mi alma, el susurro de Dios.
Las bendiciones abundan en mi vida a medida que se desatan milagros
en todas las direcciones de tiempo y de espacio, pasado, presente y
futuro.
Declaro todas estas cosas y más mientras me abro a recibir
el amor y la guía de Dios, los Ángeles, loa Maestro Ascendidos
y los Seres de Luz que son mis compañeros constantes.
Y así es.

14 de Abril

Oración para Arreglar una Pelea
Por: Tracy Quadro

Ángel Raguel,
Amigo del Espíritu, Mediador de los enlaces rotos,
por favor, tráeme de nuevo a la mitad del terreno
con mi compañero de viaje.
Enséñame a ver al "otro" como otra parte esencial de mí mismo.

Sostén el espejo delante de mí que me muestre tal como soy,
con todos mis increíbles fragmentos del Espíritu unidos de
una manera única
que me han sido dados solamente a mí,
y ayúdame a hacer la paz con estos fragmentos.

Y luego a mirar más allá de mí mismo, y ver esos mismos fragmentos
en un orden diferente, en otros.
Y, especialmente, muéstrame como se interconectan esos
trozos de nosotros
en todos nosotros, en todas partes.
para hacer el todo del Universo.

Sonrie con tu sonrisa grande y contagiosa y hazme olvidar
todo el escándalo que había alrededor y abre mi mano y mi corazón,
incluso cuando mis sentimientos han sido raspados y golpeados,
por favor ayúdanos a estar completos una vez más.

*Cuando un ser querido está distanciado, cuando el orgullo bloquea la mano
extendida, cuando volterse se convierte en alejarse, la energía de vida unida a
esa amistad se filtra de nuestros corazones y nos deja sintiéndonos agotados.*

15 de Abril

Llamando a los Arcángeles para la Abundancia
Por: Samantha Honey-Pollock

Están conmigo ahora, queridos Arcángeles?

Gracias por esto:
(Nombre una cosa maravillosa que usted aprecia en su vida ahora mismo.
No tiene que ser grande, solo especial para usted, por ejemplo:
una familia cariñosa, un buen desayuno, un día soleado…)

Y por esto, queridos Arcángeles: (Nombre preocupaciones de dinero)
Solicito su asistencia y ayuda.
Por favor, guíen su gracia brillante y dulce visión sobre este problema.

Por favor, ayúdenme a llevar esta situación a una solución
positiva y edificante.

Jofiel: Arcángel de la Belleza. Haz brillar tu protección y cuidados
femeninos aquí.
Miguel: Arcángel de la Protección,
por favor, haz todo bien, o mejor que bien!
Rafael: Arcángel de la Sanación,
por favor, ayuda a mi mente y espíritu a sanar.
Por favor, dame la fuerza, y cualquier otro regalo que pienses
que me beneficiará,
para pasar a través y por encima de todo esto.

¡Gracias, Ángeles!

Estoy abierto y listo para aceptar sus regalos.

Y así es.

16 de Abril

Flujo Resplandeciente
del Ángel Dorado
Por: Lisa Clayton

Manténganse en el ritmo y la armonía con el flujo resplandeciente
que viene del reino del Ángel Dorado,
a veces rápido y a veces lento.
Tomen acción durante los flujos rápidos,
descansen, mediten y reflexionen durante los flujos lentos.
Estén en paz con ambos flujos.
Abracen estos flujos, ya que es importante balancear
las energías que entran a su alma y su corazón.

Escuchen atentamente. Nuestros mensajes penetrarán profundamente el
centro de su corazón.
Habrá nuevas almas apareciendo en sus vidas
para recibir los mensajes de su corazón.
¡Alégrense! Creen una vida desde su corazón.
La fuente está en ustedes, en su Ser Superior, su conexión a la Divinidad.
Sigan los mensajes dentro de ustedes,
su Ser Superior y Divino son las claves de la sabiduría y la gracia.

Expandir su Corazón viene a través de abrazar el cambio.
El cambio acelera su evolución.
La colaboración Divina con nosotros los mueve hacia delante
para ofrecer sus hermosos dones del corazón al mundo.
Sigan la voz de su corazón. Sientan su aliento.
Escuchen su canción.
Usen sus ojos para ver pasión, paz y prosperidad.

La abundancia brilla en los rayos del sol
cuando los ojos ven lo que el corazón revela.
¡Abraza los Resplandores del Flujo del Ángel!
Ellos fluyen hacia ustedes ahora.

17 de Abril

Oración para Recordar quien Soy
Por: Cathleen O'Connor

Queridos Ángeles,

Ayúdenme a recordar quien soy,
una emanación luminosa del Amor Divino y de la Luz,
un evento único e irrepetible en el tiempo y el espacio,
y un regalo al mundo en el momento exacto.

Ayúdenme a recordar que estoy echo de luz estelar;
que no brillar hiere el corazón mismo de la Divinidad;
que fui puesto aquí para hacer lo que solo puedo hacer.
Dame el coraje para hacer frente a mi propósito.

Ayúdenme a no estar tan distraído por la ocupación de la vida cotidiana
que no me duerma ante quien soy y el para qué estoy aquí.
Despiértenme cada día a mi verdadera realidad
la de un ser espiritual teniendo una existencia física.

Recuérdenme que estoy en el Corazón y la Mente Divina,
Y que cuando sea indiferente a mí mismo, atraviese el corazón
mismo de Dios,
porque no estoy separado de todo lo que es,
y el amor que me doy a mi mismo sea en honor al amor Divino que
me es dado.

Con profunda gratitud agradezco su amor incondicional.
que trae abundantes bendiciones que llenan mi cuerpo y alma de alegría.

Y así es.

18 de Abril

Oración a los Ángeles
para Vivir una Buena Vida
Por: Michelle Mullady

Seres Angélicos tan amados,
les ruego por la devoción que necesito
para saber que el cielo en la tierra es una posibilidad
que puedo adoptar y manifestar en mi realidad.

Ayúdenme a trabajar a través de
las reservas, las incertidumbres y las creencias pesimistas
que representan mi sentido de separación de la Fuente Divina.
Quítenme los bloqueos y barreras que he construido
durante esta vida y todas las demás.

No permitan que nada se interponga entre mí y Dios.
Ayúdenme a reclamar armonía, integridad, deleite,
diversión, amor, éxito y salud como mí derecho de nacimiento como el
amado hijo de Dios.
Apóyenme para aceptar toda la bondad,
y disfrutar de mi reino del paraíso a profundidad.

¡Gracias Ángeles!
!Gracias! ¡Gracias! ¡Gracias!

*Al decir esta oración, ponte cómodo, cierra los ojos y respira suavemente
durante varios minutos.*

19 de Abril

Una Oración para la Auto Aceptación
Por: Anna Taylor

Gracias Dios y todos los Ángeles,
especialmente los Arcángeles Jofiel y Chamuel
por estar aquí conmigo.
Les pido ahora me abracen con su amor y luz sanadores
mientras empiezo a abrazar todo lo que soy.

Mientras respiro profundamente,
los invito a abrir mi Corazón a mucho más amor
y ayúdenme a sentirme digno y merecedor de todas las bendiciones.
Gracias por elevar mis pensamientos
para que pueda pensar amablemente sobre mí mismo
y pueda tomar decisiones claras para mi bien mayor.

Gracias por inspirarme para apreciar mi cuerpo como el regalo que es,
por ayudarme a sentirme cómodo en mi propia piel
y por guiarme hacia elecciones que apoyan mi salud,
vitalidad y alegría en esta vida.
Gracias por recordarme de mi Perfección Divina
y por ayudarme a aceptarme en todos los sentidos.

Ahora abro los ojos para verme a mí mismo como me ven ustedes.
Soy amado y adorable tal como soy
y todo el mundo y todo lo que me rodea es un reflejo de esta verdad.
Por esto y mucho más estoy agradecido.

Y así es
Amén.

20 de Abril

Oración para la Sanación Física
Por: Rachel Cooley ATP®

Querido Dios, Ángeles y AÁrcángeles,
Muchas gracias por estar tan presentes conmigo en este momento,
especialmente Arcángeles Rafael y Miguel.
Por favor, envuélvanme en este momento
en sus bellas y poderosas luces sanadoras.
Por favor traigan salud, vitalidad e integridad
a todas las áreas de mi cuerpo, mente y espíritu

Arcángeles Rafael y Miguel,
Por favor llenen y rodeen el/la (s)_____ área(s)
de mi cuerpo
con sus luces verde esmeralda y púrpura real.
Mientras respiro dentro y fuera recibo completamente
sus energías sanadoras en mis células y ADN en este momento.
Que mis queridos ángeles guardianes también
agreguen su amor incondicional y con sus luces blancas
abracen mi cuerpo.

Queridos Arcángeles,
Por favor, libérenme de mis miedos, preocupaciones
y las inquietudes con respecto a mi salud ahora.
Fortalezcan mi fuerza, salud y coraje.
Por favor, también protégeme con tu luz protectora
azul rey y púrpura, Arcángel Miguel.
Estoy muy agradecido por mi sanación física
En el tiempo Divino perfecto,
para mí mayor bien!
¡Gracias y así es!

Amén.

21 de Abril

Oración Diaria a todos los Seres de Luz
Por: Linda Xochitl Avalos

Llamo a la luz blanca del Espíritu Santo, Maestros Ascendidos, Arcángeles, Ángeles y Elementales para que me guíen en este día. Abran mis ojos a la verdad de quién soy y la belleza que el Universo/Dios/Diosa ha creado.

Recuérdenme en este día, que sea cariñoso tanto conmigo mismo como con los demás. Pongo a mi familia, amigos y seres queridos en su altar y doy gracias por todo lo que tengo AHORA.

Gracias por mis oraciones contestadas cuando empiezo a reconocerlos, cuando dejo ir todas las falsas creencias, miedos y preocupaciones.

Mis preocupaciones se las entrego y rezo para que desde este día en adelante este abierto a recibir SANACIÓN y AMOR.
¡Y así es!

Amén.

22 de Abril

Oración Llamando a los 7 Poderes
Por: Kari Samuels

Doy gracias a la Divinidad por darme el amor,
sanación y protección de sus ángeles.

Invoco al Arcángel Miguel para que me libere de mis miedos,
para que yo pueda vivir con valentía los deseos de mi corazón.
Invoco al Arcángel Uriel a transmutar mis sentimientos
de vergüenza y culpa,
para poder amarme a mis mismo con compasión.

Invoco al Arcángel Gabriel para que me asista en hablar mi verdad,
para que pueda compartir mi mensaje único con el mundo.
Invoco al Arcángel Rafael para que me infunda su luz de sanación,
para que pueda sentirme vibrantemente sano.

Invoco al Arcángel Jofiel para que me muestre el mundo a través de los
ojos de los ángeles,
y pueda verme a mí mismo y a los demás con belleza.
Invoco al Arcángel Jeremiel para que me dé el don de la visión espiritual,
y así pueda tener total claridad sobre el propósito de mi alma.

Invoco a mi ángel de la guarda a envolverme
en sus alas amorosas de protección,
y así pueda sentir su amor y ser amor.
Pido por todos los seres para que conozcan y sientan
el amor de los ángeles y experimenten su luz.
Gracias por estar conmigo, y mis seres queridos siempre.
Amén.

23 de Abril

Prescripción del Arcángel Chamuel para el Alivio del Perfeccionismo

Por: Bobbe Bramson

Querido, cuando despiertes cada mañana, llámame y
permite que el resplandor del amor de Dios por ti, llene
tu hermoso corazón.

Escucha esta verdad:
Eres digno, amado, querido y adorado siempre y para siempre.
Cesa de compararte con los demás,
pues como expresión perfecta del amor de Dios,
solo hay anticipación gozosa y deleite
en lo que será tu próxima creación.

Nadie nunca antes ni en adelante expresará tu esencia como tú lo haces.
Por favor no retengas tus dones por miedo a cometer errores;
estos no solo son permitidos, sino necesarios
para ayudarte a crecer en la plenitud de tu ser.

Para sanar, di en voz alta y con frecuencia:
"Yo revoco la mentira que dice que nunca seré lo suficientemente bueno.
En cambio, adopto la verdad de mi perfección *ahora mismo*
en este momento.
No hay nada que probar, no hay requisitos que deban cumplirse, no hay
una forma "perfecta".
Es seguro comenzar ahora, confío en que mi camino se abrirá ante mí.
Hoy elijo tomarme las cosas con calma.
En lugar de forzar, permitiré.
En lugar de criticar, alabaré.
En lugar de controlar,
voy a cabalgar la ola de inspiración y ver dónde me lleva.

Y así es."

24 de Abril

Oración a los Ángeles
para Encontrar Objetos Perdidos
Por: Patty Nowell

Arcángel Chamuel,
Vengo a ti ahora, apresurado, agotado, y frustrado por haber extraviado
(inserte su objeto perdido) de nuevo. He buscado en todos los lugares en
donde lo he encontrado antes, pero estoy con tanta prisa que pude
haberlo pasado por alto.

Por favor, ayúdame a frenar, tomar una respiración profunda, y rodearme
en la hermosa luz rosada de tu amor. Déjame sentir tu presencia mientras
ella calma mi espíritu.
Abre mi mente, mi corazón y mis sentidos a la energía de (nombre de su
objeto perdido) y su ubicación. Tranquilízame para que pueda sentir,
escuchar y saber tu guía.

Ayúdame a ser amable conmigo mismo en este proceso.
Ayúdame a perdonarme por extraviar (nombre de tu objeto perdido), lo
que me hace sentir desorganizado e imperfecto.
Sana mi corazón y mi alma alrededor de estos sentimientos. Lléname con
la radiante luz de tu amor. Enséñame a aplicar ese amor a mí mismo.

Estoy muy agradecido por todos los artículos que me has ayudado a
encontrar antes, y por tu ayuda en encontrar
(nombre de tu objeto perdido) ahora.

Arcángel Chamuel,
Hazme un canal claro y abierto para recibir tu guía. Muéstrame dónde
encontrar (nombre de su objeto perdido).
Gracias.

25 de Abril

Una Oración para Apreciar mis Contribuciones

Por: Kimeiko Rae Vision ATP®, The Angel Warrior™

Queridos Ángeles,
Permito/acepto/invito su apoyo
para hacer de la apreciación un hábito fácil para mí.
Si…pueden empujarme para que note mis propios logros.
Ahora yo me aprecio.
Ángeles, por favor, que sea fácil para mi apreciar los regalos naturales,
los talentos dados por Dios y las experiencias bendecidas que
ya puedo reconocer
y aquellas cosas que todavía tengo que reclamar o descubrir.

Ayúdenme a saber que merezco incorporar con verdad y facilidad
mi presencia magnética, mientras atraigo personas felices,
útiles y equilibradas en mi mundo
en corrientes constantes, amistosas y refrescantes.
Ayúdenme a darme cuenta que cuando recibo amor,
apoyo y aprecio energizante,
soy realmente un dador alegre y equilibrado.

Si hay almas en el mundo, en general, que necesitan mi sabiduría
o mi servicio,
por favor permitan que mi poderosa influencia angélica fluya
(según se necesite, donde se necesite)
desde mi Conciencia Divina, con gracia y facilidad.
Y ahora… ayúdenme a pararme en mis dos pies,
sonriendo mi confianza casual y genuina gratitud
con zapatos realmente lindos, y cómodos!

Amén!

26 de Abril

Una Oración a los Ángeles para una Vida Dichosa
Por: Michelle Mullady

Amados Ángeles de Amor y Luminosidad,
Invoco su poder para desbloquear la puerta de mi mente superior
y que la magia sanadora de la luz divina inunde mi ser interior.

Estoy abierto a recibir los Milagros del Espíritu Santo
mientras me muevo por mi camino.
Les doy las gracias por el regalo de la vida y me entrego completamente
a su amor, verdad y esplendor.

Que los rayos dorados de los cielos cubran
y penetren en todos los aspectos de mi mundo.
Déjenme vivir en la conciencia de la alegría ilimitada.
Por favor, inspírenme, llénenme de felicidad,
y alinéenme completamente con mi propia Alma,
para que yo pueda experimentar una existencia
De dichosa prosperidad y abundancia.
Y así es.

Amén.

Para obtener mejores resultados, reza delante de un altar con una vela encendida, en tierra sagrada, o afuera en un espacio sagrado que tú mismo crees.

27 de Abril

Ahora el Futuro
Por: Ann Phillis

Deja que el pasado se vaya, el futuro es nuestro poder
Ángeles de Vida, despiértennos a la hora.

Llévense la muerte- la muerte del espíritu,
la muerte del corazón
¡Abran nuestra conciencia, agradecidos por la vida!

Lleven nuestros corazones a la era del amor
Traigan nuestras mentes al camino que es justo.

Despierten nuestras almas para brillar todos los días
Ángeles de la paz, el poder de la vida está aquí para quedarse!

28 de Abril

Arcángel Jofiel ~
Oración para la Iluminación
Por: Carolyn McGee

Arcángel Jofiel,
Ángel de la belleza, luz de Dios,
Ilumina mi mente para ver los regalos en todo.
Para aceptar pacifica, fácil y plenamente las lecciones amorosas
de la vida.

Abre mis ojos para darme cuenta de la gracia, la belleza y el amor
en todo lo que veo con mis ojos y mi visión interior.

Abre mis oídos para que pueda experimentar profundamente la alegría de
todo lo que oigo;
la simple belleza del silencio, la risa de los niños,
el canto de los pájaros o el susurro de una oración.

Abre mis sentimientos para que pueda reconocer profundamente
el amor en todo lo que encuentre.
Como todos somos hijos de Dios, ayúdame a ver la belleza y el bien
en todos y en todo.

Abre mi Corazón para sentir el amor de Dios, en mí mismo,
y en cada experiencia.
Ayúdame a encontrar alegría y maravilla en cada aspecto
de la vida diaria.

Y así es.

29 de Abril

Luz del Arco Iris del Amor Celestial
Por: Vicky Mitchell

Luz del Arco iris del amor celestial,
ayúdame a sobrellevar mi tormenta de dudas e indignidad.

Luz del Arco iris del amor celestial,
ayúdame a transformar mis truenos de conversación negativa en amor
propio y auto-aceptación.

Luz del Arco iris del amor celestial,
ayúdame a coser mis lágrimas y dolores en una manta de amor.

Luz del Arco iris del amor celestial,
ayúdame a cambiar mis rayos de auto-disgusto en aprecio por mi misma.

Luz del Arco iris del amor celestial,
ayúdame a deslizarme en mi arco iris hacia mi mina de oro
para recibir y aceptar mi amor propio, autoestima y auto-aceptación.

Luz del Arco iris del amor celestial,
ayúdame a celebrar bailando en mi nuevo camino encontrado a la alegría.

30 de Abril

El Amor Sanador del Arcángel Rafael
Por: Kimberly Marooney

Arcángel Rafael,
Respira el amor sanador en mis pulmones.
Silencia mis emociones y mi mente con una paz eterna.

Ilumina mi Corazón con Amor Divino
Para que el resplandor del Espíritu brille a través de mis ojos.
Ayúdame a ver la belleza de mi alma, mi cuerpo y mi ser
para encontrar profundo aprecio por quien Dios me ha creado para ser.

Enciende la llama de la Divinidad que mora en mi alma llamándome
a la Unidad.
En ti, recibo las ondas del Amor de Dios
que me permiten sentir cuan amado y atesorado soy.

Con tu guía y amor puedo dejar ir el pasado y perdonar.
Tú me sostienes en la compasión que sana mis heridas más profundas.
Sostén mi mano y camina conmigo durante cambios difíciles.
Recuérdame que YO SOY un Hijo de la Luz.

Susurra en mi oído que YO SOY amado y digno de la bondad.
Consuela mi corazón y alimenta mi alma con la Verdad Divina.
Gracias por ayudarme a ver la belleza radiante en mi Ser.
Tú haces posible que me ame a mí mismo.

Despierta los dones de mi alma haciéndome un recipiente para
tu energía curativa.
Siento una profunda gratitud por tu toque curativo.

Mayo

1 de Mayo

Oración de Beltane
Por: Cathelijne Filippo

Amado Arcángel Uriel,

Bendíceme con tu luz en este pico de primavera y comienzo de verano,
cuando las energías de la tierra están tan fuertes y activas.
Infúndeme con abundancia y fertilidad en todos los niveles.
Pueda la Divinidad Femenina despertar dentro de mí
la manifestación de crecimiento y renovación,
y pueda la Divina Masculinidad bailar con ella para completarle.

Dulce Arcángel Chamuel,

Abre mi Corazón al amor,
como los pétalos de una delicada flor.
Para que pueda yo volver a despertar el amor por mí mismo
y por los demás,
Mientras integro dentro de mí las energías de la Divinidad
Femenina y Masculina.
Mientras yo esté equilibrada, así mi vida sentimental estará en
equilibrio divino.

Querido Arcángel Nataniel,

Enciende dentro de mí la llama de la pasión,
Que pueda ser apasionado y alegre en todo lo que hago.
Ayúdame a traer ideas, esperanzas y sueños a la manifestación ahora.
Y permíteme andar mi camino de Luz con alegría y gracia.

Que así sea!

2 de Mayo

Oración al Ángel Aloha
Por: Kia Abilay

Querido Ángel Aloha,

Tu naturaleza amorosa llena mi corazón, cuerpo y alma.
Escucho el susurro de aloha en mis oídos.
La presencia angélica vibra en mi aliento de vida
y me acoge en tu reino de paz.
Puedo relajarme y sentirme tranquilo en tu suave toque.

La frescura del aire de la mañana se mueve en mi campo de energía
provocando mi esplendor de armonía.
El movimiento y la historia de las manos de los bailarines hula
haciendo gestos que me recuerdan su eterna presencia.
Su compañía me hace sonreír y me siento seguro.

Hermosa flor leis adórname y apacigua mi mente con dulces fragancias.
Respiro…

Gracias por su lluvia limpiadora.
Me baño en su afectuoso carisma y soy bendecido
con el brillo del arcoíris en el cielo
que alumbra y vibra mis chacras.

Mana (Esencia Divina) me rodea con amor.
Inhalo y exhalo…
A L O H A

3 de Mayo

Cosquillas en mi Corazón
Por: Lisa Clayton

Pido a los Ángeles hacer cosquillas en mi corazón hoy.
Abrir mi chacra del corazón de par en par
Y expandir su energía y luz a las puntas de sus alas doradas.
Coloquen mi corazón sonriente en un barco
dirigido por Dios a través del océano de la tierra del amor y la paz.

Ayúdenme a ofrecerles mi Corazón dispuesto y abierto, amados Ángeles,
para que pueda experimentar placeres espontáneos dentro de mi alma.
Revélenme la información necesaria para recibir la esencia del amor
desde mi alma.

Conéctense conmigo con mensajes de amor, luz y alegría
que estén disponibles en la Fuente Divina,
para que yo pueda ser un canal para que otros
puedan irradiar la luz de su corazón al mundo.

Pueda la maravillosa gracia y luz sanadora
de los Arcángeles Miguel, Gabriel y Rafael
traer la fuerza sanadora del perdón por los delitos
que han encontrado escondite en mi propio corazón,
algunos profundamente enterrados.

Pido que mi Corazón sea liberado de estas traiciones percibidas
y de las heridas que me están retrasando del amor
puro e incondicional de todos los humanos, animales y
espíritus de la naturaleza en nuestro querido planeta.

Pido a los Ángeles hacer cosquillas a mi corazón hoy
con alegría, risa, compasión y amabilidad,
para que pueda irradiar amor y luz a todos.

4 de Mayo

Arcángel Chamuel
Por: Trish Grain

Querido Arcángel Chamuel,
Ángel del Amor.

Te pido que me rodees en tu manto de rosa delicado,
la vibración del amor y la alegría.

Te pido que expandas la llama del amor en mi corazón,
para que pueda tocar los corazones de otras personas con compasión y
amor.

Te pido que envíes sanación a aquellas personas que están sufriendo
y en dolor y te pido por el perdón.

Ayúdalos en relaciones difíciles y ayúdalos a encontrar compasión.
Envuélvelos en tus alas y vierte el amor en sus corazones.

5 de Mayo

Oración a Ramaela, Ángel de la Alegría
Por: Bobbe Bramson

Querida Ramaela,

Me encantaría que la alegría fuera mi configuración por defecto,
pero mi linaje me ha enseñado que la alegría es algo
que debe ser evitado o negado por completo;
de esa manera yo no seré herido cuando esta me sea arrancada ...
y es mejor no sentirla en absoluto.

Por favor descifra el código anti-alegría escrito en mi ADN.
Que ese patrón termine conmigo, que mis ancestros
también puedan ser liberados de sus cadenas de sufrimiento.
Yo deseo desde el fondo de mi alma
reconectarme a la dulzura de una vida llena de alegría.
¿No sintió Dios alegría en su creación?
¿Quién soy yo, entonces, para no cultivar
mi propio y hermoso jardín de Alegría?

Mi corazón está dispuesto, Ramaela.
Es mi mente la que necesita ser tranquilizada.
Persuádeme suavemente por tus muchos caminos de placer y deleite,
manteniéndome en tu compañía, para que me sienta
seguro mientras camino.

Despiértame a lo bueno y verdadero, a lo lleno de luz y a lo dichoso.
Enséñame a estar cómodo con el aleteo de la felicidad y la
gracia de fluir.
Envuélveme en el calor de tu esplendor y
estréchame en tu aura de verde lima, melocotón y violeta.

Gracias por rescatarme, Ramaela.
Te Amo. Amén.

6 de Mayo

El Amor de Madre
Por: Lisa K.

El amor de una madre es incondicional.
Cuando una madre ama a su hijo,
ella siempre está rodeada de ángeles.
El amor está donde está el corazón,
Y un niño está en el corazón de una madre por siempre.

No podemos explicar lo poderoso que es el amor incondicional,
porque es lo que creó el universo.
El amor incondicional no es costoso,
es pureza de sentimiento que todos ustedes tienen dentro.

Naciste del amor.
Es la energía de la creación,
de todo lo que es y de dónde venimos.

Sabes que siempre te hemos amado y
te amaremos incondicionalmente
no importa lo que hagas,
lo que digas,
con quien estés,
o qué decisión tomes.

Nunca te dejaremos.

– Tus Ángeles-

7 de Mayo

Oración del Arcángel Rafael para ser Alegre
Por: Lori Kilgour Martin

Arcángel Rafael, invoco tu guía que nutre
y ofrezco mi gratitud por tu continuo apoyo
trayéndome hasta este día y este momento.

Ayúdame a descubrir la perla de la alegría dentro mi,
para aceptar y saber que esta joya maravillosa es mi verdadera esencia,
para que pueda ser la encarnación de la inspiración Divina a todo
lo que encuentro.

Yo estoy contigo, irradiando con deleite tu magnifica presencia.
Camina conmigo en un viaje de sanación
a un mágico bosque donde residen los unicornios.
Hay un árbol esperando solo para ti, sus hojas están en pleno florecer,
brillando con un rosario de diamantes y la luz del arcoíris.

Siente el calor del sol y los rayos centellantes de la luna
que emanan a través de ti.
El Amor de Dios, la Madre Tierra y
el Reino Elemental te están envolviendo ahora
Mis alas de ángel te rodean para siempre,
Tu alma se abre a la alegría, te sostiene sano y salvo.

Oh hermosa, donde tu corazón reside,
el amor te rodea, mis alas de ángel te rodean para siempre.

Arcángel Rafael, siento la radiante luz que fluye a través de mi;
su energía suave es edificante.
Estoy listo para ser alegría y bailar en alegría con todo en la vida.
Desde el lugar más profundo de mi corazón, te honro.

8 de Mayo

Oración de los Ángeles para Resolver Problemas
Por: Suzanne Gochenouer

Queridos Ángeles,

Ayúdenme a fortalecer mis regalos intuitivos
para que pueda resolver cada desafío que se ponga en mi camino
moviéndome más alto en el propósito de mi alma.

Muéstrenme como ver, oír y entender
las señales y mensajes que me traen mientras
trabajo a través de los problemas y preguntas en mi vida.

Denme el coraje para moverme con confianza y rapidez
a través de cualquier tiempo de oscuridad y estrés que me visite.

Guíenme para hacer frente directamente a los desafíos de la vida,
y trabajar con todos los ángeles para resolver estos desafíos,
no solo para mi maayor bien,
sino también para el propósito más elevado
de todos aquellos a quienes mis decisiones afectarán

Compartan conmigo la sabiduría y claridad que necesito
para moverme por la vida con gracia y compasión por todos.

Amén, amén, amén.

Gracias, gracias, gracias.

9 de Mayo

Una Oración para Sanar el Duelo
Por: Julie Geigle

Arcángel Metatrón,
Déjame encontrar consuelo
dentro de tus alas doradas y magenta del amor
calmando mi pena y angustia.

Levanta el velo para que pueda ver más allá
de las limitaciones de este mundo físico
calmando los gritos de mi corazón y las ilusiones de mi mente.

Permíteme dejar ir mi apego a la "forma"
y abrazar la "falta de forma"
asegurando mi conexión con mi ser querido,
más allá de nuestros cuerpos físicos.

Dentro de mi alma hay un lugar de conocimiento donde
pasar de esta dimensión de la tierra sólo significa un final a la "forma".
Recuerdo que nuestras almas están conectadas
a través de toda la eternidad, tiempo y espacio.
Mientras esta verdad se eleva dentro de mi ser
Me trae una sensación de paz y consuelo.
Abriendo una conexión divina con mi ser querido,
que la muerte nunca pueda borrar.

Gracias, Arcangel Metatrón,
por ayudarme a recordar que la vida es eterna.
Por la gracia de Dios, así es.
Gracias, gracias, gracias.

10 de Mayo

Oración por las Madres
Por: Rev. Jennifer Shackford

Dios y los Ángeles, por favor proporcionen fuerza,
confianza e independencia a todas las Madres,
ya sean madres adoptivas, madres animales o madres biológicas.

Proporciónen a todas ellas con la guía divina necesaria
en situaciones difíciles y decisiones sobre sus hijos.

Llénenlas de paz, amor y alegría en sus corazones,
incluso cuando sus hijos están en un momento y lugar difíciles,
que no haya duda en su mente de que USTEDES los están
mirando y protegiendo!

Recuérdenles en tiempos difíciles con sus hijos busquen a
María, la Santísima Madre, para guía y apoyo!

11 de Mayo

Gratitud
Por: Stacey Wall

Queridísimos Ángeles, reconozco y aprecio su amorosa presencia en mi vida.

Gracias por mantenerme consciente de nuestra Unidad con el Creador y con todos los seres.

Gracias por su presencia cada mañana cuando abro mis ojos y doy gracias por un Nuevo día.

Gracias por ayudarme a aquietar mi mente e irme a dormir cuando el día ha terminado.

Gracias por sostenerme en sus brazos cuando estoy luchando con el dolor que me empuja a crecer más allá de lo que pienso es posible.

Gracias por ayudarme a salir más fuerte hacia el otro lado y empoderarme a hacer una diferencia positiva en el mundo.

Gracias por bendecir mi vida de maneras muy numerosas para contar. Mi Corazón reboza de amor y gratitud. Gracias!

12 de Mayo

Oración para Padres Solteros
Por: Rev. Vicki Snyder

Ángeles de la Guarda por favor velen por todos los padres solteros.
Ellos trabajan tan incansablemente para proveer a sus familias.
Ayúdenles a ver que pueden dejarse caer en su amor y sus alas de ángel,
para consolarlos en sus días más difíciles.

Denles su apoyo
mientras manejan los asuntos familiares como padres solteros.
Ayúdenlos a saber que no están solos.
permitan que sus días sean simples y brillantes.

Permitan que el drama,
que puede afectar adversamente sus habilidades
de ser padres positivamenente, se aleje de ellos.
Mantengan la negatividad lejos.
Susurren en sus oídos para que sepan que no están solos
en un trabajo que puede ser atemorizante y solitario a veces,
con mucha responsabilidad.

Permítanles que se paren altos, orgullosos y los
sientan cerca de ellos, apoyándolos y guiándolos.
Carguen a estos padres solteros con la fuerza y energía de dos padres,
para que puedan criar e influir mejor en sus hijos para que sean
adultos productivos.
Que sus sufrimientos y decepciones sean reemplazados por
alegría y sabiduría.
Proporcionen una dosis extra de valor para que estos padres
y sus hijos puedan enfrentar lo que la vida les presente.

Ante todo, permitan que la paz entre en su hogar y llene a cada persona.

13 de Mayo

Mi Misión del Corazón
Por: Ann Phillis

En los reinos celestiales vivo y fluyo,
Aquí en la tierra estoy de pie y crezco.

Muevo mis alas con placer terrenal,
Comparto el amor con todos, a través de mi corazón.

Mis alas, mi gracia,
Yo fluyo, yo abrazo.
Estoy firme y sólido,
Yo sé lo que es correcto.

Estoy aquí como un mensajero,
¡Lleno de luz!
Estoy listo para servir,
Mi Misión del Corazón.

14 de Mayo

Oración al Arcángel Ariel
para las Bendiciones del Jardín
Por: Belle Salisbury

Arcángel Ariel, guardián de la Madre Tierra
Invoco tus bendiciones
Para que mi jardín dé a luz.

Bendice cada semilla amorosamente colocada
para que brote y crezca con la buena gracia de Dios.

Bendice el suelo que abraza cada semilla
con nutrientes y buena calidad
para que proporcione lo necesario.

Bendice la lluvia cuando cae desde arriba
con pureza y limpieza
mientras mi jardín crece con amor.

Mientras el sol brilla con su cálida luz
bendice el crecimiento de los brotes
mientras alcanzan su mayor altura.

Bendice la cosecha cuando mi jardín este maduro.
Recuérdame el milagro
que permitió que mi jardín tomara vuelo.

Que mientras me prepare para disfrutar del fruto de la Tierra
me detenga un momento
para dar gracias a Dios por el nacimiento de mi jardin.

15 de Mayo

Oración a los Ángeles para las Abuelas
Por: Cathelijne Filippo

Amados Ángeles,

Estoy muy agradecida por mi abuela tan especial.
Gracias por todos los momentos amorosos que hemos compartido
y por el amor que está sellado para siempre en mi corazón.

Queridos Ángeles,
Por favor envuelvan con sus magníficas alas el alma de mi abuela,
protegiéndola siempre.
Que ella siempre este en paz mientras la luz la guía,
y que nuestra conexión amorosa se mantenga fuerte a través del tiempo
y el espacio.

Que todas las abuelas en este mundo y en el próximo sean
honradas y respetadas.
Que su gran sabiduría guie a las próximas generaciones
hacia más amor, paz y compasión.
Que cuidemos de ellas así como ellas nos han nutrido a nosotros,
y podamos escuchar su sabiduría mientras abrazamos a la Mujer Sabia
que llevan dentro.

Así es!

16 de Mayo

Corre frente al Viento
Por: April L. Dodd, M.A.

Espíritu,
en este suave momento,
con,
Mediante,
y como esta respiración,
Me llamo delante de la luz amorosa de todo lo que es.

Me rindo a cualquier deseo, necesidad y apego
desde el lugar que ofrece fe en lo que no quisiera,
y expandirme en el abrazo de la luz que me ofrece todo.
Rindo mis pensamientos a tus pensamientos.
Rindo mi visión por tu visión.
Renuncio a mi perfección por tus posibilidades.
En este momento, todas las verdades son verdad.
Todo lo conocido es conocido.
Todo amor es todo lo que hay.

Mi totalidad es Tuya.
Mi corazón vibra la novedad del Pulso que es la Vida misma.
Mi expansión no es sino la vibración del bien supremo
extendiéndose a todos los lugares olvidados, pero siempre recordados.
Desde este lugar, sé que sólo cuando renuncio a mi participación
a este amor
Puede el Espíritu manifestarse a través de mí.
Sólo cuando yo me apego a ti, Querido,
¿Puedo saber verdaderamente lo que es posible?
Y sólo en este Espíritu-aliento con el que participo ahora
Puedo correr delante del viento.

17 de Mayo

Oración a los Ángeles para el Perdón
Por: Michelle Mullady

Amados Ángeles, por favor ayúdenme a ver las cosas
de manera diferente,
contemplar la bondad innata en los demás, despierten mi compasión.
Estoy dispuesto a descubrir como liberarme.

En lugar de aferrarme al resentimiento y el dolor,
doy el primer paso en el perdón y estoy activamente
dispuesto a perdonar.
Me rindo, a pesar de mi resistencia,
a todos los sentimientos de represalia, venganza o reembolso.
Reconozco y acepto una limpieza
de los lazos energéticos que me han atado.
Afirmo el amor incondicional como una hazaña de
coraje y empoderamiento.
El acto del perdón ahora libera espacio dentro de mi
y abre un portal a lo Divino.

Ángeles celestiales, estoy dispuesto a aceptar el milagro.
Proveanme con fuerza espiritual.
Estoy dispuesto a perdonar a todos. Y pido ser perdonado.
Agradezco a la Verdadera fuente de luz, por expandirme,
por ayudarme a evolucionar, por acercarme más
al poder divino en mi corazón que brota de mi alma.

Entrego toda mi lucha al amor divino.
Entrego a todas las personas al amor divino.
Sánennos a todos en este momento.
Gracias. Y así es. Amén.

18 de Mayo

Remover lo que *Pienso* que son Obstáculos
Por: Kimeiko Rae Vision ATP®, The Angel Warrior™

Queridos Angeles,
Cuando siento que he mordido más de lo que puedo masticar,
Ayúdenme a darme cuenta de que lo que parece ser un obstáculo
realmente es mi próxima e increíble oportunidad para un gran avance.

Arcángel Jofiel, tu nombre simboliza" la belleza de Dios".
Por favor embellece mi mundo y ayúdame a mantener mi mente,
mis pensamientos y mis palabras
libres de deficiencias, decepciones o temores.

Arcángel Chamuel, tu nombre simboliza "Los Ojos de Dios".
Por favor ayúdame a confiar en mi visión espiritual aún mas
que en los ojos físicos que uso para ver el mundo que me rodea.

Ángeles con su ayuda y la voluntad de Dios,
Prometo buscar lo que es bueno y hermoso tanto en mi como
en los demás.
Por favor, ayúdenme a dejar de buscar señales de decepción
en los ojos, acciones y palabras de otras personas.
Estoy abierto a recibir recompensas por cada señal de
decepción que extrañe.
Por favor, permítanme ver lo que estoy, en efecto, en el camino correcto.
Ayúdenme a saber que lo que parecen ser un montó de rocas inmóviles
pueden ser arrojadas lejos como piedras muy pequeñas!
Ayúdenme a convertir todas mis montañas en colinas.
Y ver mi futuro tan brillante como es realmente!

Amén.

19 de Mayo

Arcángel Metatrón:
Oración por la Poderosa Presencia
Por: Asia Voight

Arcangel Metatrón,
Te pido traer una presencia poderosa a mi vida.
Guíame a permanecer completamente conectado a la tierra
y ser un mensajero entre los mundos como tú.
Escuchar la Sabiduría Divina es el deseo de mi alma
y aún así me vuelvo sin balance y distraído.

Tú, Metatrón, logras abrazar completamente
la energía terrenal con energía celestial.
Enséñame tu sabiduría.
Reorienta el aura de mi cuerpo para aceptar el equilibrio perfecto
de frecuencias altas y bajas.

Metatrón, limpia mi memoria celular de temores de persecución
en esta vida y en todas las vidas siendo
un sabio, vidente, médium, canal, mago y bruja.
Permíteme tener compasión por aquellos en mi vida.
que no entienden mis deseos espirituales, y no ser guiados por ellos.
Acompaña mi dirección para que pueda encontrar un equilibrio poderoso
entre espíritu y tierra.

Arcángel Metatrón, acojo con satisfacción tu fuerte presencia
Así me siento seguro de estar completamente lleno del espíritu en mi
cuerpo físico
y capaz de mantener mi alma en un estado centrado.

20 de Mayo

Los Ángeles están por todas Partes
Por: Helene Kelly

Los Ángeles están por todas partes. Si solo miras, los verás.
Aunque rara vez usan alas o un halo,
Aparecen brillando dondequiera que vayamos.
Está el de la tienda que dice "!Wow realmente luces genial!"
en el día que te sientes triste,
o la chica que te dice qué camino tomar
cuando estás perdido y no tienes ni idea.

Él bebe que sonríe en respuesta a tu rostro
En lugar de fruncir el ceño.
Cuando tropiezas y el que está a tu lado toma tu mano
y te detiene antes de caer.
Los Ángeles no sólo están en el cielo,
son las personas que nos rodean y actúan por amor.

Ahí está el niño que te sigue por la calle
Gritando, "Hey! ¡Olvidaste tu cambio!
Y el escritor que toca la profundidad de tu alma
compartiendo su dolores más secretos.

Un extraño que simplemente dice "hola" y de alguna manera
acabas de encontrar a tu mejor amigo de toda la vida,
La persona que te ve pasar a través de todas las luchas de la vida
y te apoya hasta el final.
Los Ángeles no solo están en el cielo.
Ellos son los que están alrededor de nosotros y actúan por amor.
Los Ángeles están en todas partes donde hay amor.

21 de Mayo

Oración de la Mañana
Por: Micara Link

Querido Dios,
Gracias.
Gracias por otro día en esta vida que me has dado.
Te entrego mi día para que pueda caminar por el camino de la luz ya
establecido delante de mí.

Bendice mi cuerpo, mente y alma con tu santo amor y luz. Ayúdame a
curar las ideas y creencias falsas de temor, que me están reteniendo y me
mantienen atascado. Ayúdame a levantarme y a brillar valientemente
como la persona que quieres que sea.

Por favor, guíame hoy, en todo lo que hago, y todo lo que digo.
Confío en Tu guía y seguiré la verdad de mi intuición en
todo lo que hago.

Gracias.

Amén.

22 de Mayo

Una Oración de Luna Llena para el Arcángel Gabriel
Por: Ellen McCrea

Yo te invito, Arcángel Gabriel, a brillar la luz de la luna llena,
sobre las cosas ocultas que estoy listo para que me muestres.

Asísteme a liberar de mi vida emociones, comportamientos,
y expectativas que no sirvan a mi bien mayor.

Que mi alma reciba amorosamente tu ayuda mientras invoco tu fuerza
para triunfar en el trabajo que se requiere de mí.

Armoniza los mensajes angélicos que me traerás en mis sueños.

La energía de la luna llena es bendecida y potenciada en sus vibraciones
sobre mi cuerpo.

Estoy listo, trae de regreso la luz, juntos liberaremos la oscuridad.

Con un corazón agradecido, doy gracias por tu ayuda.

23 de Mayo

Una Oración para Aliviar el Dolor
Por: Tracy Quadro

Querido Ángel Azriel,
Mi pena es profunda.
He perdido lo que es más cercano e importante en mi vida,
y así he perdido una parte de mí mismo.

Me siento vagando solo con mi dolor,
incapaz de encontrar mi camino hacia adelante.
No puedo aliviar el dolor dentro de mí.
Por favor, ayúdame a dejar ir con gracia lo que no puedo cambiar,
y a tener fe en lo que está por venir.
Extiende tu mano hacia mi e ilumina mi camino.

Recuérdame que hay muchos, alrededor de mi
que están dispuestos a aliviar mi tristeza
y me dan consuelo y calidez.
Recuérdame que todas las cosas pasan,
y por cada valle de nuestra vida,
Un siguiente pico nos elevará
de la oscuridad hacia la luz.

Y al final de mi vida,
por favor, muéstrame el camino a lo siguiente.
Llévame por el pasaje
al más allá con tu sonrisa,
Impárteme la gracia, la esperanza y el optimismo
de lo que me espera en un Universo de gozo eterno,
y las excelentes aventuras que voy a encontrar allí.

24 de Mayo

Nunca Solo
Por: Lisa K.

Así como nunca te dejaremos,
ninguno de los que amas ha dejado el mundo físico.

Todos estamos aquí en el cielo mirando hacia abajo,
enviándote nuestro amor y apoyo en cada paso del camino.

Observamos tus luchas y tus triunfos, tus amores y tus odios.

A través de todo, todavía te amamos y nos mantenemos a tu lado
incluso cuando piensas que estás solo.

Entonces no temas hacernos saber cuándo más nos necesites.

Invocaremos a una legión de ángeles y
tus seres queridos en el cielo para estar allí para ti y darte apoyo.

– Tus Ángeles.

25 de Mayo

Oración por los Soldados Caídos y Familiares
Por: Rev. Vicki Snyder

Queridos Ángeles,
Les pido que apoyen y guíen a los soldados caídos y sus familias.
Estos soldados se entregaron desinteresadamente para nuestra seguridad
y defendieron nuestros derechos.
Por favor devuélvanlos a la perfecta salud y felicidad
en la dimensión celestial donde ahora residen.
Ayúdenlos a encontrar la paz en sus alas,
Amor desde su corazón
y alegría desde su fuerza.

Sean de ayuda para ellos mientras ellos continúan
vigilando y protegiendo a sus amigos y familiares;
demuéstrenles que todavía pueden ofrecer protección desde los cielos.
Su trabajo no ha terminado
y todavía pueden ayudar a sus seres queridos haciendo buenas acciones
por ellos.

Ayuden a los caídos a escuchar las oraciones de sus familias
y provean sanación a ellos mientras pasan su duelo.
Ofrézcanle a las familias un sol brillante que brille sobre ellos,
que los caliente y puedan sentir el amor que nunca muere entre ellos.

Vigilen a sus familias y háganles sentir que todos los soldados se reúnen
alrededor de ellos
para continuar con sus esperanzas y sueños.
Dejen que los recuerdos llenen a las familias
y ofrezcan comodidad
Mientras comienzan un nuevo capítulo en la vida.

26 de Mayo

Ángeles, Los Amo
Por: Michelle Mayur

Queridos Ángeles
Los Amo.

Permitan que su presencia toque mi alma con Amor.
Que pueda sentir sus alas de Luz envolviendo a mi alrededor,
llenándome con su Luz sanadora y Amor.
Profundicen mi Fe y Confianza en lo Divino todos los días de mi vida.
Que puedan Resguarme a través de los tiempos difíciles.
Que pueda entregarles sin esfuerzo mis preocupaciones, frustraciones,
temores y dudas sobre ustedes.
Que puedan levantarme, incluso en mi hora más oscura, y me enseñen
cómo volar.

Por favor, ayúdenme accesar más de mi valor desde el centro de mi ser.
Ayúdenme a convertirme en un faro de luz en el mundo
para iluminar el camino de otros.
Ayúdenme a sembrar semillas de compasión y transformación,
incluso en la
lugares más oscuros, para acabar con el abuso de mujeres, niños,
animales y todos los seres sensibles.

Pido me ayuden a ver la bendición mayor
en cualquier situación o relación.
Por favor ayúdenme a abrir mi corazón aún más y
ser un canal de su Amor divino.
Que podamos unirnos como uno y regar las bendiciones de Luz y Amor
sobre la Tierra y su pueblo.

Con mi más profunda gratitud.

Amén.

27 de Mayo

Una Oración a los Ángeles para las Madres
Por: Debra Snyder

Amados Ángeles y Guías,
Por favor rodeen a las madres de nuestro mundo
con su amor y protección inflexibles.
Nunca permitan que se sientan solas en su viaje.
Estas mujeres asombrosas son las que cuidan a nuestros niños
y los más vulnerables en la sociedad sin cumplidos ni quejas.
Denles gracia con abundancia, paciencia y conocimiento.
Por favor, apóyenlas la energía de compasión y comprensión
ya que guían a sus familias cada día.
Concedan a las madres fuerza cuando enfrentan dificultades y problemas
de la vida,
a la vez, permítanles ser amables con ellas mismas y con los demás.

Ángeles, les pido que envuelvan sus corazones, mentes y cuerpos con su
radiación pura,
para que puedan aceptar su propia Divinidad mientras caminan
por esta Tierra.
Cuando lloren, que sus lágrimas sean purificadoras.
Cuando rían, que la risa sea robusta y libre.
Permitan que estas increíbles mujeres vivan sin temor,
siempre sabiendo que la luz de su corazón señalará el camino a Casa.

Por la gracia del Cielo, así es.

Amén.

28 de Mayo

Siempre a tu Lado
Por: Caitlyn Palmer

Sabes que siempre estoy aquí
para ayudarte, guiarte y animarte!
Llámame cuando tu corazón no esté claro
y te ayudaré hasta que tus problemas se hayan ido.

Todo lo que debes hacer es mirar dentro de tu Corazón
y escuchar mi canción especial,
Entonces verás que nunca estamos lejos,
y que estuve aquí todo el tiempo.

Aunque no puedo participar en cada uno de tus momentos importantes,
te ayudaré a encontrar la fuerza interior.
Tu puedes haberlo olvidado, pero yo siempre he sabido,
que tu fuerza y belleza van más allá de tu piel.

No temas a la muerte ni te aferres a la vida con terror,
porque cuando llegue, vamos a volar juntos.

29 de Mayo

Oración de los Ángeles
por la Sanación de la Madre Tierra
Por: Michelle Mullady

Invoco al Arcángel Rafael, a Sofía el Ángel de la Tierra,
y a todos los Ángeles Sanadores, para traer sanación a
nuestra hermosa casa, la Madre Tierra.

Envío un espiral dorado de luz sanadora
y el amor reluciente de mi corazón para que atraviesen,
bendigan y restauren la salud de nuestro planeta para todos los que viven
en sus múltiples formas en la tierra, en el mar y en el aire.

Envío ese espiral de luz dorada sanadora
y el amor brillante de mi corazón para sostener nuestro mundo
en esta conciencia sanadora amorosa, invitando a los ángeles
para acelerar y rectificar los rayos sanadores sobre la Tierra
para bendecir a toda la humanidad.

Oro por el despertar de la raza humana y el amanecer de una nueva era
de paz, salud y armonía en nuestro planeta.
Ruego por la elevación de cada miembro de la humanidad
en el reino del Acuerdo Divino
Que todos seamos piadosos en la creación,
completos y sagrados, amados y amorosos.
Oro para que la armonización espiritual perfecta resuene
entre la Tierra y sus hijos humanos.

Amén.

30 de Mayo

Estrella Madre
Por: Ann Phillis

Luz suave de la noche de Sanación
Estrellas centellantes en la oscuridad tan brillante.

Ángeles de la Guarda, abrazo de la madre
Cuidando, fluyendo, sanando con gracia.

Repongan mis células, mi mente, mi corazón
Llénenme de amor para que pueda empezar
Mi nuevo día, mi nuevo camino, mi nueva vida en su corazón
Renovado, revitalizado y con esperanza repotenciada.

31 de Mayo

Arcángel Gabriel
Recuerdo de mis Regalos Divinos
Por: Kimberly Marooney

Arcángel Gabriel,
Bendíceme con tu presencia.
Infunde mi corazón con el recuerdo de mis cualidades divinas.
Abre mis ojos para ver los dones que Dios me ha dado.
Despiértame con los talentos que me hacen único.
Remueva la piedra de las creencias limitantes que me mantienen
atrapado en el sufrimiento.
Llena mi corazón de experiencias de Gracia.
En tus manos encomiendo mi espíritu.

Todo lo que vale la pena en mi vida ha llegado a través de mi Señor.
Renuncio a los caminos de mi mente y mi personalidad.
Gracias por retenerme en el recuerdo del Amor Divino.
Gracias por los momentos que revelan falta de fe.
En esos momentos renazco en ti.
Renazco en tu dulce y tierno abrazo.

Tu coraje y tu fuerza fluyen por mis venas.
Tu perdón amoroso libera todo.
Guía mis pensamientos, palabras, hechos, deseos y sentimientos.
Llévame en tus caminos. Anda conmigo en el poder
magnético del placer.
Enséñame los placeres del amor, la alegría, la felicidad,
el éxtasis, la devoción.

Ayúdame a confiar completamente.
Eres verdaderamente mi fuente para todo.
Yo soy tus manos y corazón en este mundo.
Tus ojos y oídos. Tu barco.
Guíame ahora. Estoy escuchando.

Junio

1 de Junio

Una Oración por la Sanación de la Comunicación
Por: Julie Geigle

Arcángel Metatrón,
Invoco tu ayuda
para la Sanacion de mi comunicación con los demás.

Por favor, envuélveme con un hermoso manto de amor
sabiendo que estoy plenamente apoyado en todo lo que digo y hago
Aquí y más allá.

Ahora visualizo la apertura de mi chacra de la garganta
y cualquier bloqueo a mi capacidad de responder amorosa y
apropiadamente
en mis relaciones con otros, ahora se disuelve y se libera.

Cualquier interferencia en las comunicaciones
Es ahora sanado en todas las direcciones del tiempo y del espacio.

Asumo mi poder y confío en que
las palabras perfectas vendrán a mí en el momento perfecto
para permitirme expresar perfectamente mi verdad
con todos aquellos con los que entro en contacto.

Gracias, Arcángel Metatrón,
por tu sabiduría, tu amor y tu guía.
Confío y recuerdo
que todo está siempre en divino y perfecto orden.

Por la gracia de Dios, es así.
Gracias. Gracias. Gracias.

2 de Junio

Oración a los Ángeles
Por: Giuliana Melo

Queridos Ángeles y todos los seres de luz y amor,
les pedimos que nos protejan ahora.

Enséñennos a ver a través de los ojos del amor siempre.

Ayúdennos en nuestras oraciones para tener un Corazón abierto.

Llénennos de paz para que podamos respetar y ser amables con todos, en
todas partes, porque todos estamos conectados entre
nosotros – Una familia creada por el amor y la luz.

Que siempre recordemos compartir ese amor con los demás.
Como cada uno de nosotros lo busca y lo necesita tanto como el aire que
respiramos.

Amén.

3 de Junio

Oración para conectar a la Tierra
Por: Suzanne Gochenouer

Queridos ángeles

Ayúdenme a plantar mis pies firmemente en este mundo físico,
Incluso mientras estiro mi alma en la infinita inmensidad de la luz

Inspiren en mi un amor por el desarrollo personal
con el cual conecte con mi cuerpo físico.

Ayúdenme a crear una conexión más profunda con esta Tierra
en la que vivo.

Ayúdenme a construir Resistencia para los viajes espirituales
físicos en delante
para encontrar un pie seguro donde estoy en este momento,
en esta Tierra.

Guíenme mientras aprendo nuevas maneras de servir
no solo este mundo físico sino también la Luz.

Compartan conmigo el amor de esta Tierra, y del Universo,
donde todos los anfitriones angélicos nos invitan a vivir dentro de la Luz.

Amén, Amén, Amén.

Gracias. Gracias. Gracias.

4 de Junio

Madre Océano
Por: Ann Phillis

¡Oh, Madre Océano!
Tan puro y abundante,
Lleno de fuerza vital, con ángeles resplandecientes!

Despierta tu amor en mi conciencia hoy,
Déjame sentir tu gracia, tu eterno abrazo.

Tu poder de vida me eleva al cielo,
Me siento tan completo, tan luminoso y brillante.

Sana mis aflicciones, mis miedos, mi pavor
Fortalece mi amor, para estar contigo esta noche.

5 de Junio

Oración a los Ángeles para la Madre Tierra
Por: Allison Hayes, The Rock Girl®

Invoco a los Ángeles,
con la mayor reverencia y respeto,
para facilitar la Sanación de la Madre Tierra.

Invoco a los Ángeles,
con la mayor reverencia y respeto,
para ofrecer protección a la Madre Tierra.

Invoco a los Ángeles,
con la mayor reverencia y respeto,
para ayudar a fortalecer mi Conexión con la Madre Tierra.

Invoco a los Ángeles,
con la mayor reverencia y respeto,
para ayudarme a celebrar a la Madre Tierra.
A amar sus piedras, Honrar sus Árboles, y Abrazar Su Sabiduría.
En la más profunda Gratitud ~ Bendita Sea.

Esta Oración de los Ángeles fue canalizada encima del Monte Kurama, una Montaña Sagrada en Kyoto Japón.
Cuando se lee en voz alta, y acompañada por las piedras siguientes, esto puede ser una experiencia muy poderosa:
Celestita para conectar con el Reino Angélico, Cuarzo Rosa para la Sanacion de ti mismo y la Madre Tierra y Cuarzo Ahumado para conectar con la Madre Tierra misma.
Bendiciones poderosas ~ Allison Hayes, la muchacha de la roca.

6 de Junio

Oración Yo Amo a mi Cuerpo
~Un Recordatorio de los Ángeles
Por: Michelle Beltran

Amo a mi cuerpo tal como es.
Mi cuerpo está alineado y equilibrado en todo momento.
Libero la resistencia de cualquier tipo alrededor de mi cuerpo ahora.
Mi cuerpo físico florece cuando libero cualquier resistencia.

Estoy haciendo listas mentales cada día de todas las cosas que
amo de mi cuerpo.
El equilibrio corporal es mi derecho de nacimiento.
Cada aspecto de mi cuerpo, cada átomo, cada célula,
es íntegro y completo.
Hay un profundo rejuvenecimiento de todas las células de mi cuerpo
Más allá de mi comprensión.
Los problemas pasados o no deseados dejan mi cuerpo ahora.
Comienzo a sentir el poder que fluye a través de mi con esta liberación.

Cada mañana, antes de comenzar mi día,
Me tomo unos momentos para apreciar mi cuerpo perfecto.
Termino mi día de la misma manera.
Soy_____ y amo mi cuerpo extensa y completamente.
Mientras que permito que mi cuerpo cobre vida,
siento un destello de energía magnífica.
La forma natural de mi cuerpo es el bienestar.
Agradezco mi cuerpo ahora. La vitalidad emana de cada
célula de mi cuerpo.

No hay necesidad de encontrar el equilibrio corporal.
Me viene sin esfuerzo, con amor y gracia.
Hay un plan divino – mucho mayor que yo –
Trayendo salud y bienestar a mí, ahora.
Confío en esto con todo lo que YO SOY.

7 de Junio

Una Oración para la Sanación
Por: Tracy Quadro Arietti

Querido Ángel Rafael,
Sanador del Universo,
Transforma por favor el dolor y la enfermedad dentro de mi
en la sana comprensión.

En los días en que el dolor parece demasiado pesado,
por favor toca mi corazón y mi cabeza y ayúdame a encontrar mi fuerza.
Cuando mi cuerpo esté roto, por favor envuélveme en tus brazos de amor
Y ponme de nuevo junto.

Cuando alcance el vacío y me sienta solo en mi sufrimiento,
por favor extiende tu mano abierta y cierra la mía para probar que
nunca estoy solo
en este universo lleno de Espíritus poderosos, suaves y benevolentes.
Que tu asistencia constante enfoque mi habilidad para sanarme.

Y cuando mi enfermedad no sea del cuerpo, sino de mi
Corazón y mi mente,
y me sienta perdido o incapaz de hacer frente a los tiempos oscuros,
por favor trae la luz de tu amor y confort.

Por favor abre mis ojos a la belleza que me rodea,
y recuérdame mirar en los lugares brillantes
por la alegría firme en mi vida que a veces parece oscurecida.
Y a través de tu guía,
pueda llegar tu sanación al mundo,
Y a mi alrededor.

Que Así sea.

8 de Junio

Arcángel Uriel Ayúdame a Aceptar la Transformación
Por: Jill M. Jackson

Te invoco Arcángel Uriel mientras me entrego al proceso
de liberar todo el miedo.
En esta realidad física de 3D, muchas veces permitimos
que la ansiedad, preocupación,
y la inquietud entren en el primer plano de nuestra existencia.

Proporcióname la sabiduría para reconocer cuando mi
ego comienza a emerger.
Así como la forma de la oruga que cambia sin esfuerzo para
convertirse en mariposa,
Te pido tu guía mientras libero mi ego menor
y doy la bienvenida a la Luz de mi Cuerpo.

Mientras bebo el néctar para nutrir mi alma,
lléname con tu energía sanadora.
Ayúdame a recordar poderosas manifestaciones que soy capaz
cuando quito mi lado humano.
Por favor, apóyame mientras evoco tu llamado a
que todos somos creadores en esta danza cósmica.

Arcángel Uriel,
Es mi oración que me ayudes en mi despertar
a la comprensión de que no hay nada que temer,
mientras todos somos una conciencia colectiva,
compartiendo esta realidad física juntos,
para el mutuo beneficio de vibrar cada vez más cerca de la Fuente.

9 de Junio

Oración por los Niños
Por: Rev. Jennifer Shackford

Arcángel Miguel,

Te pido que permanezcas al lado de mis hijos todo el día, todos los días,
Para protegerlos de influencias externas.

Te pido que les des fuerza y apoyo todo el tiempo
cuando estén luchando.

Gracias por proteger a mis hijos, mi corazón y mi alma!

Y así es!

10 de Junio

Lee mi Corazón
Por: Phoenix Rising Star

Querido Ángel Celeste,

gracias por saber lo que hay en mi Corazón
y ayudarme a encontrar y recibir lo que más anhelo.

Entiendo que todo es en un tiempo divino.

Estoy abierto a lo que hay en mi corazón o a algo aún mejor.

Sé que lo que me estás trayendo es para el más alto bien y la
sanación de todos.

Ayúdame a recibir este regalo incondicionalmente.

Doy gracias por esto.

Y así es.

11 de Junio

María, Reina de los Ángeles
Por: Sandy Turkington

Madre María, tan Hermosa, tan brillante!
Verdaderamente eres mi madre celestial. Te lo agradezco.
Has estado a mi lado desde mi nacimiento. Me has guiado a lo largo de
mi vida. Has enviado a tus bellos ángeles para guiarme, resguardarme,
protegerme y bendecirme. Sin tu amor y fuerza no sé lo
que habría hecho.

Por favor continúa quedándote a mi lado, ayudándome en el sendero de
mi vida, despejándome el camino. Que tus gloriosos ángeles estén a mi
lado. Continúa velando por mi familia, mis amigos y mis seres queridos.
No me dejes solo. Tu belleza y presencia no pasarán desapercibidas y
serán muy necesarias. Por favor, ayuda a otros, mostrándoles tu amor y
la presencia de tus hermosos ángeles.
Gracias!

12 de Junio

Arcángel Miguel
Oración por la Paz Interior
Por: Cindy Nolte

Arcángel Miguel,

Por favor, envuélveme con tu fuerza.
Lléname de coraje para caminar por el sendero que está
destinado para mí.

Ayúdame a ver lo que necesito ver.
Ayúdame a reconocer y rechazar mis miedos
Y a eliminar todos los obstáculos para que pueda vivir una
vida de pasión.

Motívame cuando me sienta débil.
Anímame cuando me sea fácil renunciar.
Cuando no estoy seguro, recuérdame el propósito de mi vida.
Quita todo lo negativo de adentro y alrededor de mi ser.

Mantén alta mi vibración.
Lléname con la luz de nuestro Creador de adentro hacia afuera.
Permite que esa luz emane a través de cada poro de mi cuerpo.
Ayúdame a estar siempre en un estado de paz, amor y alegría
para que pueda enviar esos sentimientos al mundo.

Permíteme ser un mensajero
que hace del mundo un mejor lugar
y a su vez llenar mi corazón de gratitud
por una vida que es excepcional más allá de mi imaginación.

Y así es.

13 de Junio

Un Llamado para la Sanación
Por: Michele Ryan

Arcángel Rafael,
Te invoco en mi tiempo de temor y enfermedad.
Sé que me oyes y levantarás mi alma.
Por favor libera mi dolor y ayuda a mi mente y mi cuerpo a sanar.

Ayúdame a liberar cualquier pensamiento y sentimiento malsano.
Eleva mi vibración para que se eleve por encima de mi enfermedad y
vivir con gratitud.
Abrázame en tu luz positiva de fe, amor y sanación.
Tráeme fuerza para continuar.
Levanta y consuela mi espíritu durante este tiempo de dolor.

Ayúdame a recordar que mi estado natural es la alegría,
en perfecta armonía con todos.
Siento el calor de tu luz verde sanadora en cada célula de
mi cuerpo y alma.
Escucho tu guía y me alineo con tu amor sanador.
Confío en que estarás conmigo ahora y siempre que te necesite.
Sé que ofrecerás mis oraciones a Dios y pedirás por mi mayor bien.
Con amor y gratitud, Amén.

14 de Junio

Ángeles de la Naturaleza
~ *Un Mensaje de los Ángeles*
Por: Katrina L. Wright

Incesantemente el viento sopla, susurrando sus notas de flauta ligeras y
melódicas de sabiduría y validación.

En medio de la tormenta de la vida, ella señala, *"deben mirar más allá de las
nubes, porque hay un rayo de luz blanca siempre presente que fluye y los apoya
a todos...pase lo que pase!"*

Tengo cuidado con esto y rápidamente aprieto los ojos,
a fin de estar plenamente presente al comando de esta entidad que calma.

En cuestión de instantes, me encuentro arrastrado y sostenido tan delicadamente
en un capullo iridiscente incrustado con exquisitos cristales chispeantes de
proporción variable.

El mundo interno y el externo se vuelven completamente inmóviles.
Tres brillantes entidades ligeras impregnadas de la esencia de la rosa
comienzan a moverse lentamente a mi alrededor.
Mi recipiente se hace como el peso de una pluma
suspendido únicamente en la gravedad divina.

Mi corazón se ve repentinamente dominado por un profundo amor y aprecio,
mientras siento las ondas de las corrientes vibratorias transmitidas y divinamente
colocadas en todo mi cuerpo.

Estoy empezando a recordar la verdadera naturaleza por la que elegí estar aquí,
y la naturaleza de quien realmente soy
~ Un Ser Vibratorio, Uno con la Naturaleza y Todas las Cosas Divinas'.

Gracias 'Ángeles de la Naturaleza' por liberar su cortina y revelar su propia
naturaleza verdadera en mí.

Ahora el Consuelo, la paz y la compasión reinan una vez más.
La inminente dulce fragancia de la benevolencia siempre prevalecerá.

15 de Junio

En este Momento Santo
Por: Bobbe Bramson

Amados Ángeles~

En este momento santo ayúdenme a saber que es seguro para mi,
descansar y no hacer absolutamente nada.
Dejen que mi mente despierte a la posibilidad de que he hecho
suficiente por ahora.

Muchas veces me dicen que haga tiempo para un Descanso tranquilo e
integración, mientras mi vasija se expande para recibir más
de la Luz de Dios;
Sin embargo, mi ego se resiste a esta simple verdad no queriendo
perderse y siempre comparando.

Ayúdenme a saber que no estoy obligado a sostener el impulso hacia
adelante para ser un ser humano que vale la pena;
Que mi despliegue ocurrirá incluso si no hago,
la manera suave que la luz del sol mima el nacimiento de una flor.

Colóquenme en el silencio, queridos Ángeles, y levanten mi mirada hacia
la pálida extensión del cielo. Aquí veo los ojos del infinito reflejando el
Amor y la Luz que YO SOY.
Aquí encuentro alivio bendito más allá del tira y encoge, del tic-tac y de
los "debería y tendría que".

En este momento santo les doy las gracias por la conciencia de que mi
único trabajo ahora es descansar en mi Ser, y abrir mi corazón a la
bendición de la gracia de Dios.

Amén.

16 de Junio

Señales de Ángeles Susurrando
Por: Lori Kilgour Martin

Ángeles, gracias por tomar mi mano en este baile en la Tierra y atraparme justo antes de ese momento cuando el siguiente paso con Dios se siente como si estuviera escapando

Confiar en esta vida ha sido un desafío últimamente.
Entonces, como por milagro, cuando me siento caer en la grieta de la incertidumbre, aparece una señal.

Oro por ellos, a menudo. Ellos ponen mis pies en la dirección correcta, Sincronicidad en movimiento.
Siempre bien cronometrada y perfectamente coreografiada.

Ayúdenme a saber que cada paso tomado es y siempre será, para el más alto bien de mi alma – mientras abro la puerta a un estado más profundo de auto-aceptación.

Me he dado cuenta que estos marcadores místicos comenzaron a mostrarse en la infancia. Son pepitas de oro, que tienen la confirmación tan necesaria dentro de cada uno.

De manera inesperada, estos tesoros llegan: a través de canciones, mensajes, números, tarjetas de oráculo y plumas.
Mi corazón se deleita y expande con alegría.

Ellos inauguran la paz. Respiro de nuevo; La fe vuelve instantáneamente, junto con el interior sabiendo que todo está en orden divino.

Con un suave susurro los oigo decir: *Todo va a estar bien.*

Gracias, Ángeles, por enviar cada día sus señales de amor.

17 de Junio

Confía en tu Intuición con el Arcángel Haniel
Por: Courtney Long

Arcángel Haniel, ángel de la intuición y poder divino femenino,
Gracias por estar conmigo ahora.
Invoco tu gracia, pasión y amor.

Gracias por ayudarme a abrir mi intuición y darme acceso
a la sabiduría de mi corazón y alma.

Tengo que tomar una decisión: (*tomar un momento para contarle al arcángel Haniel sobre la situación y las diferentes opciones que podría hacer*).

Arcángel Haniel, por favor ayúdame a escuchar, entender y honrar
claramente mi guía intuitiva.
Qué opción es para mi mayor bien?
Qué es lo que mi alma me guía a hacer?
Qué opción me trae más alegría?

Gracias por ayudarme a tener el coraje y la confianza para tomar esta decisión poderosa y tomar acción. Mientras confío en mi intuición, doy paso al flujo de amor y gracia!

Afirmo y declara que todo lo que se desarrolla en mi vida es perfecto y está rodeado de amor y gracia. Estoy seguro y amado.

Gracias, Arcángel Haniel por ayudarme a relajarme y recibir todo el amor, la alegría, la abundancia, las oportunidades y la bondad que el
Universo tiene para mí!
Confío en que todo está bien.
Abro mi corazón a la magia y a los milagros!

Gracias y así es!

18 de Junio

Ariel Habla
~ *Un Mensaje de los Ángeles*
Por: Stacey Wall

Toma corazón, querido, porque eres amado más allá de toda medida. Siente; la presencia amorosa de tus ángeles que te rodean en todo momento. Nunca estás solo. Sabes que escucharás nuestra voz si tan solo paras para escuchar después de hacer tus preguntas o peticiones.

Estamos aquí para ayudarte. Tenemos la intención de tu éxito. Nos quedamos a tu lado continuamente. Nuestro amor por ti es constante e inflexible. Te traemos mensajes de esperanza, éxito, seguridad, amor, paz, descanso, felicidad y regocijo. Tú eres la alegría de nuestras vidas.

Cree en tu fuerza. Cree en ti mismo. Cree que eres cuidado, vigilado y apoyado en todo momento. Somos tu consuelo. Déjanos ser tus guías. Déjanos aliviar tus cargas. Déjanos elevarte a nuevas Alturas. Déjanos proclamar tu grandeza, porque eres una exquisita obra de arte, una belleza magnífica. Eres una joya inestimable, una gema impresionante.

Permítenos ayudarte a través de lo que tuú enfrentas mientras tus lecciones se desarrollan.
Permitenos trabajar juntos para lograr tus metas.

Déjanos ser amor para ti, querido.
Dulce niño, somos tuyos.

19 de Junio

Oración de Bendición de los Arcángeles
Por Shelley Robinson

Benditos Arcángeles, mensajeros de Luz,
Los invito humildemente a caminar conmigo a través de todos los días de mi vida,
Dándome esperanza incluso, cuando las cosas no la tienen.

Destierren las sombras de mis dudas
y permitan que mi ser interior brille a través,
reflejando lo Divino en mí mismo y en los demás.

En su infinita sabiduría,
ayúdenme a desarrollar mis talentos naturales
aceptando mis defectos.

Denme el coraje de ver más allá de lo mundano y ordinario,
aprendiendo a ver todo lo que es bello y bueno en este mundo.

Como ustedes aman a toda la humanidad,
inspiren en mí ese mismo nivel de benevolencia hacia todas las criaturas.

Cuando fallo, o cuando estoy cansado y débil,
Levántenme en sus alas
y llévenme por encima de las nubes de mi desesperación.

Les pido, representantes de la luz celestial,
compartir su luminosidad conmigo
e iluminar cada paso que tomo en mi viaje espiritual.

20 de Junio

Oración al Arcángel Uriel para Recordar tu Identidad Divina
Por: Katherine Glass

Invoco al Arcángel Uriel
y los Ángeles de la Luz y el Amor puro
para rodearme en este momento en mi viaje.

Mientras estoy de pie abiertamente,
en la vulnerabilidad de mi conciencia humana,
siento y recibo toda la comodidad, protección y gracia
que me rodea ahora y siempre.

SE que soy un hijo de la Divinidad,
una creación Santa de esa energía y amor.
SE que nunca camino solo.

Gracias Uriel,
y Ángeles de Luz y amor puro,
por levantar mi corazón y mi mente
con las alas del recuerdo
de mi verdadera Identidad Divina.

Y asi es. `

21 de Junio

Oración para Celebrar el Nuevo Día
Por: Diana Blagdon

Ángel de la mañana
Tráedor de nueva luz y nueva energía
Ábreme a recibir todas las bendiciones de hoy.

Inculca en mí una actitud de gracia y perdón
para que conozca la Divinidad en todo lo que experimento.

Ayúdame a ser un instrumento humilde
de tu eterna conciencia amorosa.

Ayúdame en mi amoroso servicio al espíritu.

Gracias.

22 de Junio

Oración del Solsticio
Por: Cathelijne Filippo

Esta Oración es para el solsticio de verano en el Hemisferio Norte;
Si usted vive en el Hemisferio Sur, lea la Oración del Solsticio
el 21 de Diciembre.

Amado Arcángel Raziel,
Por favor, bendíceme con la energía de la renovación en este
solsticio de verano.
Ayúdame a abrirme a mi máximo potencial,
a medida que los rayos del sol brillan sobre la tierra,
y mi cuerpo se llena con su poder.
Permíteme abrazar una nueva pasión por la vida,
extendiendo esto a todos los seres que me rodean.

Querido Raziel,
Bendíceme con el don de la iniciación solar,
abriéndome a mi mayor potencial espiritual,
permitiéndome vivir una vida mágica,
como un co-creador en la Tierra.
Por favor, dame nuevas ideas esotéricas,
ayudándome a fundamentarlas en mi vida,
permitiéndome trabajar con las Leyes Espirituales,
manifestando mis sueños mientras brillo siempre resplandecientemente.

Que ahora pueda recibir la energía de la abundancia en todos los niveles,
Mientras anclo los deseos de mi corazón,
para que puedan crecer hacia la luz.
¡Que tenga el coraje de seguir mi conversación!

Que así sea.

23 de Junio

Oración para Fortalecer la Conexión con la Luz de Dios
Por:Maggie Chula

Querido Dios, levanta mi Corazón y mi mente
en la vibración de tu energía Divina de la Fuente.

Ayúdame a permanecer fuerte y conectado a tu Luz de Amor
mientras trabajo en un mundo de ilusiones.
Ayúdame a recordar que las ilusiones son tan poderosas
como la cantidad de energía que les doy voluntariamente.
No dejes que mi atención se enfoque
en el caos y la duda que crea mi mente.

Ayúdame a respirar a la luz de tu vibración de origen.
Ayuda a mi mente a centrarse y enfocarse para que pueda sentir
tu amor y compasión fluyendo hacia mí y dentro de mí.
Ayúdame a compartir mi amorosa energía vibratoria con los demás.
Ayúdame a recordar que estoy a salvo compartiendo mi amor y
luz en el mundo.

Gracias por restaurar la paz y la calma
A **mi mente y a mis pensamientos**
me concentro en mi respiración,
Trayendo tu Divina energía vibracional de
Luz y Amor profundamente en mi cuerpo.

Gracias por ayudarme a liberar la tensión y el estrés de mi cuerpo.
Yo respiro tu Luz y Amor.

Gracias por fortalecer mi conexión con tu Luz y Amor.

24 de Junio

Oración para la Entrega Divina
Por: Sara De La Mer

Invoco a los poderes, dominios y reinos angélicos
que conocen, aman y hacen la voluntad de Dios.
Por favor, guíenme e instruyanme claramente en cuanto al camino
correcto por delante.
Invoco la paz que sobrepasa todo entendimiento y ofrece calma,
mente serena lista, dispuesta y capaz de hacer una promesa Divina.

Entrego de una vez y POR TODAS las cosas que me separaban o se
interponían en el camino
y libero permanentemente los lazos que las unen.
Reconozco y me doy cuenta que no siempre se lo mejor.
Por la presente libero desviaciones, voluntad personal, expectativas
e ideas preconcebidas.
Espero la guía divina en cualquier forma que pueda venir.
Estoy abierto, listo, dispuesto y capaz de servir y
seguir a Dios y su mayor promesa;
Sabiendo que mis mejores intereses siempre me sirven.

Todo funciona en el momento perfecto para aquellos que
conocen, aman y hacen la voluntad de Dios.
Esto lo sé y lo reconozco desde el fondo de mi corazón.
Con la ayuda de los reinos angélicos prometo permanecer receptivo,
maleable
y listo para actuar en un momento de aviso.
Prometo confiar y no adivinar la sabiduría universal.

Invoco la potenciación del Espíritu Santo
para bendecir mis peticiones e iluminar el camino por delante
Que así sea.

25 de Junio

Ángeles Amorosos – Dadores de Regalos
Por: Susan Hegel

Permitan que mi vida se despliegue de maneras maravillosas para que el camino en la tierra este lleno de gracia y facilidad.

Enséñenme la belleza del Tiempo Divino para que pueda experimentar paciencia y confianza en su presencia.

Ayúdenme a entender las señales y símbolos amorosos que me envían mientras mi vida se enriquece.

Ayúdenme a escucharlos para actuar según su guía.

Muéstrenme cómo abrir mi corazón para que pueda comunicarme de maneras amorosas.

Llénenme de gratitud para que no haya lugar para el miedo en mi vida.

Descubran mi corazón juguetón para que pueda experimentar la Inocencia de mi alma con gozo.

Denme valor para percibir desafíos y pruebas como una bendición, para que pueda aprender y crecer.

Envuélvanme en el amoroso abrazo de sus alas, para que pueda sentirme cómodo en mis momentos más oscuros.

Ayúdenme a mantener mi cuerpo físico en excelentes condiciones para que pueda servir a los demás durante muchos años.

Conéctenme con mi espíritu para entender la tierra como es en el cielo.

Brille su luz en mi luz para que mi corazón esté lleno de amor.
Gracias, queridos ángeles, por todos estos regalos y bendiciones.
Amén.

26 de Junio
La Oración más Poderosa es una Sonrisa
~ *Un Mensaje del Arcángel, Anantha*
Por: Mary O'Maley

Hazlo ahora. Una verdadera gran sonrisa.
Comienza tu sonrisa en los dedos del pie. Siente tus piernas sonreír.

Sonríe desde tu chacra raíz mientras sientes gratitud
Por tener tus necesidades diarias satisfechas.
Sonríe desde tu ombligo mientras reconoces a tus amigos y familiares,
y la hermosa expresión creativa de ti mismo.
Sonríe desde tu corazón y siente que la vibración de la alegría
estalla en tu interior.
Sonríe desde tu garganta; canta tu alegría o ríe en voz alta.

Siente tu rostro sonreír;
Deja que tus ojos físicos e internos se asombren de la belleza
que te rodea.
Sonríe una gran sonrisa de boca abierta, mostrando todos tus dientes.
Sonríe desde la parte superior de la cabeza.
Experimenta el Universo y a tus Ángeles Guardianes sonriendo hacia ti.

Sonríe con tus perfecciones e imperfecciones.
Sonríe porque te despertaste esta mañana.
Sonríe a los árboles y pájaros y al mundo que te rodea.
Sonríe a un extraño y pregúntate si la luz de tu sonrisa
hará que se paren más altos y se sientan mejor.
Detente muchas veces durante tu día y simplemente sonríe.

Sabse que cada sonrisa es una oración;
Una vibración potente y dinámica que se siente, aprecia y devuelve.

Gracias.

27 de Junio

Arcángel Uriel Respondiendo el Llamado al Servicio
Por: Kimberly Marooney

Amado Arcángel Uriel,
Aquí estoy.
Aquí estoy en gratitud y devoción.
Aquí está mi amor fluyendo hacia a ti.

Aquí están mis manos y mi voz en servicio a tu vocación.
Aquí están mis acciones y energía que responden a tu llamado.
Aquí están mi corazón, alma y oídos para escuchar tu llamada
Yo soy tuyo Amado, úsame bien.

Libero la creencia de que ser tu siervo significa privación y pobreza.
Yo sé que en ti está la riqueza y la abundancia del Espíritu y la Materia.
Sé que tú proporcionas la necesidad del material de la primera clase
de tu existencia para tu llamado.

Libero la creencia de que mi cuerpo no es capaz de tener salud.
Libero la creencia de que la enfermedad está codificada
en mi ADN y la salud no es para mí.
Libero la creencia de que no soy capaz de estar en forma, fuerte,
saludable y ágil.
Sé que tú me estás llamando a la aptitud y a la salud.
Me merezco un cuerpo apto, sano y hermoso que pueda viajar
y experimentar los placeres de la vida humana.
Me estás llamando al bienestar y yo digo SI!

Guíame Uriel,
Dame la sustancia, las palabras, la energía para moverme a la verdad.

28 de Junio

Una Oración por la Paz
Por: Gisabel

Dios, por favor ayúdame a continuar mi viaje
que quiero usar para llevar el amor a mi alrededor para
ayudar a mi prójimo.
El amor de Dios que está brillando sobre mí,
quiero brillar porque
es la forma en la que quiero ayudar a mi vecino

En estos días donde hay muchas guerras en el mundo,
quiero usar la luz de Dios para traer paz a mi alrededor.
Aunque hay muchas personas en el mundo,
me gustaría que brillaras en cada uno tu luz
con el fin de traer la paz a todo el mundo
para que podamos vivir juntos en paz
y estar cerca de Dios.

Por favor Dios, permite que el mundo esté siempre cerca de ti
Así es posible que tu cuides de cada uno de nosotros aquí en la tierra,
y de esa manera todos nosotros podríamos ser parte de la misma familia
que es la familia de Dios
todos sentados en la misma mesa que es la Mesa de Dios.
Por ese objetivo estaremos viviendo en paz y no habrá más guerras.

29 de Junio

Conexión a la Tierra y Oración Sanadora
Por: Kris Groth

Ángeles de luz,
Pido que conecten mi alma con la tierra, todos los seres vivos y lo divino.

Abran una conexión a través de mis pies a la tierra,
Sintiendo la tierra acunándome, sosteniéndome en energía cariñosa y amorosa.

Estoy abierto a recibir todas las bendiciones que esta conexión trae:
Paz, tierra, equilibrio, armonía, amor…

Permitan lo que sea necesario para fluir, como el agua en un rio
fluyendo a través de mi cuerpo.

Permitiendo que cada célula se empape en todas las bendiciones que necesita
para su bienestar.

Todo lo que no pertenece, que mi cuerpo ha estado sosteniendo, es lavado y
limpiado por el río, lavado en la tierra y purificado en energía positiva para
sanar y restaurar la tierra.

Esta es mi manera de devolver todas las bendiciones que recibo,
un equilibrio de dar y recibir.

Siento este equilibrio dentro de mí, entre mi cuerpo y la tierra.

Siento que se expande a otros fuera de mí, a todo con lo que me
ponga en contacto.

Sensación de conexión, armonía y equilibrio a mi alrededor.

Sintiendo la unidad en mí, con la tierra, con todos los seres vivos y lo divino.

Estoy en paz y estoy agradecido.
Gracias!

30 de Junio

Oración para la Protección
Por: Solara Skye

Pongo mis manos sobre mi corazón e invoco a los Ángeles, los Arcángeles y la Fuente de Todo lo que es…

Por favor, envuélvanme con la luz blanca del Cristo y cierren mi aura a todo, excepto a mi ser superior.

Por favor, protéjanme de todas las fuerzas vistas o no vistas, de todas las entidades o energías malas o desarmoniosas.

Por favor llenen mi alma y mi corazón de amor, luz, verdad y sabiduría y permítanme ser un canal de bendición para los demás.

Gracias Madre Padre Dios!

Y así es.

Julio

1 de Julio

Oración para Autoestima y Auto-Aceptación
Por: Cathelijne Filippo

Amado Arcángel Miguel,

Bendíceme con un nuevo sentido de autoestima,
reconociendo mis fortalezas y aceptando mis debilidades.
Ayúdame a salir de mi zona de confort y tomar mi poder ahora,
mientras empiezo a caminar mi llamado y a vivir mis sueños.

Ayúdame a darme cuenta que soy una chispa de la Divinidad,
y como tal soy perfecto tal como soy.
Cuando me esfuerzo por crecer y cambiar,
lo hago desde un lugar de bondad amorosa y aceptación del yo.

Querido Arcángel Chamuel,
Ayúdame a amarme de verdad,
dándome cuenta que no necesito cambiar nada
mientras estoy bien como soy.
Porque todo está bien en mi vida,
Mientras le doy a mi ser superior el reinado desde este día en adelante.

Soy un alma hermosa,
con una misión especial en esta Tierra.
Cuanto más vivo mi plan original divino,
más me amo a mi mismo y a la vida.

Que así sea.

2 de Julio

La Voz de tu Corazón
~ *Un Mensaje de los Ángeles* ~
Por: Lisa Clayton

Confía en tu voz interior que está conectada a tu corazón.
¿Puedes oírla?
Derrite el ruido mental y conecta,
escucha y aprende a reconocer y honrar la voz de tu corazón.
El mundo lógico se está desmoronando y
el mundo espiritual se está expandiendo.

Confía y ten fe en la Guía Divina que te enviamos cada día
y fluye en el resplandor dorado de tu corazón.
La estructura y las reglas de viejas maneras se están disolviendo
a la nueva estructurac
con flujo de amor-viviente y dando en el centro del corazón
de las comunidades.

Nada se siente igual.
Nada es igual que las ondas energéticas Divinas
Transforma tu realidad percibida
a la nueva realidad de vivir mediante el amor de TODOS.

Aprende a escuchar los susurros de tu Corazón.
Recuerda, los Ángeles están siempre a tu lado
inundando tu corazón con amor y luz dorada.

Llámanos. Pregúntanos. Confía y cree en nosotros.
Todos somos uno. La unidad es nuestra misión.

Enamórate de la voz de tu corazón.
Hónralo. Cree en su inteligencia.
Mantente en la alineación de tu corazón que conduce y tu mente lo sigue.
La guía de los Ángeles siempre te llevará a la voz de tu corazón.

3 de Julio

Confianza y Fe
Por: Lisa K.

Estás listo para pasar al siguiente nivel?

Este mes es el mes de la confianza y la fe.

Confía en que tus oraciones serán respondidas.

Ten fe de que estamos aquí para ayudarte

Irás al siguiente nivel con un poco de confianza y fe.

No necesitas mucho;
así que comienza ahora con tener un poco más de confianza
y un poco más de fe.

Como ves los resultados comienzan a suceder,
tu confianza y fe crecerán,
y también lo hará la abundancia en tu vida.

– Tus Ángeles.

4 de Julio

Una Oración de Verano
Por: Connie Gorrell

Oh. Para saborear los calientes días del verano!
Me regocijo en el regreso de la Luz
cuando la Madre Tierra es abundante con el color
rebozante con los frutos de su labor.
Hoy respiro la Luz y libero los días oscuros del reposo del invierno.
Puedo ser inspirado por las brisas del verano sintiéndolas
ligeramente en mi piel
como si fuese besado por los ángeles en el viento.

Invoco la luz verde sanadora de la Tierra del Arcángel Rafael
mientras estoy rodeado de exuberantes prados y ricas tierras de cultivo,
gozosamente inmerso en la sensación de la tierra bajo mis pies.

Invoco la luminosa luz blanca del Arcángel Gabriel
cuyos mensajes de luminosidad me guían en mi viaje
con la promesa de días llenos de sol por delante
que iluminarán el camino delante de mí en esta vida.

Invoco la protección y el apoyo del Arcángel Miguel
cuya radiante presencia es tan ancha como el cielo azul claro
—y tan infinita también.
Me recuerda amorosamente que las únicas limitaciones de esta vida
son las que yo mismo pongo sobre mí.

Déjame bailar en los días y tomar el sol en el resplandor de
una luna de verano
—y sé que todo está bien en mi mundo.
Amén.

5 de Julio

Ángeles Benditos
son los que yo Llamo
Por: Bobbe Bramson

No necesito superhéroes
saltando edificios en un solo brinco
porque tengo a mis benditos ángeles
quienes me rodean por todos lados.
La visión de rayos X de los superhéroes
pueden tener beneficios pero me quedo
con mis ángeles benditos
que ven directamente en mi corazón.

Cualquier día, cualquier hora, necesito una superpotencia
los Ángeles Benditos son los que yo llamo
en el momento de mi oración
ese es el momento en el que están ahí.
Si, los Ángeles Benditos son los que yo llamo.

No necesito superhéroes
luchando duro en muchos frentes
porque tengo a mis Ángeles benditos
que nos ayudan a todos a la vez.
El fuerza y el músculo de los superhéroes los llevarían muy
lejos y rápido
pero me quedo con mis Ángeles benditos
que traen cambios que duran.

Cualquier noche, cualquier hora si necesito una superpotencia
los Ángeles Benditos son los que yo llamo
con sus alas encendidas con fuego traen todo lo que necesito.
Si, los Ángeles benditos son los que yo llamo.

6 de Julio

Sintiendo Alegría
con el Arcángel Jofiel
Por: Debbie Labinski

Amado Dios y Arcángel Jofiel,

Por favor abran mi corazón a la esencia hermosa del reino angélico.
Permítanme entrar en la suave presencia del Arcángel Jofiel, el Ángel
de la Belleza.
Permítanme comenzar a visualizar sus suaves alas de ángel de amarillo
brillante que me rodean…
llenándome de los más maravillosos sentimientos de alegría y placer.

Ahora te pido Arcángel Jofiel, que me muestres una idea de la magia
creativa de mi alma.
Aquí es donde elijo creer que todas mis ideas son ilimitadas…
que estoy aquí para disfrutar de mi vida como un hermoso reflejo
de tu luz.

Ayúdame a experimentar el suave aleteo de las alas de una mariposa
en mi mejilla,
la Inocencia de una risa gozosa de un niño, y a confiar en mi guía interior
para aceptar que
jugar es también mi derecho de nacimiento.
Enséñame a bailar a la luz de la luna, a hacer tiempo para oler la
fragancia de las flores radiantes,
y aprender a sentir la alegría interior.

Te doy las gracias ahora, Arcángel Jofiel,
por tu presencia… por tu orientación…
Y por traer más alegría, creatividad y luz a mi vida.

Amén!

7 de Julio

Arcángel Uriel
Por: Trish Grain

Arcángel Uriel,
Ángel de la Sabiduría.

Te pido que viertas tu luz dorada y amarilla en mi mente y
en mi corazón.
Para tener todas las ideas creativas que necesito
para poder terminar esta tarea ayudarme
y darme el corajepara confiar en mi propia sabiduría e intuición.

Les pido su ayuda para guiarme en mis decisiones y conocimientos.

8 de Julio

Dios nos Presta los Ángeles
Por: Giuliana Melo

Dios nos presta los ángeles todos los días
para ayudarnos en nuestro viaje a la tierra en todos los sentidos.
Todo lo que tienes que hacer es invitarlos a entrar
y luego ver tu cambio de vida.

Ayudan en todo, si los dejas.
Ellos te guiarán, te apoyarán
y te enviarán las señales más asombrosas,
monedas, plumas, canciones y números por decir algunos
y siempre te guardan noche y día.

Ellos te ayudarán a través de pruebas y tribulaciones,
lágrimas y sonrisas, nacimientos y muertes.
Su energía es la del amor y la dulzura
y sabrás que están allí.

No los vas a invitar hoy?
Todo lo que tienes que hacer es PEDIR.

Queridos Ángeles
entren en mi vida, en mi Corazón, en mi casa.
Guíenme y apóyenme,
Envíenme señales de su presencia.
Quédense a mi lado y báñenme de bendiciones,
y el amor y la luz de la esencia Divina.

Amén.

9 de Julio

Oración a los Ángeles para Un Liderazgo Compasivo
Por: Suzanne Gochenouer

Queridos Ángeles,

Ayúdenme a ser un líder compasivo.

Guíenme para descubrir nuevas maneras de compartir
lo que se cuando alguien pide ayuda.

Recuérdenme mantener mis palabras amorosas
Y ayúdenme a evitar juzgar lo que otros necesitan
o donde deberían estar en su viaje.

Ayúdenme a vivir mi vida como inspiración
para todo aquel que mi energía toque.

Compartan conmigo la capacidad de saber lo que hay
en los corazones de aquellos que buscan mi liderazgo,
para saber cuándo y a dónde dirigirme,
y cuando permitirme ser guiado por el Espíritu.

Amén, amén, amén.

Gracias, Gracias, Gracias.

10 de Julio

Una Carta de Amor Angelical
Por: Emily Berroa-Teixeira

Amados Ángeles, invoco vuestra presencia en verdadera celebración y
Gratitud de vuestra Divina inspiración y dedicación a la humanidad.
Mis amables guardianes, hermosas energías han despertado mi alma,
permitiéndome experimentar los enriquecedores colores de la vida
y del amor.

Su guía me ha conducido fielmente a través de muchas transformaciones,
apoyando cada uno de mis sueños y aspiraciones.
Estoy infundido con la fuerza, el estímulo y el valor
necesarios para ejercer mi poder personal de maneras saludables.

A través de todos los momentos he sentido su presencia
y he confiado en su amor incondicional,
entregando mis intentos de controlar,
sabiendo que seré guiado hacia los resultados más beneficiosos.

Mis hermosos mensajeros, estoy en deuda con los poderes
que han despejado fuerzas vinculantes de mi pasado.
Su iluminación ha proporcionado visión y claridad
que me ha permitido experimentar las infinitas
maravillas del amor y la gracia.

Queridos Ángeles, por favor sigan rodeándome
con su protección, gracia e inspiración.
Continúen potenciándome para promover la armonía y la paz
que nuestro mundo necesita en este momento.
Que brille su luz siempre presente sobre nosotros
para que podamos vernos
a través de los ojos del amor y la comprensión.
Y así es, siempre.

11 de Julio

Arcángel Muriel:
Oración por la Sanidad Oceánica
Por: Cathelijne Filippo

Amado Arcángel Muriel,
Por favor, bendíceme con las energías sanadoras del océano.
Deja que su brisa marina despeje mi mente.
Deja que su agua salada limpie mi aura.
Deja que la arena granulosa me toque el cuerpo.
Que su flujo y reflujo me ayuden a ir con el flujo de la Vida.

Que yo sea tan alegre como los delfines,
cue pueda seguir mi sabiduría interna como las ballenas,
que pueda vivir una sensación de paz como las tortugas marinas,
que pueda estar conectado a la unidad como cada gota de agua que es
parte del océano.

Querido Arcángel Muriel,
por favor, ayúdanos a preservar los mares y a regresar las bendiciones
sanadoras sobre sí mismos.
Ayúdanos a mantener el océano despejado y seguro,
para todas las criaturas que lo llaman hogar.
Permítenos respetar toda la vida marina, desde el plancton más pequeño
hasta la ballena más grande.

Despierta mi ser interior,
para que realmente pueda ser uno con la naturaleza,
siempre presente y equilibrado, no importa mar tempestuoso
o aguas rocosas.
Todo es movimiento, todo es cambio.
Me muevo con el cómo agua fluyendo y sé que todo está bien.
Y así es.

12 de Julio

Bendiciones Infinitas
Por: Rosemary Hurwitz

Queridos Ángeles,
Gracias por ser Mensajeros de Dios.
Gracias por mostrarme cómo conectarme con mi Divinidad interna.

Para mis ojos ver
y mis oídos escuchar
y mi corazón sentir
y mi mente saber
y mi vientre, para recibir tus preciados y frecuentes mensajes susurrantes
de sabiduría,
esperanza, amor, precaución o urgencia.

Gracias por su constante presencia sanadora,
y por las muchas maneras en que me enseñan balance.
Y cuando no consigo conectar con ustedes,
cuando la distracción se interpone entre nosotros,
ayúdenme a recordar que solo necesito respirar en mi fe,
que ustedes están a mi lado.

Cuando me encuentre en las aguas más profundas de mi conciencia,
déjenme pasar por cualquier temor,
sabiendo que sus mensajes de verdad
siempre me apuntarán a más amor y libertad.

Continúen dirigiéndome para guiar a los demás con todo lo que
hago y digo.
Ayúdenme a mostrar a mi familia, amigos e incluso extraños,
con mi ejemplo
cómo están ustedes disponibles para nosotros siempre.
Y así es.
Amén.

13 de Julio

Una Oración para la Presencia
Por: Rosemary Boyle Lasher

Queridísimo Ángel Uriel:
Bendice este día!

Sé que estoy verdaderamente agradecido,
despertando de un sueño reparador –
refrescado, alerta y vivo!

Permíteme apreciar profundamente
todos los regalos en mi vida.

Sólo por hoy,
ayúdame a dejar de lado las computadoras,
teléfonos celulares, medios sociales y TV
para poder restaurar la conexión de la vida real
con amigos, familiares y compañeros de trabajo.

Permíteme encontrar tiempo para estar en la naturaleza,
aunque sea solo por unos preciosos minutos.

Por favor, rodéame, guíame,
conéctame y protéjanme.

Ahora me permito experimentar profundamente
la plenitud de este día con gratitud y amor.

14 de Julio

Oración para Liberar
Miedos y Preocupaciones
Por: Rachel Cooley ATP®

Querido Dios, Ángeles y Arcángeles,

Les pido ahora por favor que me rodeen
con su amor, luz y bendiciones en este momento.

Por favor, liberen de mi, todos mis temores,
preocupaciones e inquietudes
que no me sirvan en este momento.

Por favor reemplácenlas todas con
su sanación, amor, luz, protección y bendiciones.

Muchas gracias,
estoy muy agradecido!

Amén.

15 de Julio

Arcángel Ariel
Oración para Mascotas y Animales
Por: Lori Siska

Arcángel Ariel,
Hoy te pido que me ayudes a amar y entender
las maravillas de mis mascotas y todos los animales del mundo.

Ayúdame a ayudar a los animales dondequiera que estén
a hablar en su nombre cuando son lesionados o abusados.
Por favor, ayuda a nuestro mundo a aprender a ser respetuoso y amable con
las bestias de carga
para que tanto los animales como los seres humanos puedan brindar servicio
en el espíritu del amor.

Ayúdanos a no juzgar las maneras de tratar a los animales con crítica,
sino, por el contrario, guíarles a que los animales son
seres como nosotros
que merecen amor y respeto.

Ayuda a los perdidos a encontrar el camino a casa
con el brillo de un faro de luz por encima de sus seres queridos.
Por favor dales sustento a nuestros animales
cuando están hambrientos de comida, refugio o amor.

Ruego que sanen los animales enfermos,
y por aquellos que han elegido su tiempo para salir de este mundo,
que les demos la bienvenida a un nuevo mundo de paz,
tranquilidad y abundancia.

Por último, trae paz a las zonas devastadas por la Guerra
donde los animales a menudo están atrapados.

Prometo seguir la luz de tu verdad,
amar y vivir con todos los animales en amor y paz.

16 de Julio

Ángeles de Gracia
Por: Ann Phillis

Yo estoy en el fuego de gracia renovadora,
la gracia de la vida, donde todos son bendecidos.

Sáname, cuida de mí, sosténganme en su corazón,
Ángeles de gracia, de luz viva.

Su poder ardiente me llena de esperanza,
Su luz ardiente aclara todo lo que debe irse.
Ustedes renuevan mi ser, asi que estoy de nuevo
listo para desplegar mi amor espiritual.

Amor por mí y por esta Tierra, mi hogar,
Amor por el futuro, que ahora veo.
Levanto mi mirada en tu ardiente abrazo,
Ahora veo, lleno de gracia!

17 de Julio

Arcángel Miguel
Oración para Límites Saludables
Por: Cathleen O'Connor

Querido Arcángel Miguel,
A veces es tan difícil ver por dónde empiezo y termino,
y dónde están los límites con aquellos que amo.

Necesito tu ayuda y asistencia para recordarme
que soy responsable de mi propia felicidad y bienestar;
que este debería ser mi foco – mi viaje de sanación;
que no es mi papel tratar de arreglar todo.

Envuélveme a mí y a mis seres queridos con tu luz poderosa.
Cuida a los que amo. Dales un puesto seguro en tus brazos.

Enséñame cómo tener un corazón compasivo;
para permitir a otros su experiencia, por muy difícil que parezca.

Recuérdame que cada vida fluye según el propósito Divino;
que pueda entregar mis preocupaciones y cuidados a ti.

Querido Arcángel Miguel,
Gracias por ofrecer tu protección, sabiduría y corazón.
Llama al guerrero compasivo dentro de mí.

Abrazado dentro de tus alas, no tengo miedo,
solo fe, confianza y amor.
Y así es.

18 de Julio

Ora, Sana, Ama
Por: Rev. Vicki Snyder-Young

Pide a los ángeles su ayuda

Ora
Oren a los ángeles para que los asistan a alcanzar sus metas de
vida con éxito.
Oren a los ángeles para que los vigilen y protejan en todo lo que hagan.
Oren a los ángeles para tener una visión de su propósito de vida y para
ser guiados hacia ella.

Sana
Sana tu corazón y alma de cualquier herida que interfiera contigo
dando amor y cumpliendo tu propósito de vida.
Sana tus habilidades de comunicación
para que así puedas hablar tu verdad de la manera más auténtica.
Sana tu cuerpo mental, espiritual y físico de cualquier dolencia
que te impida vivir la vida más feliz y alegre posible.

Ama
Ámate a ti mismo completamente, pídele a los ángeles
que te muestren lo que es adorable en ti.
Ama a otros con un corazón abierto que no sea crítico.
Ama a tu entorno, tus amigos y familiares.
Reconoce que no puedes cambiarlos y acéptalos como son.

A través de la oración y la sanación viene la habilidad de amar
de una manera
que te eleva y te trae mucho más amor.
Deja ir el miedo que te retiene y abraza a los ángeles
mediante la oración, la sanidad y el amor.

19 de Julio

Una Lluvia de Bendiciones
Por: Julie Geigle

Arcángel Metatrón, te llamo ahora
para que me ayudes a mantener mi vibración alta durante todo el día,
porque sé que cuando soy capaz de hacer esto
abro el flujo de bendiciones en mi vida.

Ahora me muevo en el arte de permitir
y cuando abrazo la ira, la frustración y la tristeza
me tomo un momento para estar con ese sentimiento
simplemente haciendo una pausa,
deteniendo lo que estoy haciendo y reconociendo el sentimiento.

Respiro profundamente de la fuente de amor y luz,
y al exhalar, me imagino rodeando estos sentimientos de angustia
con la energía sanadora del amor.

Al hacer esto, estas energías lentamente se separan de mi cuerpo físico
y pierden su poder sobre mí.
Sigo respirando profunda y completamente,
viendo estas emociones flotar lejos, como un globo,
y se disuelven en el aire.

A medida que mi vibración vuelve a su estado natural de orden,
amor y perdón, estoy lleno de bendiciones incalculables.

Gracias, Arcángel Metatrón,
por ayudarme a recordar quien soy y para qué vine aquí.
Por la gracia de Dios así es.
Gracias. Gracias. Gracias.

20 de Julio

Una Oración para Conectar a tu Yo Superior
Por: Tracy Quadro Arietti

Querido Haniel,
Ángel-Diosa del Ser Espiritual,
por favor, conéctame con mi Ser Superior.
Recuérdame llamarte cuando pierda la visión
y sentimiento de mi conocimiento interior.
Ayúdame en la meditación y a aumentar la conciencia de mi intuición
y el lenguaje de mi espíritu más profundo.

Por favor, ayúdame a desconectar falsos pensamientos, preocupaciones,
inquietudes triviales y obsesiones inútiles para hacer un camino duradero
dentro de la verdadera visión del viaje de la vida de mi alma.
Por favor enséname a creer en mis sentimientos,
confiar en mis instintos y tener el coraje
para cantar mi propia canción de vida personal,
incluso y sobre todo,
Si soy el único que la oye.

21 de Julio

Arcángel Haniel:
Trae Paz a mi Corazón
Por: Lilly Wong

Respiro, exhalo, extiendo la mano.
Inhalo, exhalo.
en nombre del Amor, abro para recibir mi gracia.

Yo soy el Arcángel Haniel.
Estoy aquí y ahora, contigo, con todos ustedes.
Estoy aquí para bendecirte, abrazarte, y sobre todo…
Estoy aquí para repetir tu nombre en el Universo,
Así que tu gracia resonará a tu alrededor,
Dentro de ti… y más allá de ti.

Eres el Alma más bella,
Eres el Cielo en la Tierra.

Repite mi nombre Haniel, Haniel, Haniel…
Y tu alma recordará quién eres,
Y estarás llenos de paz.

Me sientes?

Estoy aquí contigo!

Ana'a Anamaká
(Con nuestro corazón en conexión con la "Pachamama"
Madre Tierra en lenguaje de luz)

22 de Julio

Oración para Manifestar Paz y Amor
Por: Lynn Ames

Arcángel Miguel, Arcángel Rafael, los invoco ahora.
Por favor, vengan a mí, a los miembros de mi familia de origen,
a los miembros de mi familia de elección, y a aquellos
con quienes interactúo,
los que aún viven o los que ya pasaron.

Ayúdennos a cada uno de nosotros a ser nuestro más auténtico yo.
Ayúdenos a cumplir el propósito de nuestra vida divina, para servir.
Y para alumbrar la luz donde quiera que vayamos.
Por favor, llénennos y abrácennos con luz blanca divina para
sanarnos y protegernos.
Por favor, ayúdennos a cada uno de nosotros a conocer la verdadera
paz interior y
a irradiar esa paz hacia el mundo que nos rodea.

Por favor, ayúdennos a abrir nuestros brazos, nuestras mentes
y nuestros corazones
para dar y recibir amor. Ayúdenos a saber que somos amados, que
amamos y que somos amables.
Ayúdennos a reconocer el amor en el mundo y en nosotros mismos.
Por favor, ayúdennos a concentrarnos en ese amor y a difundirlo donde
quiera que vayamos.

Por favor, ayúdennos a ser verdaderos mensajeros de amor y paz.
Ayúdenos a levantarnos a nosotros mismos y a los demás.
En gratitud por sus bendiciones, así es. Amén.

23 de Julio

Oración para Crear el Día Perfecto
Por: Elizabeth Harper

Ángeles, ángeles, ángeles,
rodéenme ahora con su luz y amor,
Ayúdenme a estar con ustedes.
Les pido su protección y orientación.
Les pido que me acerquen a su divina luz angelical,
para alinearme con la sabiduría de mi ser superior
y para ayudarme a crear el día perfecto.

Apóyenme mientras inhalo la luz y exhalo cualquier tensión,
estrés, cuidados, preocupaciones o inquietudes que pueda tener.

Apóyenme mientras respiro amor y exhalo
tristeza, dolor, pérdida, miedo y cualquier otra emoción
que no me sirva en este momento.

Abran mi alma y mi corazón mientras inhala
esta luz y amor en cada célula de mi ser.
Y mientras mi corazón se abre, se desborda con la luz hermosa,
radiante y viva de mi alma.
Con la ayuda de ustedes mis queridos ángeles,
mi alma y yo nos unimos como si fuéramos uno solo.
Yo doy permiso a mi alma para crear el día perfecto
que servirá a mi más alto y más grande bien.

Estoy listo, completamente presente, energizado,
y dispuesto a abrazar un día perfecto.
Y así es.

24 de Julio

Arcángel Miguel ~
Oración para la Energía Amorosa
Por: Carolyn McGee

Arcángel Miguel,
Te pido tu ayuda para quitar toda la energía que no es mía
desde mi corazón, mente, cuerpo y alma.

Pido que cualquier energía negativa, incluyendo el miedo, la ansiedad, la
ira y el arrepentimiento –
cualquier cosa que no sea de amor – sea removida
de mi cuerpo energético.

Llena mi cuerpo energético con la luz blanca de Dios
y envuélveme con tu luz azul protectora.

Si algo se dirige a mí que no es de amor,
de otros o de mí mismo,
Transmuta esa energía al amor y devuélvela al remitente
para que elevemos la vibración del mundo entero a la del amor.

Y así es!

25 de Julio

Se Tú, se Amor.
~ Un Recuerdo de los Ángeles
Por: Robert Haig Coxon
©2014 Song Lyrics

Se tú,
Se tú,
Se amor.

Se tú,
Se yo,
Ve amor.

Despierta mi luz
mediante el amor

Porque todo está bien
en amor.

26 de Julio

Arcángel Jofiel
Por: Trish Grain

Arcángel Jofiel,
El Ángel de la sabiduría.

Por favor, ilumina mi mente con inspiración y alta conciencia,
y vierte tu hermosa luz dorada en mi chacra de la coronilla
deloto de mil pétalos.

Mientras recibo tu energía,
Fluye hacia abajo a cada uno de los chacra,
y mientras lo hace mi chacra de la coronilla se abre
a más de tu sabiduría divina e iluminación,
ayudándome a difundir tu sabiduría.

Gracias, Arcángel Jofiel.

27 de Julio

Simplemente con Amor
Por: Cindy deJong, DSW, ATP®

Al comenzar o terminar cada día,
me tomo el tiempo para sentarme, y para orar.
A veces me pregunto, "por dónde empiezo?"
Luego, escucho un susurro: "solo escucha tu corazón".

Dentro de mi corazón, es lo que sé es verdad.
Comienza con dos simples palabras, "Gracias"

Yo envío mis oraciones; ellas son siempre escuchadas –
cada pensamiento, cada susurro, cada palabra.
Cuando estoy en silencio, puedo escuchar claramente,
un mensaje hermoso, que a menudo comienza con, "Mi querido…"

Mi corazón se abre de par en par. Me siento guiado desde arriba.
Porque los ángeles están cerca, abrazándome con amor.

28 de Julio

Oración para el Amor
Por: Rev. Jennifer Shackford

Dios y Ángeles,
Les pido que llenen mi vida con relaciones amorosas,
Incluso conmigo mismo.

Permítanme caminar MI sendero, golpear al ritmo
de mi propio tambor fácil y sin esfuerzo.
Permítanme ver la belleza dentro de mí, de mi mente, cuerpo y espíritu.

Estoy abierto a la guía!
Estoy abierto a alcanzar mi más alto y mejor bien para mí!
Estoy abierto a la felicidad!

Y así es!

29 de Julio

Azrael – Caminando a Través del Duelo
Por: Cynthia Stoneman

Azrael, así como has guiado a mis seres queridos en su transición,
te pido que me guíes y me apoyes en estar presente en mi vida
cotidiana sin ellos.
Mi tormenta emocional está en rabia como un rio crecido
corriendo a través de pequeños cañones,
dejando devastación en su camino.
Hay poco espacio para los recuerdos alegres que he atesorado.
A veces el mejor momento de mi día ocurre cuando despierto respirando.

Matente a mi lado mientras paso a través de las consecuencias de esta
avalancha de emociones.
Ahora te pido que me levantes de mi oscuridad y me ayudes
a liberar mi duelo.
Camina conmigo mientras vuelvo a sentir amor, alegría y paz.
Viílame para que duerma tranquilamente y así mi cuerpo y
corazón puedan sanar.
Proporcióname tu fuerza silenciosa y tu guía.
Mientras regreso a la luz que es amor.
Trae a personas útiles para que me recuerden que hay sol en una sonrisa
y una razón para esperar el día.

Gracias por cada nuevo día que despierto, respirando.
Y así es.

30 de Julio

Oración para
Despertar de la Codependencia
Por: Vicki Ann Martinelli

Hoy Invoco al Arcángel Miguel para recibir poder, energía y motivación.
Permito que la luz azul fluya por todo mi cuerpo.
Mientras la energía alcanza mis dedos y destella como
fuegos artificiales del cuatro de julio.

Hoy Invoco al Arcángel Rafael para sanar y eliminar cualquier
adicción o comportamientos co-dependientes.
Permito que la luz verde fluya a través de mi cuerpo.
A menudo siento la luz azul del Arcángel Miguel
entrelazada con la luz verde del Arcángel Rafael y
una increíble sensación de vivacidad
se experimenta cuando esto sucede.

El gran final de mi bendición ocurre cuando llamo al Arcángel Chamuel,
para el amor incondicional y la paz mundial.
Abrazo esa luz rosada mientras viaja a través de mi cuerpo,
proporcionándome paz, amor y armonía.

Hoy no soy la misma persona que ayer.
Tengo límites y autoestima.
Namaste.

31 de Julio

Invocación de los Arcángeles
Por: Sunny Dawn Johnston

Invoco la luz del Arcángel Miguel
para que me rodee y me proteja.
Le pido que me traiga coraje, fuerza
y me proteja de cualquier negatividad, vista o no vista.
Pido que la energía azul brillante de protección esté sobre mi
permitiendo solamente lo que es para mi bien supremo.

Invoco ahora la luz blanca del Arcángel Gabriel
para que me envuelva en su energía de pureza y paz.
Le pido que me ayude a comunicarme con la intención,
de lo que está en mi corazón,
a través de mis palabras, pensamientos y sentimientos de luz y amor.

Ahora invoco la energía roja dorada del Arcángel Uriel
para llenarme de sabiduría, claridad y visión.
Ayúdame a calmar todo conflicto en mi vida
y a reemplazarlo con el conocimiento y la comprensión
de la imagen más grande.
Pido que Uriel me ayude a tomar decisiones
que sean lo más sabias para mi viaje personal.

Para terminar, invoco la luz verde del Arcángel Rafael
para que derrame salud y bienestar en mis cuerpos:
físico, mental, emocional y espiritual...
ayúdame a que permita que la Sanación sea recibida de todo corazón
y guíame a mis propias habilidades sanadoras naturales.
Gracias y así es!

Agosto

1 de Agosto

Los Cuatro Acuerdos de los Ángeles
Por: Rev. Vicki Snyder-Young

Uriel,
Te pido que me ayudes a hacer lo correcto,
a admitir los errores,
y guíame para tratar de hacer lo mejor la próxima vez.

Miguel,
Te pido que me ayudes a ser valiente,
y dejar la negatividad.
Te pido que uses tu espada
Para quitar la negatividad de mi
Para poder tener éxito con esta tarea.
Te pido que me protejas mientras vivo mi vida.

Rafael,
Te pido que me ayudes a ser compasivo
hacia todas las personas en la Tierra y a ayudarlos en lo que pueda.
Deja que mi luz sanadora brille sobre todas las criaturas y planetas.
Permite que esta luz sanadora brille tan resplandeciente
que todo sea sanado desde su luz.
Ayúdame a ser cariñoso y amable y a ser un modelo a seguir para los que
me rodean.

Gabriel,
Te pido que me ayudes a proporcionar mensajes edificantes
a todos los que encuentro y dejarlos mejor que como los encontré.
Pido ayuda para proporcionar las palabras para ofrecer ánimo a todos.

2 de Agosto

Oración de Lugnasadh
Por: Cathelijne Filippo

Amado Arcángel Sachiel,
Ángel de la cosecha de grano y abundancia,

Bendíceme con tu energía de profundo azul y púrpura,
lanzando tu resplandor dorado a mi alrededor,
mientras disfruto de la primera cosecha de verano,
y la plenitud de la generosidad de la naturaleza.

Mientras reflexiono sobre la calidez de estos últimos días de verano,
y la abundancia de la naturaleza en este tiempo,
déjame también apreciar la abundancia en mi vida,
ahora que cosecho los frutos de mis labores y de mi trabajo espiritual.

Querido Sachiel,
Por favor, permíteme compartir mi abundancia y aprendizaje con otros,
mientras alcanzo hacia el cielo,
como un árbol bien arraigado alcanza sus ramas hasta el cielo.
ayúdame a elevarme alto mientras me sintonizo con la energía de mi
alma y ángeles,
trayendo esta bendita energía de luz en todo lo que hago, pienso y digo.

Déjame ahora cosechar, lo que he sembrado,
disfrutando de las bendiciones que vienen con esto,
y aprendiendo de los desafíos que me han llevado a donde estoy ahora,
en mi camino sagrado en la vida.

Que así sea.

3 de Agosto

Oración por la Intervención Divina
Por: Mayuri Rana

Queridos Ángeles,

Caminen conmigo mientras camino por el sendero de mi vida;
e iluminen mi camino cuando no puedo ver la luz.

Concédanme la visión para entender el
mayor propósito detrás de esta situación;
estén conmigo siempre, no importa la ocasión.

Ayúdenme a hacer lo mejor que pueda en cada situación;
Y durante mis momentos débiles,
pido por su Divina Intervención.

Otórguenme la fuerza para soportar todas mis pruebas y ensayos;
Alejen de toda negatividad, para poder dar lo mejor de mí.

Báñenme de abundancia y llenen todas mis necesidades;
Ayúdenme con mis asignaciones Divinas y mis acciones mundanas.

No dejen que los residuos del pasado permanezcan en mí;
Al abrazar este nuevo día, este nuevo comienzo con
Fe, Esperanza y vigor Divino.

4 de Agosto

Oración de los Ángeles para los Animales de Compañía
Por: Karri Ann Gromowski

Ángeles Guardianes, Protección del Arcángel Miguel,
Envuelvan (*nombre del animal*) dentro de la seguridad y comodidad
de sus alas.
Envuélvanlo con su Capa Azul Índigo de Protección,
Infundan confianza, perseverancia y claridad de comunión,
Fortalezcan su Espíritu, Iluminen su Alma para siempre.

Sanacion del Arcángel Rafael,
Envuelve (*nombre de animal*) en tu abrazo amoroso.
Infunde cada célula con Energía de Sanación Verde Esmeralda
Y con la flama de Transmutación Violeta para alinear la salud completa
y perfecta, amor incondicional y Felicidad.
Guía mis acciones para apoyarle
sabiendo que la energía sanadora de Dios hace
(*nombre del animal*) seguro, entero y bien, ahora y por la eternidad.

Oración de Transición: Arcángeles Miguel, Rafael, Azrael y Raziel,
Envuelvan sus alas alrededor de mi Ángel de la Tierra,
(*nombre del animal*),
manteniéndolo seguro y protegido.
Levanta y eleva este hermoso Espíritu de esta estancia terrenal.
Infunde (*nombre del animal*) con energía cristalina del arcoíris.
Ilumina este viaje eterno que le permita a su Alma volar libremente a
casa,
Confiando en que los arcoíris de nuestras almas se entrelazarán a lo
largo del tiempo,
Reunidos otra vez en el Puente del arcoíris, juntos una vez más.
Y así será.

5 de Agosto

Manténganse en Sintonía con TODO

Por: Lisa Clayton

Escuchen, y permanezcan en sintonía con las melodías del amor en su corazón cada día.
Sean felices y alegres al escuchar su corazón con completa gratitud.
No hay montañas lo suficientemente altas como para no poder subir mientras su fe en nuestro amor les da alas fuertes para volar.

Su conexión con y la creencia en los Ángeles cambia su vida diaria…
física, mental emocional y espiritualmente…
Al abrir su corazón para recibir el Amor Divino y la guía.

Alégrense!!
El amor de los corazones de nuestros ángeles viene a ustedes, como un rio hinchado,
Desbordando sus bancos para regar de semillas su corazón
y el alma con la promesa fiel
Para proveer pasajes gloriosos para su viaje en la tierra.

La abundancia fluye en nuestro rio de amor y crea una multitud de Milagros.
Sus Guías Espirituales, Maestros Ascendidos, Amados en Forma de Luz
Colaboran y se comunican con nosotros cada día
en devoción de amor puro;
Compartiendo una misión común para revelar la canción y
el propósito de tu alma.

Manténganse en sintonía con todos nosotros.
Permanezcan en la luz de su corazón. Permanezcan en su Verdad.
Permanezcan en su Divino Femenino y Magnífico Masculino,
Alineados con su Ser Superior.

Los Milagros evolucionan naturalmente cuando estás en sintonía con TODO
Y en gratitud por nuestra guía, amor y mensajes.

6 de Agosto

Enfoque
Por: Lisa K.

Tiempo para tomar un descanso!

Es un buen momento para hacer una pausa y pensar cómo pasar el día.

Con qué cosas estás llenando tu día?

Muchas veces pasas tiempo en cosas inútiles,
que no te permiten alcanzar tus metas.

Así que concéntrate en tu camino, pasión y sueño.

No te distraigas de tu enfoque.

Vamos a hacer el resto para ayudarte a llegar allí!

– Tus Ángeles

7 de Agosto

Que la Paz y la Armonía Reinen
Por: Bobbe Bramson

Amados Ángeles Kaeylarae y Charmiene,
Que la paz y la armonía reinen… a través de todo mi ser
Hagan que mi mente sea como el reflejo de la luna
en un mar tranquilo y azul, brillante y sereno.

Llenen mi corazón de dicha tranquila,
dulce como la miel de las abejas sagradas.
Armonícenme con gracia angélica y entrelacen mi corazón y mente
como el más querido y fiel de los amantes.

Desde dentro de esta unión perfecta
déjenme brillar con tan radiante incandescencia
que todos los que entren en contacto conmigo
puedan encontrarse suspirando en alivio sin ninguna razón,
ralentizando y viendo la belleza a su alrededor,
sintiendo un momento de inexplicable pero bienvenida alegría.

Y en *ese* momento de conexión mágica
pueden plantarse semillas de Luz dentro de ellos que crezcan y florezcan
para que ellos también se conviertan en faros para todo los que
encuentran y luego a través de milagros angelicales,
que el patrón se repita, irresistiblemente ondulando hacia afuera a
innumerables otros.

Y así sucesivamente,
tocando cada ser sensible directamente hacia el corazón de Gaia
hasta que todos estemos unidos en una brillante red
de Luz, Paz y Armonía.
Que mi oración sea escuchada y su visión sea concedida.
Gracias.

8 de Agosto

Una Oración para Conectar Con mi Ángel Animal
Por: Marla Steele

Querida amada mascota mía
Tantos momentos mágicos
Pero por un corto tiempo.
Estoy aquí hoy para preguntar a mi amigo
Que me dé una señal
Que esto realmente no es el final.

Querida amada mascota mía
Mi ángel peludo, mi amigo por siempre.
Es difícil concebir que ahora vives en lo divino
Nunca lejos, estamos alineados magnéticamente.
Tu amor, tu confianza tan profunda y verdadera
Por favor, permíteme el regalo
de ver, sentir y saber que realmente eres tú.

Querida amada mascota mía
ven a mis visiones, ven a mis sueños
ayúdame a creer que es más real de lo que parece.
Mi maestra, mi sanadora, mi alma gemela y guía
Dame la bendición de saber que no has muerto realmente
que vives en el cielo, debo ser consciente
comiendo, durmiendo y jugando sin ningún tipo de cuidado.

Querida amada mascota mía
Cuento los días…hasta que empiece de nuevo nuestro viaje
te sostengo en mi corazón, mi deseo más profundo se hace realidad.
Una vez más suplico a la estrella de la tarde
Que nazcas de nuevo y saber dónde estás.
Siempre a mi lado, tu corazón aun en el mío
Querida amada mascota mía, mi mascota de todos los tiempos.

9 de Agosto

Arcángel Gabriel, Oración para Escribir
Por: Shelly Orr

Arcángel Gabriel,

Te agradezco por darme el coraje
para ser vulnerable al hablar mi verdad.

Gracias por ayudarme a abrir mi corazón y compartir mis palabras
para que puedan ser de servicio a otros que resuenen con mi viaje.

Por favor continúa concediéndome el valor y la voluntad para ser un
escrutador de la verdad.
Por favor ayúdame a mantenerme motivado y concentrado
mientras escribo.

Ayúdame a permanecer en mi corazón para que pueda sentir claramente
que las oportunidades de escritura son para mi más alto y mejor bien.

Y así es!

10 de Agosto

Oración al Ángel para la Tranquilidad
Por: Suzanne Gochenouer

Queridos Ángeles,

Ayúdenme a encontrar la tranquilidad en mi vida
y a llevarla a la vida de todos los que conozco.

Inspiren en mí una profunda relajación
y una paz permanente que moldee mi vida.

Muéstrenme maneras de hacer mi camino más suave,
facilitando cada día con alegría,
y terminando cada día
con la satisfacción del cumplimiento del alma.

Guíenme para encontrar el tiempo y los recursos
para cuidar de mi cuerpo físico, mental y espiritual
mientras me renuevo cada día en paz y alegría.

Ayúdenme a ver los pequeños momentos dentro de la carrera de la vida
en la que puedo encontrar consuelo.

Compartan conmigo una profunda tranquilidad y relajación,
especialmente en tiempos de estrés y necesidad,
hasta que estas bendiciones lleguen a ser parte de cada
momento de mi vida.

Amén, Amén, Amén.

Gracias, gracias, gracias.

11 de Agosto

Oración para Apoyar la Creatividad
Por: Elizabeth Harper

Querido Ángel de la expresión creativa,

Ayúdame a que mis ideas y pensamientos creativos fluyan con facilidad
y sin esfuerzo.
Dame la confianza para expresar mi creatividad
tanto voluntariamente como sin temor
Guíame para ir más allá de las Viejas limitaciones,
aceptando amorosamente mi obra creadora como una expresión de lo
Divino, para amar y aprobarme a mí mismo por lo que soy ahora,
y saber que es seguro compartir mi corazón con los demás
ahora y siempre.

Cuando me acepto como un ser creativo, permito que otros
aprecien y respeten lo que tengo que ofrecer.
Ninguna persona, lugar o cosa tiene poder sobre mí.
Soy libre para ser el genio creativo que tengo que ser.

Cada día creo un mundo alegre y pacifico para vivir,
uno donde soy libre de expresar mi creatividad en un sinfín de maneras.
Yo soy el poder creativo en mi mundo.

Gracias por proporcionarme todo lo que necesito
para vivir mi vida creativamente.
Y así es.

12 de Agosto

Una Oración por la Fuerza y el Valor
Por: Tracy Quadro Arietti

Miguel, tú eres el ultimo Ángel guerrero!
Tu justicia es ilimitada,
tu protección todo lo abarca,
tu fuerza inquebrantable, tu presencia eternal.
Cuando mi fuerza falla, cuando mi Espíritu ondea,
Cuando mi aislamiento es profundo
por favor ven a mí.

Recuérdame que regresar a ti traerá
un instantáneo ejercito invisible de guerreros a mi puerta.
Tu espada está a mi orden,
Tu fuerza rápida es mi escudo y mi fortaleza
Abre mi corazón y mi lama de acero.
Hazme un ángel guerrero terrenal en tu compañía,
para conquistar mis miedos y borrar mis indecisiones.
Indúceme en tu legión de fuerza

Miguel, mi capitán,
por favor empodérame y hazme sentir invencible!!

13 de Agosto

Una Oración Porque Yo soy Suficiente
Por: Julie Geigle

Ángeles, Ángeles, Ángeles por todas partes

Envuélvanme en sus alas de amor,
levántenme y corten esta desesperación de dolor y tormento.
Rodéenme de ligereza y facilidad,
Permitan que mis cargas sean quitadas una por una
Revélenme la verdad Divina del amor
para que pueda ser transformado y resucitado en mi más Alto Ser.

Empodérenme con valentía y confianza
para hacer cambios permanentes y duraderos en mi vida.
Mientras me alineo con el amor, me abrazo plenamente y
acepto mi verdad...
Que no soy pequeño, débil o que no soy suficientemente bueno,
sino que soy audaz y fuerte, más de lo que jamás imaginé que podría ser.

Yo soy poderoso mas allá de toda medida.
Yo soy la grandeza personificada.
Yo soy suficientemente bueno.
Yo estoy bendecido.
YO SOY

Gracias Arcángel Metatrón,
Por ayudarme a recordar quien soy y por qué vine aquí.
Por la Gracia de Dios así es.
Gracias. Gracias. Gracias.

14 de Agosto

Ángel Guardián
Oración para Guía
Por: Michelle Mullady

Ángel de Dios, querido guardián,
Invoco aquí tu presencia.
Rodéame en tu círculo de luz perfecta.
Envuélveme en tus alas protectoras.
Sácame de todas las tentaciones y peligros
mientras me rodeas con tu cariño.

Se una llama brillante delante de mi
un torbellino resplandeciente de la luz de las estrellas sobre mí.
un camino suave por debajo de mí.
y una amable escolta detrás de mí.
Hoy, esta noche y para siempre
guíame hacia el Gran Espíritu Radiante de la eternidad,
llenando nuestra conciencia con nuestra unidad.

Que todo lo que piense, diga, sienta y haga venga de ti
continúe con tu ayuda y termine bajo tu guía.
Puedo crecer en amor y servicio.
Que la bondad y los milagros del cielo
me persigan a lo largo de mi viaje todos los días de mi vida.

15 de Agosto

María, Reina de los Ángeles
Por: Trish Grain

Querida Madre María,
Envuélveme en tu suave manto de luz azul claro
y ayúdame a sanar y nutrir a mi niño interior
para que se sienta seguro y amado.

Sé que me ayudarás
Para saber que mi situación será guiada a un resultado justo.

Confío y creo en la bondad.

Eres la divina, energía femenina
de equilibrio, compasión, empatía y gracia.

Por favor envía tu energía amorosa
a todos los lugares que están en conflicto,
para que pueda haber paz.

16 de Agosto

Oración por la Encarnación del Amor Divino
Por: Marci Cagen

Oh, Gran Espíritu de muchos nombres, enciende una vela
dentro de mi Corazón.
Úsame. Se Yo. Libérame
Que pueda verte a ti y al mundo de una manera purificada.
Úsame. Se Yo. Libérame.
Por favor revélate ante mí de una manera fácil
que yo pueda entender y confiar.
Úsame. Se Yo. Libérame.
Despeja los escombros del juicio
y el miedo que me impiden recibir tu luz.
Úsame. Se Yo. Libérame.
Guíame mientras extiendo tu luz sagrada a los demás.
Úsame. Se Yo. Libérame.
Que yo sea un instrumento de paz,
para poder traer amor, luz, serenidad y conciencia a todos.
Úsame. Se Yo. Libérame.
Que pueda ser un hueco como la flauta,
Y tú, la respiración vivificante que trae dulces melodías
A todos aquellos que buscan escuchar tu melodía amorosa
Y especialmente aquellos que no lo hacen.
Úsame. Se Yo. Libérame.
Que pueda bailar sobre las alas de los ángeles
Y recordar siempre de dónde vengo.
Úsame. Se Yo. Libérame.
Para que pueda ser un recordatorio para todos los que me rodean
De tu eterno amor divino.

Úsame. Se Yo. Libérame.

17 de Agosto

Oración por una Alimentación Saludable
Por: Rev. Jennifer Shackford

Arcángel Rafael,

por favor sana cualquier relación emocional malsana
que tenga con la comida
y reemplázala con amor
Amor para mí y amor para mi cuerpo.

Ayúdame a alimentar mi cuerpo con comida saludable
para obtener energía,
y nutrición para mi cuerpo
Ayúdame a apreciar el recipiente de mi cuerpo.

Gracias, Arcángel Rafael, por tu amor y apoyo!

18 de Agosto

Oración Sanadora
'Reconectar con el Flujo de la Vida'
Por: Gina Barbara

Hay un rio que fluye al sol;
aunque, con mis luchas,
mi vida se siente entumecida.

Oro a los ángeles de arriba:
vuelvan a conectarme al rio del amor
donde el sol brille sobre mi corazón
y mi espíritu muestre
que no es el FIN…
que es solo el INICIO.

Pido su bendición y protección, sabiendo que
mientras me guían a través del flujo del rio,
con su amor,
de nuevo la paz mi vida sabrá!

19 de Agosto

Sanación del Arcángel Rafael: Sintonización del 5to Rayo
Por: Lisa Nicole

El Rayo Verde Esmeralda de la Sanación para su planeta
corre a través de mí, somos uno.
Mi ofrenda es correr este rayo a través de ti,
Sólo si tú eliges aceptar.
Si estás listo para avanzar hacia tu propia Sanación,
estoy aquí para apoyar.

Cuando estés listo: Siéntate en silencio; respira y relájate
Ahí estás, esperando tan pacientemente. Te veo.
Continúa respirando. Estoy aquí, por arriba de ti.

Empiezo a flotar cayendo como un paracaidista,
cara a cara, nariz a nariz,
mirando fijamente en tus ojos brillantes piedras preciosas.
Con una sonrisa admiro tu belleza y brillo.
Te adoro.

Tomo suavemente tus manos
y las coloco con la palma hacia arriba, listas para recibir.
Entonces, con mis manos, irradiando una energía verde brillante
Te infundo los Divinos rayos esmeralda,
A través de tus manos, y así es.
Ahora eres capaz de llamar al 5to Rayo para el servicio a otros,
y los más importante, el servicio a mí mismo.
Con una sonrisa, un guiño y un beso en la mejilla,
nuestra cita está completa.

20 de Agosto

Ángeles de la Madre
~Invocando el Amor de Ángel
Por: Ann Phillis

Miro fijamente en el azul,
El profundo, profundo azul.
Dentro del océano de la Madre
De amor y verdad.

Lleno mi ser,
Inmerso en lo nuevo.
Mi coraje se levanta
Camino hacia adelante, renovado.

Abro los ojos
Y veo el amor.
Escucho los susurros
De la gracia eterna.

Mi corazón despierta
A este amor celestial.
Y los Ángeles de la Madre
Me abrazan, por siempre.

21 de Agosto

Oración al Arcángel por la Protección Animal

Por: Tracy Una Wagner

Querido Arcángel Ariel,

Por favor, mantén a todas
las criaturas del bosque,
los amigos de la selva,
los animales de la naturaleza
en la naturaleza, la selva y el bosque,
la hierba, la maleza, los árboles,
los campos y los arroyos.

Por favor ayúdalos a entender
que tienen refugio, comida y agua,
amigos y familia,
y que ellos
están seguros en esos lugares.

Gracias.

Amén, y así es.

22 de Agosto

Oración para Sanación, Protección y Amor
Por: Amber Lee Scott

Poder Supremo, Creador Divino, UNO lo llamamos Dios.
envía tus ángeles a mi alrededor,
Mi casa, mi familia, mis amigos.

Requerimos tu amor; Requerimos tu luz
Quemad la oscuridad con vuestra llama de vida.

Sumérgenos en tus alas suaves y plumosas.
Calma nuestros corazones, fortalece nuestras voluntades.
Permítenos ver la VERDAD.
Permítenos vivir la VERDAD.
Permítenos ser la VERDAD.

Sananos para que podamos ver la integridad,
La Santidad y el AMOR desde adentro.
Pido tu sanación, protección y
Amor por el Bien Supremo de TODOS.

Amén.
Y así es!
Gracias!

23 de Agosto

Un Despertar Interno
Por: Leslie Perrin

Les invoco, mis ángeles de arriba
para sanar al Espíritu con Luz y Amor.

Levanta del cuerpo cansado el juicio que ha sido echado
Y que la gracia de la compasión y la comprensión pase sobre los
pensamientos inestables.

Permítanme romper la ilusión vista con este conjunto de ojos
Y ver la verdad del corazón purificado de tales mentiras.

Ayúdenme a moverme en esta vida
con la intención de amar no de luchar.

Permitan que mis manos sostengan la sanación y no el dolor.
Permitan que la palabra hablada de confort y no vergüenza.

Permítame dar a los recién nacidos, la semilla de la esperanza y la
posibilidad y para los hijos de Ahora, un modelo de integridad.

De esta oración que haya un despertar dentro
para que pueda tener la fuerza y el coraje para mi propósito dado.

En Amor y en Luz, que mi oración sea escuchada esta noche.

24 de Agosto

Reconexión a Través del Arcángel Metatrón
Por: Michelle McDonald Vlastnik

Te llamo, Arcángel Metatrón,
Titular de las llaves, Flor de Vida,
y Capataz de las redes energéticas del Universo.
Te pido trabajar conmigo, reinicia y reordena mi Verdadera frecuencia.
Por favor, eleva mi vibración para que pueda convertirme en mi
Verdadero Ser Luminoso.

Veo tu energía fluyendo en una figura interminable 8.
Que fluye a través de mí, entrando en mi centro del corazón,
infunde en mí el enfoque y réamede en este viaje.

Estoy listo para acceder a mi antigua sabiduría
que ha sido sembrada dentro de mí a nivel ALMA
Abrazo mi expansión.
Creo. Confio. Me Entrego. Reconecto con TODO.

Respiro la Luz del Amor;
ven a mí y úsame como Luz sobre mi prójimo.
Que mi Luz brille intensamente, porque yo soy parte del Cambio
Consciente, ayudando a la Madre Tierra y a todos sus hijos.

Proclamo:
Yo ahora Respiro con la respiración de la Unidad Universal.
Veo con Amor. Oigo con Amor. Hago con Amor.

Por favor, mantén mi corazón puro y que siempre pueda venir de un
lugar de Amor.
Y así es. Gracias. Amén.

25 de Agosto

Liderando con Amor
Por: Kim Richardson

Arcángel Chamuel Te pregunto: "¿Cómo puedo servir hoy?",
Mientras me siento en silencio y voy dentro de mi
a escuchar tu respuesta.
Por favor, ayúdame a estar abierto, a ver las señales de que estás cerca,
mientras te unes a mí en mi viaje para ayudarme a conducir de maneras
amorosas. Hoy mostraré amor y compasión por todo el mundo que me
rodea, especialmente por aquellos que puedan parecer indisciplinados e
indignos, ya que son los que más lo necesitan.

Ayúdame a ver con ojos cariñosos y reaccionar con un corazón amoroso.

Enviaré amor de varias maneras a otros que cruzan mi camino; ya sea
una sonrisa cariñosa o un gesto, me comprometo a llegar a alguien que
pueda necesitar un poco de bondad extra, suave, amorosa.
Voy a entender que algunos pueden necesitar mi energía amorosa, y no
puede no ser accesible; así, simplemente tendré espacio para ellos, para
apoyarlos en Recibir mi energía amorosa.
Por favor, ayúdame a ser amable, gentil y cariñoso a mí mismo también.

Ayúdame a comprender que, aunque no tengo control sobre el viaje de
nadie, puedo llegar a ser la luz brillante en su mundo
A través de mis caminos amorosos.

26 de Agosto

Oración Angelical de Sintonización
Por: Sandy Turkington

Oh, espíritu divino,
Por tu gracia,
llamo a Miguel, Rafael, Gabriel, Uriel y Metatrón.
Por favor traigan su amor celestial y luz a mi ahora.

Bendigan, guíen y protéjanme del Norte, Sur, Este y Oeste
Fortalezcan mi cuerpo, mente y espíritu,
Limpiando todos mis chacras y energía.

Llénenme de amor, fuerza y una conexión más profunda con lo Divino.
Llena mi ser con tu luz Espíritu Santo.

Oh ángeles más hermosos, les agradezco por compartir todo su
amor y gozo conmigo,
por su protección, guía y amor,
por conectarme más cerca del Espíritu,
y por mantenerme a mí y mis seres queridos seguros.

Por favor continúen guiando, protegiendo, vigilando
y bendiciéndonos, mientras continuamos nuestro viaje.

Y así es!

27 de Agosto

Oración Diaria a los Ángeles en las Cuatro Direcciones
Por: Virginia Pasternak

Queridos Ángeles del Sur, Oeste, Norte y Este,
Les doy la bienvenida a mi día.
Protéjanme con sus magníficas alas y canciones de sanación.

Ángeles del Sur, hogar de cálidas brisas suaves,
Escucho su canción tintineante y sus voces riendo.
Gracias por el calor y la alegría en mi corazón.
Hoy te honro con la risa.

Ángeles del Oeste, donde las aguas fluyen anchas y profundas,
Escucho tu canción gorgoteante, tu voz susurrante.
Gracias por el regalo del flujo a través de mi cuerpo,
La sabiduría de mis emociones y el honor del misterio.
Hoy te honro con el movimiento.

Ángeles del Norte, donde viven mis antepasados,
Escucho sus voces murmurantes en rocas, tierra y árboles.
Gracias por la solidez y el autoconocimiento, el regalo de la vida en esta
tierra.
Hoy te honro con la limpieza.

Ángeles del Este, lugar de luz y Milagros,
Escucho sus voces sonoras, su alegre canto!
Gracias por la claridad y la perspicacia,
Para la perforación de la ilusión, y la iluminación de la verdad!
Hoy te honro con mi voz y mis palabras.
Con agradecimiento y belleza.
Amén. Amén. Amén!

28 de Agosto

Oración a los Ángeles para Conectarse con la Naturaleza
Por: Amber Reifsteck

Ángeles de la Naturaleza acérquense
Llenen mi corazón de gozo y alegría
Transmuten el miedo y el temor
Que la negatividad se vaya y se quede lejos.

Ángeles de la Naturaleza ayúdenme a sentir
El poder natural que sana
La magia de un arroyo corriendo
Para reponer la energía que se fue.

Ángeles de la Naturaleza déjenme oír
El poder de la naturaleza alto y claro
La clama del viento que limpia mi lama
El canto de las aves que me hacen completo.

Ángeles de la Naturaleza quédense conmigo
Muéstrenme la magia en un árbol
Que mi cuerpo se llene con el amor del sol
Y sienta la calidez de más allá.

Ángeles de la Naturaleza muéstrenme el camino
Para ganar fuerza en la vida diaria
Enséñeme a sentir la fuerza de la naturaleza
Reconéctenme con la fuente.

29 de Agosto

Envolviéndome con la Armadura Divina
Por: Kimeiko Rae Vision ATP®, The Angel Warrior™

Queridos Ángeles, por favor envuélvanme
Estén *a mi alrededor.*
Por favor estén abajo de mi para *levantarme!*
Por favor estén arriba de mi *para mantenerme firme.*
Ángeles, por favor ayúdenme a saber que mi verdadera conexión con
Dios está firmemente plantada dentro de mí y que esta conexión
es mi recurso infalible para permanecer *centrado y determinado.*

Ángeles, cuento con ustedes para que estén a mi lado siempre.
Ángeles, por favor, estén a mi lado derecho,
Susurrando estímulos de mi grandeza,
para que yo pueda tomar decisiones con confianza,
tomar medidas e *ir a donde tengo que ir!*
Ángeles, por favor, pónganse a mi lado izquierdo y aliéntenme a susurrar
de nuevo
Recuérdenme mi capacidad innata de recibir gallardamente con alegría
y *permanecer de pie como la Real Figura que soy.*

Con todo el amor Divino de Dios y su presencia angelical que me rodea,
siento que estoy vestido con la armadura divina del amor y luz,
y estoy dispuesto a caminar en la fe con mi Procesión Real Angelical.
Gracias por ayudarme a comunicarme con mi Ser Supremo
y con Dios.
Gracias por iluminar mi verdadero Norte.
Estoy agradecido. Estoy energizado. Estoy en estupenda compañía.
Amén.

30 de Agosto

Oración del Suero de la Verdad
Por: Tamika Schilbe

Queridos Ángeles,
Confío en la luz de mi verdad personal.
Honro mis emociones.
escucho sus mensajes,
y los reconozco como guías hacia la verdad.

Soy amable conmigo mismo.
Escucho profundamente y honro la verdad de los demás.
Hablo con confianza,
no exagerando ni más ni menos mi verdad.

Cuando me desvío de mi verdadero camino,
Guíenme de nuevo con rapidez, suavidad y seguridad.
Cuando el fuego de la verdad quema lo que ya no me sirve,
Llamo mi valor para que me guie

Comparto mi verdad donde es necesario,
en la forma más amorosa posible,
por el bien de todos los seres.
Mi verdad es como la montaña, fuerte y sólida.
Y también como el rio, fluido y libre.

Digo la verdad, oigo la verdad,
Y confío en su sabiduría ahora.
Y así es.

Gracias Ángeles, por escucharme.

31 de Agosto

Llamamos a lo Divino
Por: Sunny Dawn Johnston

Llamamos a lo Divino, a los Ángeles, y al Arcángel Azrael
a envolvernos y confortarnos en la eterna luz blanca
mientras sabemos que nuestro ser querido está ahora en casa.
Pedimos que nos ayuden a sanar… nuestros corazones, mentes y almas.
Pedimos que levanten nuestro corazón por encima de la pesadez
y nos ayuden a ver y sentir a nuestros seres amados brillar en la luz que
nos envuelve.
Por favor, ayúdenos a liberar nuestro dolor emocional para que
podamos ser libres de la angustia y estar abiertos a sus bendiciones
que pueden venir a través de estos cambios en nuestras vidas.

Pedimos que infundan nuestra conexión spiritual
con energía amorosa sanadora
para que podamos comunicarnos claramente con nuestros seres amados.
Para que podamos sentir su espíritu apacible y ver su hermoso rostro,
escuchar su voz y soñar con ellos en nuestras noches de insomnio.
Sabemos que están cerca, vigilándonos,
y guiándonos con paciencia y amor incondicional.

Mientras avanzamos en nuestro propio dolor,
en nuestro propio camino, recuérdenos
Lo preciosa que es la vida en realidad…para apreciar cada momento,
y dar gracias por nuestros ayeres y por los mañanas,
pero lo más importante, nuestro momento PRESENTE.
Por favor, ayúdenos a recordar que nuestro ser querido esta ahora en
casa, libre, y bailando en la Luz!
Les damos las gracias por levantar nuestros pensamientos
de dolor y angustia por los de fe y confianza.

En gratitud y aprecio, Amén.

Septiembre

1 de Septiembre

Brillante más allá de las Medidas
Por: Gina Barbara

Oro a ustedes los Ángeles del Amor,
llamar adelante a esta "pequeña niña perdida" tan profundamente amada.
Mido la cadera. Mido el muslo.
Me mido el estómago; desearía estar ciego de un ojo!

Un suave susurro habla tan suave y verdadero
"Tú eres Brillante más allá de las Medidas"
Aún! Tú no puedes ver completamente, "Tu Reflejo en el espejo"
Pido su amor y protección mientras empiezo a brillar,
mi cadera y mi muslo, mi estómago también.
en la "Presencia" y el amor tuyo.

Siento una una Luz Brillante emergiendo en mí,
un corazón y un latido; En mi – garantizándome,
"Tú eres Brillante más allá de las Medidas"
y asi "Déjalo ser" uno con tu corazón,
no importa lo flaco o gordo que pueda ser.

Les pido queridos Ángeles que me apoyen,
mientras que una cadera y un muslo y un estomago también,
se convierten en el latido de la Presencia pura.

El susurro regresa y ahora veo
que este mensaje estaba destinado para mi
"Tú eres Brillante Más allá de las Medidas", es "Como tiene que ser",
así llamo a los Ángeles del Amor y el apoyo suyo.

2 de Septiembre

Guía del Arcangel Uriel con los Retos de la Vida
Por: Kimberly Marooney

Amado Arcángel Uriel,
Cuando clamo por ayuda, vienes empacando el poder del Amor Divino.
Cuando me siento solo, calmas mi corazón con compañerismo.
Y cuando estoy en la Presencia de lo Divino,
me guías para ser tu Ángel en la Tierra respondiendo a las necesidades
de los demás.

Siempre estás conmigo.
Me guías, me nutres y me amas a través de todas mis
experiencias de vida.
Me ayudas a saber que YO SOY un Niño de Luz.

Sentir tu presencia y guía me permite sentirme digno
de trabajar como un Ángel de la Tierra bendiciendo a otros.
Ayúdame a usar la potente energía de la limpieza de primavera
para limpiar mi casadel desorden que me hace sentir impotente.
Guíame a dejar ir las cosas que me mantienen estancado en el pasado,
abriendo espacio para la paz, la alegría y el amor para llenar mi
hogar en su sitio.

Fortaléceme frente a los retos de la vida.
Necesito un milagro.
Apóyame mientras encuentro la voluntad de dejar de lado los problemas
de largo plazo
y abro mi corazón a nuevas maneras de verme a mí mismo y a los demás.

Uriel, con agradecimiento acepto tu guía
y ser tu Ángel de la Tierra.

Y así es.

3 de Septiembre

Arcángel Zadkiel
Por: Trish Grain

Querido Arcángel Zadkiel,
que sostiene la luz violeta de la transmutación,

Te pido que me bañes
con la llama violeta de oro y plata
para limpiar y transmutar cualquier negatividad.

Gracias por guiarme en la transformación
y ayudarme a liberar cualquier patrón ancestral
y creencias hacia lo positivo.

Limpiando el camino
para que pueda experimentar
una alineación de mi cuerpo, mente, emociones y espíritu
y aceptar una frecuencia de luz más hermosa.

Gracias, Arcángel Zadkiel.

4 de Septiembre

Oración para un Viaje Seguro
Por: Rev. Vicki Snyder-Young

Ángeles, les pido me protejan en mi viaje.
Diríjanme a mi destino ileso.
Mostraré gratitud por llegar de la manera más magnifica.
ya sea a pie, coche, moto, tren o avión.

Déjenme sentir sus alas sobre mi
en amor puro y protección, como lo he dicho hoy.
Llenen mi corazón de esperanza y emoción mientras hago este viaje.
Cuando suba a la gran máquina que el viento golpee mi cara
y ayúdenme a sentir su presencia angelical con cada brisa.

Permitan que mis sentidos exploten con las cosas dignas de ver,
oler y escuchar de este viaje.
Permítanme disfrutar a fondo todas las maravillas naturales
del brillante trabajo de Dios en acción.

Permítanme sentirlos volando junto a mi
mientras yo acelero fuera de mi destino.
Permítanme disfrutar plenamente el paseo con todas sus emociones
fantásticas.
Por favor, manténganme fuera de peligro
y manténganme alerta a cualquier circunstancia que requiera una
reacción rápida,
garantizando mi seguridad y la de los demás.

Estoy abierto, Estoy libre, y Estoy expandiendo mi conciencia
en este viaje espiritual de la vida.

5 de Septiembre

Gracia Radiante
Por: Ann Phillis

Gracia Radiante, luz maravillosa!
En cada color, brillante y reluciente.

Fluyendo sobre las alas de los ángeles,
Nutriendo la tierra, y todos los seres vivos.

Arcángeles. ángeles, silfos y hadas,
Alineados en un propósito, su brillao está presente!

Abro mi corazón a su lluvia amorosa,
Doy la bienvenida a su esperanza, a su infusión de esplendor.

Me convierto en un brillante resplandor de luz,
Un alma brillante en tus alas resplandecientes.

Estiro mis brazos, alcanzo para bendecirme,
Comparto con la Tierra y toda la vida que abrazas.
Celebro con alegría, humilde y libre,
Honro tu amor, tan feliz, en tu paz.

6 de Septiembre

Un Regalo de Conexión Compasiva
Por: Andrea Porter

Yo, Kuan Yin, Ángel de la Compasión, te invito dulcemente.
Ven a bailar y a jugar en la pasión de tu alma.

Ven a respirar conmigo.
Tengo un espacio seguro para conectar conscientemente
con tu alma de una nueva manera especial.
Respira profundamente dentro de ti.
Invita a tu esencia del alma a venir y unirse a ti ahora.
Deja que cada respiración consiente te tome suavemente en lo más
profundo de tu ser.
Permítete tomar el aliento del alma
dentro de este espacio de auténtica pasión tuya.
Observa con cada respiración, experimenta una nueva danza
entre tú y tu alma.

Ábrete a la gentil compasión de la respiración de tu alma.
Deja que te envuelva en la suave, y cómoda divinidad de tu amor.
Respira y observa una nueva quietud que te rodea.
Tu alma ofrece un regalo de inspiración amorosa.

Respira, recibe este regalo ahora.
Respira y tráelo a ti, mientras caminas en este día.
Mira, observa como esta nueva respiración de conexión con el alma
se despliega suavemente en tu vida. Sabes que puedes regresar
a este espacio sagrado en cualquier momento a lo largo de tu día.

Solo respira; invita a la esencia de tu alma.
Tu alma verdaderamente desea amar, guiar, y apoyarte
en cada momento.
Bendiciones dulce Ser.

7 de Septiembre

Oración para Padres con Hijos Regresando a la Escuela
Por: Karen Paolino Correia

Queridos ángeles,
por favor, vigilen a mis hijos cuando comiencen un nuevo año escolar.
Por favor, protéjanlos mientras viajan para y desde la escuela.

Envuélvanlos en su amor y apoyo
mientras se encuentran con nuevos y viejos amigos
y ayúdenles a elegir sabiamente para su más alto y mayor bien.

Ayúdenlos a creer en sí mismos, a permanecer fieles a sí mismos
y a tener confianza en quienes son.

Recuérdenles que pidan ayuda de sus maestros
y padres cuando sea necesario.
Sé que ustedes cuidarán de ellos y los apoyarán
a recibir y experimentar su mayor bienestar.

Gracias.
Estoy muy agradecido.

8 de Septiembre

Una Oración para Sanar la Preocupación y el Miedo

Por: Julie Geigle

Arcángel Metatrón,
Últimamente he sido consumido por la preocupación y el miedo.
Nada parece ir bien en mi vida.
Lo intento y lo intento, pero nada cambia nunca,
me siento derrotado y son esperanza.

Sé que la única manera de salir de este dolor
es entregar mi voluntad a Dios.
Pido que tú, Arcángel Metatrón, intervenga y actúe como un Puente
ayudándome a salir de esta prisión
creada por mi miedo y mi preocupación.

Mientras entro en este Puente,
Recuerdo que hay otro camino lleno de amor y esperanza.
Un camino lleno de apoyo y orientación de mi equipo espiritual.
de Ángeles, guías y seres queridos que se han muerto.
Solo necesito preguntar y se me mostrará el camino.

Me despierto con serenidad y amor.
Recuerdo que siempre tengo una opción.
Cuando mi mente comienza a conducirme por ese agujero de conejo
Permito que mi aliento me recuerde el puente,
el puente que me lleva de regreso a la verdad.

Mientras me alineo con la luz de mi Alma, la magia y los milagros
Suceden en mi vida y la preocupación y el miedo se desintegran.
Y así es.

9 de Septiembre

Oración Sanadora de los Ángeles
Por: Michelle Barr

Rodéennos,
protéjannos,
guíennos y
diríjannos.

Sanen lo que necesita ser sanado.
Revelen lo que necesita ser revelado.
Guíenme donde me necesiten, y
háblenme de maneras que siempre entienda claramente.

Amén.

10 de Septiembre

Una Oración para Encontrar la Esperanza Perdida

Por: Tracy Quadro Arietti

Querido Ángel Chamuel,
Tú, ayudas a los que te invocan
para encontrar las cosas perdidas.
He perdido mi corazón, mi valentía y mi fe
de que las cosas se vuelvan,
he perdido la esperanza.

Eres un ser que calma, conforta
y nos anima cuando perdemos nuestro camino.
por favor, recuérdame que no estoy solo,
que no he sido abandonado ni olvidado
y no he salido del camino.
Recuérdame que hay un gran plan del Universo,
con su verdad profunda e infinita,
que sabe mucho mejor que yo como saldrán las cosas.
Siempre por el bien supremo de todos.
Guíame a través del desierto de mi desesperación
ayúdame a encontrar mi verdadera dirección.

Por favor, toma mi mano y guíame
al otro lado de este sentimiento de carencia,
para que yo pueda vivir mi camino en el conocimiento de que la
esperanza es eterna,
y el Universo es como debe ser.
Siempre.

11 de Septiembre

Una Oración por la Paz del Mundo
Por: Cathleen O'Connor

Amados Ángeles,
Guíen nuestros corazones en recuerdo de quienes somos realmente-
seres de amor y luz - hechos de la misma fuente.

Que nuestro ADN espiritual brote
con aceptación de todos los caminos, ya que todos los caminos
son un camino;
y nos recuerden que lo que sostenemos como la única manera
se entrelaza con el camino místico de la verdad.

Inunden nuestro mundo con amor y luz
para que cada alma despierte en recuerdo
de una familia humana; una ascendencia espiritual.
Envíennos la gracia del corazón abierto
para que podamos sanar de la pérdida y encontrar de nuevo
el camino al amor.

Báñennos con bendiciones.
Envuélvannos en las alas de la luz de las estrellas;
esten a nuestro lado mientras caminamos sobre la tierra
y recuérdennos llevar un paso suave
con honor y gratitud por todo lo que nos ha sido dado.

Despiértennos hasta el amanecer de un día completamente nuevo,
uno lleno de todo el potencial del universo.
Guíennos para vivir este día como si fuera el primer día,
el único día, porque eso es lo que es.
Dennos hoy el regalo de la paz.
Y así es.

12 de Septiembre

Oración a los Ángeles para las Sorpresas Divinas
Por: Michelle Mullady

Ángeles de alegría,
por favor llenen mi vida con sorpresas divinas,
tanto grandes como pequeñas.
Abran mi mente y corazón a milagros y recompensas,
Permítanle a mi precioso espíritu la voluntad
para recibir la maravilla de la vida y los tesoros imprevistos.

Mientras me vuelvo receptivo, ayúdenme a liberar cualquier expectativa
acerca de cómo y cuándo se manifestarán.
Concédanme la fe de que el Universo está a cargo
de esta abundancia que se despliega.

Puedo aceptar todas las bendiciones con un corazón agradecido.
Llénenme de agradecimiento por cada recuerdo
de alegría y felicidad que el Espíritu me ha creado para experimentar.
Mientras acepto cada don, puedo saber que estoy aceptando
el amor del Espíritu.

13 de Septiembre

Déjalo ir!
~ *Consejos de los Ángeles*
Por: Anna Kuttner

Queridos ángeles
Me siento triste. Me pregunto por qué? Ahora qué?
tengo una respuesta . . .

Tienes que experimentar el dolor. Tiene un propósito.
Sentirlo, entenderlo, aceptarlo para toda su gloria.
No puedes ver que estoy tratando de liberarte?
El dolor es parte de tu viaje y aún así lo miras con tanta angustia.
Te preguntas por que? Yo te pregunto por qué? Puedes responder a eso?
Hasta que puedas te quedarás en el dolor, hasta que tu puedas ver
verdaderamente todo lo que te hará libre, si lo dejas ir!
Por qué te aferras tan fuerte? No tienes fe? No crees? Te he visto a través
de todo, sin embargo, no lo dejas ir. Por qué no confías en el que te
salvó? Por que pides y luego no recibes?
No entiendes lo que te está sucediendo?
Sabemos lo que es mejor, estamos aquí para servirte en tu viaje!
Estamos aquí para levantarte de las cenizas para que puedas realmente
levantarte a la Gloria y todo lo bueno que tenemos para ti.
Las visiones que te hemos traido han caído en ojos ciegos!!
Hola, no escuchas nuestro grito? Nuestras palabras están ensordecidas
por tu terquedad!

Déjalo ir!
Mira lo lejos que puedes volar!
No hay duda, no hay miedo.
Te hemos demostrado tu grandeza!
Es real, créelo, DÉJALO IR y se libre.

14 de Septiembre

Rodearme con Grandeza
La Procesión Real
Por: Kimeiko Rae Vision ATP®, The Angel Warrior™

Querido Arcángel Miguel,
Sé que puedo confiar en que me diriges hacia la luz celestial de Dios.
mientras encarno mi presencia real, por favor, dame una procesión real,
envíame ángeles adicionales para caminar delante de mí,
despejando telarañas,
para no tener que caminar en situaciones difíciles
que me hacen sentir como si hubiera caído en una trampa
y totalmente desgastante.

En su lugar voy a viajar hacia adelante sintiéndome
protegido y celebrado!
Gracias por ayudarme a comunicarme
con mi Yo superior y con Dios
Gracias por iluminar mi verdadero norte.

Querido Arcángel Rafael,
Por favor, permanece detrás de mí, irradiando tu luz sanadora
en mi pasado.
No necesito preocuparme de que he faltado a ningún detalle importante
que mis errores pasados son irreversibles, o cualquier detalle perdido
o que el error pueda volver a hacerme daño o perseguirme.
Por favor envíen a unos poderosos ángeles para que caminen
detrás de mí.

Y ahora puedo permitirme ser flexible, crecer ALCANZAR,
y estirarme en nuevos hitos de mi éxito.
Estoy agradecido. Estoy energizado. Estoy en gran compañía.
Amén.

15 de Septiembre

Oración a los Ángeles para un Propósito Claro
Por: Suzanne Gochenouer

Queridos Ángeles,

Ayúdenme a conocer y entender mi propósito en esta vida.

Cuando no estoy claro acerca de mi próximo paso,
guíenme a la decisión que me mueve siempre más cerca de la luz.

Ayúdenme a vivir mi más alto propósito en cada acción que tome,
en cada palabra que uso,
en cada pensamiento que atraviesa mi mente.

Aliéntenme cuando me canso de esforzarme,
y recuérdenme que soy parte de un glorioso plan
que todavía no se.

Guíenme a permanecer completamente abierto
a una conexión más profunda con el Espíritu,
permítanme llenar mi corazón con la gracia de un propósito amoroso.

Compartan conmigo lo que necesito saber
para compartir mi Luz con este mundo.

Amén, Amén, Amén.

Gracias, gracias, gracias.

16 de Septiembre

Siempre Estamos Aquí
Por: Lisa Clayton

No temas, Amado Hijo del amor y de la luz.
Estamos aquí contigo siempre.

Arcángel Miguel te ama mucho.
Él está cuidando a todos los ángeles con tanta pasión, intención y poder
de su espada para abrir las puertas
y dejen que la abundancia y el amor fluyan hacia ustedes con facilidad y
gracia.

Ángeles del reino Dorado y sus Ángeles Guardianes estamos aquí.
Los árboles, flores, desiertos, las aguas del océano
y las montañas en la Tierra Madre vibran con nuestro amor.
Mientras ustedes abren su corazón para recibir nuestro amor,
nuevas oportunidades se elevan cada día,
llenándolos de confianza y determinación
en el nombre del amor incondicional.

Siempre estamos aquí. Pueden sentirnos?
Somos la brisa cálida y suave de un día tranquilo.
Somos las plumas que encuentras.
Hay tanta grandeza y gracia viviendo dentro de tu corazón
que nosotros deseamos que tú experimentes.

TODO está Divinamente bien mientras te guiamos a descubrir tu
grandeza de amor.
Canta "Que sea la Gloria" cada día. Sumérgete en el grandeza
habla de tu amor más seguido. Sabes que siempre estamos contigo;
Levantándote cada vez más alto
a través del poder y la gloria del amor de tu corazón.

17 de Septiembre

Para mi Mayor Bien
Por: Lisa K.

Con qué frecuencia vienes a nosotros con tus oraciones?

Nosotros escuchamos a cada uno y respondemos rápidamente.

Tú no puedes saber todavía,
pero nuestras respuestas están en proceso
de traerte lo mejor que es para ti,
sea que lo veas ahora o lo veas más tarde.

Siempre trabajamos para tu bien supremo,
para el propósito de tu alma y de tu ser mayor.

Confía en que recibirás respuestas en acción
o señales de que tus oraciones son escuchadas
y el Universo está actuando sobre ello.

– Tus Ángeles

18 de Septiembre

Oración de Gratitud
para los Ángeles
Por: Jamie Clark

GRACIAS Ángeles por su amor y guía…
Su compasión y fuerza…
Su conocimiento y sabiduría que comparten conmigo.
guíenme en el camino de mi vida…
Juntos… creemos una nueva realidad para nosotros y para los demás.

Siempre los siento cerca, solo a un pensamiento de distancia, con una
conexión instantánea de amor, poder y claridad mientras tomo
decisiones e interacciones cotidianas con los demás.
NUESTRO hermoso trabajo en equipo nos permite ver
y sentir nuestras propias conexiones con ustedes…
nuestra fuerza como equipo brilla desde adentro
y otros sienten lo fácil, la Fuerza y Energía Poderosa de la Vida
que creamos juntos.

Estoy Honrado, Humilde y Agradecido de conocerte.
SOY UN ÁNGEL!

19 de Septiembre

Arcángel Zadkiel ~ Oración de la Llama Violeta del Corazón
Por: Carolyn McGee

Arcángel Zadkiel, Arcángel del Séptimo Rayo
y enérgico guardián de la Llama Violeta del amor,
te pido que me ayudes a abrir mi corazón, mente, cuerpo,
alma y campo energético
a la naturaleza sanadora y divina de la Llama Violeta
para purificar cualquier energía negativa que vino de
esta vida o de vidas anteriores.

Por favor, utiliza la Llama Violeta para quemar cualquier ira,
arrepentimiento o tristeza que llevo dentro de mi corazón.
Oh, Llama Violeta, abre mi Corazón
para que me perdone a mí mismo y a los que me han herido.
Toma cualquier negatividad y quémala, límpiala
con el amor purificador de la Llama Violeta.

Arcángel Zadkiel,
Por favor usa la Llama Violeta y mi intención amorosa
para abrir los corazones y las mentes de mi familia y amigos
a la gracia del amor y el perdón
y para traer sanación y paz a mis vecinos,
compatriotas y todas las personas del mundo.

Oh, Llama Violeta y Arcángel Zadkiel traigan paz,
sanación y equilibrio a nuestra Madre Tierra.
Yo soy y nosotros somos la Llama Violeta
y, con su guía,
soy un ejemplo viviente de una vida de Amor.
Y así es.

20 de Septiembre

Estar Abierto a la Guía Angelical
Por: Rev. Jennifer Shackford

Ángeles, les pido que levanten la vibración,
trabajando a través de todos los bloqueos energéticos en mi cuerpo.

Llenen los bloqueos de amor y confianza,
Aprovechando mi intuición para recibir la Guía Divina.

Ayúdenme a confiar y saber que es su voz la que me guía.
les pido que pueda dejar de lado mi ego para permitirme
oir, ver, conocer y sentir su "voz".

Estoy abierto a su guía!

Gracias Ángeles!

21 de Septiembre

Ángel Phanuel y la Intimidad: Mensaje Amoroso para las Relaciones
Por: Bobbe Bramson

Queridos,
Cuando ustedes se sientan preocupados dentro de sus relaciones
por patrones que no parecen cambiar para mejor,
recuerden que hay esperanza,
porque todos están íntimamente conectados a través de un solo amor.

Se unen a ti aquellos que son fáciles y difíciles de amar;
un Amor tan profundo, tan infinito, y por lo tanto acompasado
que es difícil para ti creer que te lo mereces.
Así que te quedas atrincherado en tu punto de vista
como si solo conocieras las palabras de una canción.

Permítenos recordarte que hay muchas maneras de ver una situación,
muchas formas en las que un corazón que parece cerrado puede abrirse.
Permite a otros sus caminos, sus rutas, sus deseos –
así como quisieras que te vieran y apoyaran en el tuyo.

Libera tu pequeña versión de lo que es posible entre tú y otro
y haz espacio para que algo más grande y esplendido ocurra.
Haz espacio para un bien superior y entrega tus miedos.
Sintoniza la dulzura de tu profundo y sagrado corazón
y convéncete que así como su corazón late con amor,
también así lo hace el corazón dentro del otro.

Escucha atentamente: Ellos laten como si fueran Uno, con Amor.

22 de Septiembre

Oración de los Rayos de los Siete Ángeles
Por: Elizabeth Harper

Arcángel Miguel,
Llena mi campo de energía con tu rayo azul de protección.
Protégeme del daño. Dame coraje para permanecer fiel a mis valores.

Arcángel Jofiel,
Permíteme que me bañe en tu rayo Amarillo de sabiduría e iluminación.
Ábreme a las maneras de ampliar mi conocimiento y aprecio de toda la vida.

Arcángel Chamuel,
Deja que tu rayo de amor rosa sature mi corazón y mi alma.
Ayúdame a ser sincero, honesto, compasivo, bondadoso y compasivo.

Arcángel Gabriel,
Inunda mi ser con tu rayo blanco de pureza; Límpiame de emociones y creencias negativas para seguir mi misión divina.

Arcángel Rafael.
Sana mi espíritu con tu rayo verde Esmeralda de equilibrio.
Ayúdame a expandir mi visión y a abrir mi corazón a tu abundancia.

Arcángel Uriel,
Estoy listo para aceptar tu rayo púrpura y oro de serenidad y paz.
Estoy dispuesto a estar libre de todos los miedos e imploro me apoyes en mi liberación.

Arcángel Zadkiel,
Tu rayo violeta de transmutación ahora aleja los obstáculos para mi éxito
y me lleva hacia el cumplimiento de los deseos de mi corazón.

23 de Septiembre

Oración de Equinoccio
Por: Cathelijne Filippo

*Esta Oración es para el Equinoccio Otoñal en el Hemisferio Norte;
Si usted vive en el Hemisferio Sur, lea la Oración del Equinoccio el 20
de marzo.*

Amado Arcángel Miguel,
Bendíceme por favor en este equinoccio del otoño,
cuando el día y la noche están en equilibrio completo,
señalando la necesidad de equilibrar la oscuridad y la luz interna,
mientras aprendo a navegar la Ley de la Polaridad.

Puedo aprender después de un tiempo de actividad
Puedo ahora tomar tiempo para el descanso y la reflexión.
Y puedo aprender cómo, en el silencio de la oscuridad,
un período de gestación ayudará a mi alma a crecer.

Querido Arcángel Miguel,
Por favor, ayúdame a ir dentro,
haciendo tiempo para armonizar las energías femenina
y masculina interior,
así como el equilibrio de Dar y Recibir,
hablar y escuchar, estar activo y pasivo.

Ahora celebro todo el trabajo que he hecho durante el año.
Agradezco a la Madre Tierra por su continuo apoyo y abundancia,
deseándoles un tiempo de descanso, mientras tomo tiempo para un
reposo en mi propia vida.

Que así sea.

24 de Septiembre

Oración Afirmativa
Por: Emily Rivera

Querido Dios, Fuente, creador,
Invito al amor, la luz, la alegría, la sabiduría y la paz
dentro y alrededor de mí,
que se expanda con gracia y facilidad.

Acojo con satisfacción y acepto el apoyo de los Ángeles
que guían mi espíritu con amor.
Que sus alas me lleven a un estado de claridad, abundancia y armonía
Dondequiera que vaya, en todo lo que hago, y con todos los que saludo.

Que mi luz, presencia y realidad
siempre reflejen su verdad angélica y su Amor Divino.

En este y todos mis momentos,
Digo que sí a la expansión de mi alma.
En total gratitud, así es.
Amén.

25 de Septiembre

Oración para Celebrar el día Sagrado
Por: June and Treena Many Grey Horses

Mañana:
Doy la bienvenida a la luz del día con amor y gratitud.
Invito al Creador y a los Ángeles a estar conmigo durante todo el día
para guiarme y protegerme.
Gracias por este nuevo día lleno de Bendiciones Divinas
y regalos de la generosidad de la Madre Tierra.
Todas mis necesidades se cumplen y permito el flujo de la facilidad,
alegría y gloria dentro y alrededor de mí.

Mediodía:
Mientras el sol del mediodía besa mi cara,
Graciosamente acepto todo lo que está en mi vida.
Estoy agradecido por la belleza en todo y cada cosa que el sol besa.
Veo con amor, bondad y compasión.
Oigo con amor, amabilidad y compasión.
Siento con amor, bondad y compasión.
Soy amor, bondad y compasión.
Gracias Creador y Ángeles.

Noche:
Doy gracias al Creador por un día Bendito al ver el sol brillante.
Doy gracias a los Ángeles por todas las señales y mensajes
dados para ayudarme a través de este día.
Me doy gracias a mí mismo por todo lo que he dado y recibido.
El Creador y los Ángeles me mantienen seguro y protegido
durante la noche.
Hágase su voluntad.

26 de Septiembre

Arcángel Rafael
Oración por la Salud y Vitalidad
Por: Ramona Remesat

Arcángel Rafael,
Te invoco ahora.
Por favor rodéame,
y lléname completamente,
con la luz verde esmeralda
de tu energía sanadora Divina.

Yo sé que en la verdad espiritual,
Estoy sano y entero.
Por favor, ayúdame a actualizar esto ahora
recordando pedirte a ti,
y a todos los ángeles sanadores,
exactamente por lo que quiero.

Por favor, dame Consuelo, bienestar,
paz, serenidad y esperanza.
Por favor, tráeme energía,
vitalidad, fuerza y vigor.
Abro mi corazón y acepto
tus dones sanadores y tu guía.
Mientras hago esto, sintonizo mi cuerpo
y escucho su profunda sabiduría interior.
Confío y sé que todo está bien y te lo agradezco.

Ahora afirmo que estoy en completa y perfecta salud.
Y así es.

27 de Septiembre

De Regreso a Ustedes!
Por: Peggy Shafer

Queridos Ángeles,
En la mayoría de los días, les pido un favor para mi o un amigo.
Hoy, estoy enviando todo mi amor y gratitud de regreso a ustedes.

Gracias por estar conmigo por guiarme y protegerme
…siempre. nunca podría dejar de sentir su presencia.
Sus susurros pacíficos anunciando la abundancia de la Divinidad,
y rodeándome… en todas las formas, siempre.

Su toque suave – la brisa ligera de la nada –
traen el conocimiento más profundo de que … me adoran por ser yo,
y me apoyan con su amor y guía… en todas las formas, siempre.
En la niñez, me contaron una historia que comenzó
…la alegría más grande de cada Ángel es ser el admirador más grande de
un humano.
Y por esa bendición, … Gracias!

Queridos Ángeles, perdónenme, por favor, a veces me olvido de eso
…Debo pedir su ayuda o simplemente no podrán ayudarme.
…El libre albedrio y todo.
Es su mayor alegría calmarme, elevarme, protegerme,
…y también empujarme a la acción.
Pero primero, necesito pedir… en todas las maneras, siempre

Nunca son más que un simple pensamiento.
Y por supuesto, …ninguna petición está mas allá de su poder,
cuando recuerdo preguntar y también de antemano decir,
…Gracias.

28 de Septiembre

Cascada de Ángeles
~ Invocando al Ángel del Amor
Por: Ann Phillis

Flujo suave, en cascada, amoroso
de lo más profundo del corazón, la gracia de Dios.

En las alas de los Ángeles, brilla y resplandece
el amor más profundo que nuestro universo conoce.

Abre tu corazón, tus brazos, tu ser
extiende tus alas, tu despertar llega.

Deja que las alas se fundan con el cuerpo, el ángel humano se convierten
aquí en la Tierra, con tu corazón enamorado!

Haz tu diferencia ahora, potente y libre
Cambiaremos este mundo, los ángeles, tú y yo!

29 de Septiembre

Ángeles de Justicia
~ *Un Mensaje de los Ángeles*
Por: Chandra Easton

"En nombre de los radiantes, protegemos la tierra.
Nos alineamos con el Gran Oso, Sirius la Estrella Azul
y la Madre Pléyades.
En nombre del Cristo Cósmico, estamos en pie.
Neutralizamos el mal en la tierra y más allá.

Trabajamos para la Justicia. Restablecemos el equilibrio en la tierra.
Estamos dentro de la Llama Azul. Formamos un escudo
de alas extendidas.
Protegemos, defendemos a través del Corazón de la Justicia.
Servimos a la Ley. Nosotros mantenemos la Ley. Encarnamos las Leyes.
Llamanos para la Justicia Divina. Para la Justicia de todos.
Llámanos para que la fuerza persista.

Redoblamos todos los esfuerzos por la paz.
Redoblamos toda resistencia al mal absoluto.
Redoblamos la visión del equilibrio planetario.
Redoblamos todo contacto con el alma y más allá.

Redoblamos todas las acciones de valor.
Redoblamos todas las acciones de amor.
Redoblamos toda la vigilancia contra el perezoso.
Redoblamos todos los actos de convicción y amor.

Juntos formamos círculos de lealtades.
Círculos de confianza, lazos del corazón. Únete ahora a nosotros en paz.

30 de Septiembre

Invocación del Espacio Sagrado
Por: Sunny Dawn Johnston

Hoy, celebramos un tiempo de nuevos comienzos.
Nos paramos en anticipación,
pidiendo a nuestros Ángeles, Arcángeles, Guías y Maestros Ascendidos
bendecir a cada uno de nosotros aquí y a los que están por venir,
para llenar las habitaciones y pasillos de este espacio con luz
divina y amor.

Este es un lugar sagrado; Un lugar de paz y alegría,
un lugar de amor y sanación, un lugar de comprensión y conocimiento,
un lugar de interconexión.

Que los que vienen a este espacio buscando sabiduría, la encuentren.
Que los que vienen a buscar sanidad, la reciban.
Que los que vienen sintiendo culpa y miedo se liberen de ello.
Que sean capaces de conciliar el pasado.
y liberados para caminar en el futuro
celebrando el regalo de cada experiencia de vida.
Que todos lo que entren en este espacio sean equilibrados,
centrados y fundamentados;
Que tengan paz y felicidad; que sean sanados según sus necesidades;
Y tengan sus corazones llenos del amor incondicional de los Ángeles.

Que la belleza exterior de este lugar
convoque a cada uno de nosotros a la belleza interior
de nuestros corazones.
Que este espacio dé a luz conexiones nuevas y profundas
con los ángeles en nuestras vidas.
Que la energía de este espacio sea siempre pura, llena de luz y amor.
Que las experiencias de todos los que entran sean para su bien supremo.
Y así es.

Octubre

1 de Octubre

Oración Diaria del Ángel de la Mañana
Por: Lisa K.

Mis Queridos Ángeles,
Ruego que estén conmigo en todo momento para sanarme y protegerme,
para darme fuerza y sabiduría.

Pido sus bendiciones para sostener mi corazón en el amor
Divino y la paz.
Ayúdenme a sentir siempre su amorosa presencia.

Por favor, ayúdenme a ver, sentir y saber que siempre están conmigo.
Ayúdenme a recibir y comprender claramente sus mensajes.

Manténganme seguro, amado y proveido, ayúdenme a
sentir alegría y felicidad a lo largo de mi día.

Amén.

2 de Octubre

Oración por la Paz, Consuelo y Protección
Por: Rachel Cooley ATP®

Querido Dios, Ángeles y Arcángeles,

Muchas gracias por rodearme siempre
y por traerme tu paz, consuelo y bendiciones.
Les pido que todos estén fuertemente presentes conmigo en este
momento.

Por favor rodéenme con sus hermosas alas angélicas de luz.
Traigan consuelo y tranquilidad.
Tráiganme a mi verdadero yo.

Estoy muy agradecido por su presencia en mi vida!
Gracias Dios y todos sus ángeles
Por cuidar de mí y de mi familia ahora y siempre.
Y así es!

Amén.

3 de Octubre

Oración por el Tiempo
Por: Rev. Jennifer Shackford

Ángeles, les ruego que desaceleren el tiempo.
Quiero grabar y disfrutar cada momento que pueda.

Por favor, ayúdenme a encontrar la belleza dentro de cada situación
enviada a mi camino.
Sé que no todo son Sol y rosas.
Incluso a través de los momentos más difíciles,
Déjenme ver y conocer la luz a través del túnel.

Esta vida pasa tan rápido.

Esta vida es tan preciosa!

4 de Octubre

Sana a tu Mascota
Por: Marla Steele

Queridos Dios, Guías, Santos y Ángeles
Humildemente pido su apoyo hoy, para sanar a mi mascota
en todos los sentidos.
Gracias por restaurar la vitalidad y fuerza a ____*(nombre)*___
Cuerpo, mente y alma con su amor infinito,
por ayudarnos a transformar este ____*(problema)*____
con su ilimitada gracias y potencial sanador.
Gracias por ayudarme a notar su presencia,
para ser un instrumento de su paz,
y ver aquí la perfección divina.

Gracias por restaurar la luminosidad en mi corazón
para que pueda consolarme con el amor de Dios,
para la sintonización vibratoria
que pueda sanar con las manos de Jesús
por la divina sabiduría y claridad
que pueda oír y entender con la mente de San Francisco,
por tu compasión y paciencia
y así, puedo cuidar de mis mascotas como la suprema Madre María.

Gracias por darme la visión
en todas las formas en que mis mascotas pueden ser un espejo para mí,
por ayudarme a saber cuándo es el momento de tomar acción,
claramente guiarme en el camino,
por brindarnos los mejores especialistas en salud
que son reflejo de vuestra santidad.

Gracias por darnos nuestras mascotas,
esos hermosos seres de pura luz, amor y alegría.
Bailan en nuestros corazones, cantan con nuestras almas
y nos hacen sonreír y maravillarnos como ningún otro.

5 de Octubre

Hoy es un Nuevo Día
Por: Kelly Jenkins

Hoy es un nuevo día. Es un nuevo día para nuevos comienzos,
nuevos mensajes y nuevas ideas.
Mientras comienza este nuevo día, invito a los Ángeles a rodearme
de amor y luz,
permitiéndome estar abierto para ver y sentir la belleza que me rodea.

Ayúdenme a difundir la bondad a todos los que encuentre hoy.
Permítanme irradiar bondad como una vela en un espejo, que refleja y
llega a todas partes del universo,
conectando a todas las personas como una sola.

Permite que las personas se vean unas a otras, a pesar de las diferencias,
por la belleza de sus almas.
Que desaparezcan los juicios, las heridas y la hostilidad, y sean
reemplazados con amor y compasión.
Unámonos para vivir en un mundo de paz y alegría.
Al final, solo la bondad importa, asi que dejen que empiece conmigo
este nuevo día.

Y Así es.

6 de Octubre

Protección de la Familia
Por: Rev. Vicki Snyder-Young

Invoco al Arcángel Miguel para que me proteja
cuando tenga que enfrentar a miembros de la familia que son desafiantes.

Te pido que me ayudes a encontrar la fuerza
que me permita pasar por estos tiempos con amor y gracia.
Sé que es aceptable para mi apartarme de la gente, incluyendo familia
que no son para mi mayor bien.

Miguel, usa tu espada para cortar y quitar
los lazos negativos de la familia que me atan de maneras malsanas.
Usa tus poderes para quitar las cosas que hacen que mi fe se sacuda
y me obligue a comportarme de manera infiel a mi auténtico yo.

Muéstrame cómo elevarme por encima de las energías inferiores de mi
familia
que me obligan a ser alguien de quien no estoy orgulloso.
Ofréceme la confianza que necesito para eliminar estas dificultades
familiares
que son tan desgarradoras pero necesarias de eliminar.

Por favor colabora con el Arcángel Rafael para limpiar mi cuerpo,
mente y espíritu de cualquier negatividad resultante de relaciones
familiares pobres
y sáname con el mejor resultado posible.

Guíame a mejorar las relaciones, las cuales se basan en
confianza mutua, amor y respeto.

7 de Octubre

Oración para Liberar
Bloqueos Ancestrales de Dinero
Por: Julie Geigle

Arcángel Metatrón,
Te llamo ahora para el apoyo y la abundancia angélica
para liberar cualquier bloqueo ancestral de dinero que
pueda estar interfiriendo
con mi flujo divino de abundancia y prosperidad.

Soy consciente y reconozco muchas generaciones pasadas
que han vivido en la pobreza y la carencia.
Los siguientes viejos sistemas de creencias ahora se evaporan:

"El dinero es malo." "Nunca hay suficiente."
"Sale más rápido de lo que entra."
Las cadenas que me atan y mis antepasados ahora se desvanecen.

Extraigo de la Fuente de Dios,
quien tiene un suministro infinito de todo lo que es.
A medida que los vientos del cambio soplan, surgen nuevos sistemas de
creencias:
"Siempre hay dinero suficiente más de lo necesario."
"Mi fuente de dinero es infinita e interminable."
"El dinero viene mediante la gente no de la gente."
"El dinero es una bendición; cuanto más tengo, más tengo para dar"

Rocío estos sistemas de creencias en toda mi casa,
repitiéndolos durante todo el día.
Doy gracias a mis antepasados
por la oportunidad de sanar mi historia de dinero
y para impactar a las generaciones futuras.
Y así es.

8 de Octubre

Una Oración para ser Escuchada
Por: Tracy Quadro Arietti

Sandalphon, tu agradable tarea
es llevar nuestras oraciones ante el rostro de lo divino,
llevándolas alrededor de ti como una prenda
envolviendo tus magníficas alas y extendiéndolas
con la resplandeciente alegría de este glorioso propósito.

Luego susurra nuestros mayores temores, súplicas,
gracias y deseos en los oídos de la Fuente
de donde salen todas las bendiciones y asistencia.

Por favor, escucha mi oración, incluso cuando está en silencio,
Invisible, incluso a mi propia conciencia.
Mira en mi corazón y toca dentro de mi
el lugar donde el silencio se convierte en palabras.
Ayúdame a formar esas palabras en la oración que resuena
con lo que es mejor para el bien mayor y más grande
de mí mismo y de todos los que amo.

Y por favor lleva esa oración a los cielos,
donde mi voz finalmente será escuchada y entendida
y mis necesidades cumplidas.
Gracias por ser mi voz.

9 de Octubre

Oración del Ángel para Empoderar tu Resplandor
~ Un Mensaje de los Ángeles
Por: April-Anjali

Resplandecer interior……..
Se trata de poseer tu experiencia en esta vida
reconociendo los errores cometidos
que te permiten ver la Gloria en lo que has aprendido
y lo grande que es que tus lecciones de vida se puedan convertir en oro
Resplandecer interno………
Es celebrar cada día con pasión, amor
y empatía por todas las cosas vividas porque
si viene el mañana – es un regalo
Resplandecer interno………
Se trata de abrazar el "que tal si" en la vida y que
nada sucede por casualidad sino más bien por el destino divino
y que tus mayores momentos en la vida nunca están planeados
Resplandecer interno…….
Podría ser acerca de hablar tu verdad sin importar tu edad
y no importa lo que piensen los demás.
podría ser sobre el comienzo de la vida de nuevo en un capricho o
hacer nuevos amigos o descubrir algo mágico
dentro de ti que por mucho tiempo pasó por alto.
Resplandecer interno……..
Es estar dispuesto a bailar su camino a través de la vida
incluso cuando no sabes la canción y
que tan sexy la llama interna viene cuando lo haces.
Resplandecer interno……..
Es todo lo que tu decides que sea, porque nunca es demasiado tarde,
nunca eres demasiado viejo y el sueño nunca termina.

Resplandece!

10 de Octubre

Ángeles de Luz
Por: Ann Phillis

Aliméntenme, sánenme, ángeles de la luz,
Sostengan mi mano, muéstrenme el camino del corazón.
Infundan mi mente con claridad y visión,
Apacigüen mis sentimientos con la intención pura de su amor.

Me despierto a su toque,
Siento su abrazo.
Me rindo a su conocimiento,
Camino mi sendero en su gracia.

Vengan a mí, ángeles, la fuerza viva!
Nutran mi corazón, mi fuerza, mi elección.
Abran mi camino a mi visión y mi mirada,
Despierten mi conocimiento antiguo de los días.

Alimenten el fuego del horno de mi corazón interior,
El esplendor! La gracia! La eterna Alegría!
El pulso de mi corazón es luz viva,
Despertando mi destino, mi alma es brillante.

11 de Octubre

Oración de Confianza
Por: Lisa Clayton

Invoco a mis Amados Ángeles, Guías Espirituales y mi
Familia de Almas
en forma de luz para unirme en esta oración de confianza en la
Comunión Divina.
Confío en el despliegue del plan guiado por Dios.
Creo pensamientos positivos y activo mi fe para crear milagros diarios.

Vuelo a dimensiones más altas con la luz dorada del Ángel
como mi combustible
y mis Ángeles Guardianes como mis co-pilotos,
para mantenerme conectado, y para confiar en la Divina Fuente.
A través de la confianza, soy intrépido, libre de preocupación;
dando un paso a la vez para expandir mis dones y servicios al mundo.

Estoy aquí para servir al bien supremo, para sanarme a mí mismo,
para ayudar y guiar a otros con amor, a través del amor y en el amor.
Y activo y confío en mi corazón entero de Felicidad y crecimiento
a través de la infusión del amor, reuniones amorosas
y comuniones amadas
de los Arcángeles, Guías Espirituales y Ángeles Dorados.

Confío en que la ganancia inesperada de abundancia
y prosperidad esta aquí
al alcance de mis manos y reside en el núcleo de mi corazón.
La fe lo ha asegurado.
Mi coraje ha iniciado el movimiento por ello.
El amor lo ha abrazado con propósito y el más alto bien para TODOS.

Pido a mi alma intuitiva que comunique en confianza siempre con los
Ángeles…

12 de Octubre

Oración a los Ángeles para Liberar y Dejar ir
Por: Michelle Mullady

Ángeles de Dios,
mis amados sanadores,
por favor ayúdenme a despejar y liberar lo que quede en el camino
de amor puro que viene a mí.

Ruego que me liberen de todo lo que pesa y baja mi espíritu
y me impide volver a dar y recibir amor.

Tengo un profundo anhelo de recibir el amor en mi vida.
Pido ser liberado del dolor, sufrimiento y,
particularmente la duda de mi mismo,
que me hace sentir indigno de amor.

Yo oro para conocer el placer del amor de nuevo
y para expresarlo en su totalidad.

13 de Octubre

Oración para Invitar
el Perdón en las Relaciones
Por: Rachel Cooley ATP® and Kimeiko Rae Vision ATP®

Queridos Dios, Ángeles y Arcángeles,
Muchas gracias por traer la paz,
Perdón y el Consuelo en mi relación con…
… (*rellenar el/los nombre/s*)

Gracias, ángeles, por ayudarme a liberar cualquier apego
a personas, lugares o situaciones que no coinciden con mis expectativas
o me dejan sintiéndome traicionado o sin amor.
Me di cuenta de que ambos estábamos haciendo todo lo posible en ese
momento.
Sé que siempre soy amado por ti, Dios mío, y por mis ángeles.

Por favor, líbranos de cualquier falta de perdón, molestia,
o los sentimientos no resueltos que tenemos hacia otros
y libéranos de cualquier falta de perdón
para que podamos avanzar con amor y luz.
Por favor, ayúdanos a perdonar y liberarnos mutuamente
para que podamos alcanzar nuestros propios potenciales más altos
con amor, facilidad y gracia.

Gracias, Arcángel Miguel,
por cortar cualquier cordón que pueda tener con esta persona (s).
Sé que solo se cortarán las cuerdas del apego,
porque las cuerdas del amor nunca podrán ser cortadas.
Estoy muy agradecido de que ambos seamos totalmente libres ahora!
Muchas gracias.
Y así es. amén.

14 de Octubre

Angel Guardián:
Oración de Gratitud
Por: Cathelijne Filippo

Amado Ángel Guardián,

Muchas gracias por estar siempre allí conmigo,
desde el momento en que nací.
Gracias por guiarme a lo largo de mi camino,
protegiéndome cuando ha sido necesario,
Sosteniendo mi mano a través de los tiempos difíciles,
Y animándome durante mis éxitos.

Querido Ángel de la Guarda,
Por favor, déjame ser más abierto a ti y a tu guía.
Ayúdame a experimentar tu presencia más claramente cada día.
Ahora les doy permiso complete para ayudarme con
_____.
Por favor, muéstrenme la verdad en esta situación.
Si hay pasos positivos que puedo tomar, puedo recibir claridad,
asi como el coraje para actuar sobre ellos.

Los quiero mucho y les envío mi más profunda gratitud.

15 de Octubre

Mis Alas de Amor
~ *Invocando al Ángel del Amor*
Por: Ann Phillis

Extiendo mis alas con el movimiento de mis brazos
Riego mis bendiciones sobre todo en mi corazón.

Chispas de luz, la verdadera gracia de Dios
desciende a mi mundo, hacienro cambios como precipitaciones.

Nuestro mundo está en necesidad, y así llega la hora de
dedico mi amor, mis habilidades, mi poder.

Para ponerse en la luz, estar en el mundo
Ser uno con el cielo y uno con la Tierra.
Para abrir mi corazón y dejar que el equilibrio gobierne a todos
mi cuerpo, mente, sentimientos, mi templo.

Aunque estiro mis alas tan anchas
Estoy aquí, humano, en humilde armonía con la vida.

El mundo necesita mi plenitud de espíritu y alas
Y mi cuerpo, mi vehículo de cuidado amoroso.
Estoy entero en tu gracia, estoy entero en mi corazón.
Despierto el verdadero espíritu, aquí en la Tierra.

16 de Octubre

Arcángel Metatrón
Por: Trish Grain

Arcángel Metatron,
el más poderoso de los Arcángeles,
Ángel de la geometría sagrada.

Tú irradias las cualidades de sabiduría, compromiso y disciplina,
te pido tu ayuda para seguir en mi camino espiritual,
para poder irradiar las mismas cualidades.

Te llamo para que puedas ayudar a los niños a aprender
de sus dones especiales, habilidades y cualidades,
como un modelo positivo en sus vidas,
mientras tratan de entender el mundo en el que viven.

Pido tu guía mientras sigo mi camino para ayudar a los niños.

17 de Octubre

A mi Ángel de la Guarda
Por: Adriana C. Tomasino

Querido Heraldo Celestial,
Inocente Guía del Sagrado Santuario de mi Alma,
Eterno, atemporal, siempre cercano.
El que tiene el preludio de la posteridad.
Guardián, compañero, conductor….
A veces invisible, inaudible, y frecuentemente no reconocido,
Siempre me ayudas en mi solicitud.
Equipado en las finanzas de un Tiempo Pasado,
Tú estás a mi lado para cada desafío y prueba.
Cuando llueven lágrimas sobre el inmerso terreno que llamamos vida,
Te levantas, apareces como un rayo de luz,
O, tal vez, como una pluma fugaz en una cálida noche de verano.
Incomparable, sin igual, luminiscente….
Me permites ver el legado en cada lección.

Para surgir de las profundidades de la desesperación,
la fachada de la fecundidad permanece.
Porque he aquí! Ahora es verdadero….
Gracias a ti! Edificante, inspirando, siempre admirando….
La memoria Mística de Evocación y Transmutación
ha sido reavivada.
Mientras estoy serenamente envuelto en el Abrazo de la Eternidad.
Ya no se confina por las limitaciones del Reino Físico,
Mi búsqueda del camino iluminado continua
en la Antecámara de la Puerta del Cielo,
cómo anhelo liberarme de la búsqueda sin alma.
Con gratitud por el Gran Guardián de la Firma de mi Alma,
Quien me encuentra con Magia, Maravilla y Deleite.

18 de Octubre

Oración a los Ángeles para la Guía
Por: Suzanne Gochenouer

Queridos Ángeles,

Ayúdenme a escuchar la guía celestial mientras viajo por esta vida.

Guíenme para estar abierto
y dispuesto a recibir los mensajes que el Espíritu envía.

Cuando estoy inseguro o perdido,
capacítenme para entender la guía que recibo
en señales y mensajes.

Ayúdenme a pensar clara y racionalmente
cuando necesito tomar una decisión.

Por favor, hagan sus mensajes claros
y fáciles de entender,
mientras mi energía terrenal vibra
en un nivel inferior a su energía angelical.

Ayúdenme a conectarme rápida y fácilmente con ustedes,
de manera que pueda ser bendecido con su guía y amor.

Amén, amén, amén.

Gracias, gracias, gracias.

19 de Octubre

Oración para la Sanación con el Rayo Verde Esmeralda
Por: Cathelijne Filippo

Amado Arcángel Rafael,
Por favor envía tu rayo de Sanación verde Esmeralda a mi lado.
Que me rodee y se mueva a través de mí.
Trae la Sanación a mis cuerpos físico, emocional, mental y spiritual,
En todas las direcciones del tiempo y espacio, y a través de
todas las dimensiones.
Que tu energía Esmeralda sanadora llene
cada átomo y molécula de mi cuerpo.
que sane todas las células, órganos y tejidos,
trayendo energía restauradora, llenándome con el verdadero equilibrio.
Energizame con mi vibrante vitalidad.
Porque mientras yo me sano, también sano al mundo.

Que sea yo un canal de Sanación para la Vibración Angelical.
Para poder compartir tu energía sanadora con otras,
a través de palabras de amor y tacto suave,
A través de ojos de compasión y aceptando el silencio,
A través de sabio conocimiento interior y un corazón amoroso.
Porque nuestros corazones son vasos de amor,
Y el amor sana todas las heridas, sean heridas internas o externas.
El amor ve la perfección dentro de todos nosotros,
Haciéndonos comprender que ya estamos sanados y completos,
A los ojos del Padre / Madre / Dios.
Y así, puedo estar sano y completo ahora,
En la imagen perfecta de mi Proyecto Original Divino.
Que así sea.

20 de Octubre

Querido Arcángel Amigo de las Batallas
Por: Dajon Smiles

Arcángel Miguel,
Ayúdame a recordar que estoy justo donde
estoy destinado a estar en este momento exacto,
sirviendo solo a mi propósito de ser YO!
:: Estoy seguro de ser yo! ::

Arcángel Jofiel,
Ayúdame a ver la belleza en mí mismo, en este cuerpo, en mi vida y en los
demás.
:: Soy hermoso por dentro y por fuera! ::

Arcángel Chamuel,
Ayúdame a ver ese amor incondicional que me rodea, porque es un espejo del
amor interior.
Soy más que suficiente!
:: Soy amado. Soy cariñoso. Soy amor. ::

Arcángel Gabriel,
Ayúdame a que mis palabras y acciones sean instrumentos de amor.
:: Que hable mi verdad con gracia y facilidad, porque soy un Mensajero Divino!
::

Arcángel Rafael,
Ayúdame a ver que la verdadera Sanación del alma siempre está disponible para
mí.
y para mi camino de vida.
:: Estoy entero, como es...sin preguntas ::

Arcángel Uriel,
Ayúdame a ver claramente a través de los desafíos de la vida,
sabiendo que suceden para mi y no a mí.
:: Confió en mi intuición. ::

Arcángel Zadkiel,
Ayúdame a ver a través de los ojos de la compasión
y a perdonarme a mí mismo y a los demás sin ningún compromiso.
:: Me perdono libremente a mí y a los demás. ::

307

21 de Octubre

Arcángel Miguel, Guía mi día
Por: Lisa Wolfson

Cuando me despierto por la mañana,
Te pido, Arcángel Miguel, que guíes mi día.
Ayúdame a levantarme y saludar el día con gratitud y un corazón cálido
para que pueda manejar todo lo que este día trae
con un carácter calmada e la integridad y no ser fácil de manejar.

Protégeme a mí y a los que amo de cualquier daño y
guíame para ser consciente en mis pensamientos y acciones
para que otros también se protejan de las heridas.

Puedo sacar fuerzas de ti para enfrentar los retos de día,
siempre sabiendo la suerte que tengo de caminar a tu lado
y que en tu presencia y luz solo puede prevalecer el bien.

Y cuando llegue la noche y reflexione sobre el día,
que me contente con todo lo que he dicho o hecho,
Sabiendo que seguí tu ejemplo de fuerza, protección y amor;
y que todos los que me encontraron hoy hayan experimentado lo mismo.

Cuando me acueste a dormir, que pueda estar agradecido por el
día que tuve
y esperanzado por el siguiente.

Siempre guiado por ti, Arcángel Miguel.
Siempre agradecido a ti.

22 de Octubre

En Alabanza a Ariel, Arcángel de la Naturaleza
Por: Bobbe Bramson

Te canto un canto de alabanza, Hermosa Ariel,
resplandeciente Reina Angel de la Naturaleza.
Alabado sea el que ordena con tanta gracia y amor
todos los Devas – los Radiantes –
cada una de ellas con una expresión única y preciosa de lo Divino.

Semejante cantidad de maravillas:
los colores, la infinita variedad de diseño, el sentimiento de cada lugar,
el milagro matemático resonó una y otra vez dentro todos y cada uno.
Oh, alabanza a ti, Ariel, que pintas la creatividad ilimitada de Dios con
Ingenio, dandole a todo lo que tocas un toque de radiante perfección.

Canto alabanzas a los Devas:
De bosques y arboledas, campos y prados,
Valles y llanuras, selvas y pantanos – del océano, del mar, del pantano y
de la orilla;
de cada criatura… uno alado, otro nadando, otro arrastrándose,
de dos y de cuatro patas –
de cada floreciente … árbol, flor, cactus,
grano, fruta, verdura, matorrales y maleza –
de cueva y lugar oculto, mesa, desierto. Piedra y cristal –
de nube, cielo, sol, luna, viento y tiempo -

Canto tus alabanzas, bendita Ariel, por el esplendor glorioso que es Gaia
y por mi sentido de lugar, unidad y pertenencia dentro de él.
Gracias por el abundante tesoro que sostiene la vida.
Amén.

23 de Octubre

Oración de Invocación del Ángel
Por: Elizabeth Harper

Ángeles, Ángeles, Ángeles
Denme la fuerza para compartir mi Corazón
con aquellos que necesitan amor.
Denme el coraje para compartir mi verdad
con aquellos que buscan orientación.
Denme la fe para compartir mi sabiduría
con aquellos que necesitan apoyo.

Denme el poder de compartir mis dones de Sanacion
con aquellos que necesitan alivio.
Denme el permiso de compartir mi visión
con los que necesitan dirección.
Denme la confianza para compartir mis conocimientos
con aquellos que buscan aprender.

Denme la energía para compartir mi pasión
con aquellos que necesitan elevarse.
Denme el discernimiento para compartir mi riqueza
con los que necesitan abundancia.
Denme su amor queridos ángeles,
de modo que podamos compartir nuestra energía combinada con
quienes necesitan confiar en que estamos allí para ellos siempre.

Ángeles, Ángeles, Ángeles
Estoy agradecido por su apoyo.
Y así es.

24 de Octubre

Ángel del Arcoíris que Baila en el Cielo
~ *Un Recordatorio de los Ángeles*
Por: Kia Abilay

En la oscuridad de mi mente y mi vida,
cuando las nubes pesadas permanecen sobre mi corazón,
Ángel del Arcoíris ven a mí con tu silenciosa guía visual.

Me tocas y me haces cosquilla con los rayos de tu resplandor.
Un destello de ti que colorea el cielo comienza a sacarme de la sombra.
Entras en contacto conmigo y me das esperanzas.
A veces un leve brillo de un matiz llama mi atención
Realmente lo vi?
Sonríes y pintas otra brillante capa de color.
Mi esencia infantil es estimulada.
Los parpados de mi corazón y alma se animan y me despiertan
con la luz.
Bailas cruzando el cielo como una bailarina.

Paseas en la paleta del cielo, bailando dentro y fuera de las nubes
creando gentilmente
un espectáculo vivo y espectacular. Arcoíris doble! Te asocias con la
luna para los arcos nocturnos.
Oro cuando la tristeza humedece mi ánimo
Te recordaré Ángel del Arcoíris,
siempre en mi corazón, listo para crear artísticamente el color
para mi sanación.
Estoy bendecido por tu ternura. Sonrió y siento paz.

25 de Octubre

Una Oración para Nuevos Comienzos
~ *Un Recordatorio de los Ángeles*
Por: Julie Geigle

Un nuevo día amanece
fresco, claro, crujiente.
Dejo a un lado mi inquietud
y me alineo con la santidad de mi alma.

La promesa de una experiencia milagrosa
se enciende con cada respiración que tomo.
Veo mi vida en términos de oportunidades
todos los juicios del bien y del mal se evaporan.

Mientras me abro a todo lo que soy,
Confío en que, en este momento de tiempo,
Estoy exactamente donde necesito estar.

Mi obsesión por lo que la gente hace o no hace
me hace impotente, esto lo sé.
Y en ese conocimiento alcanzo un nuevo pensamiento;
Elijo quedarme en mi propio negocio de amarme,
cuidarme y honrarme a mí mismo.
Esta elección me hace poderoso, esto lo sé.

Es en este conocimiento que recuerdo quien soy y porque vine aquí.
Permito que Dios, los Ángeles y Seres Espirituales de la luz
limpien lo que ya no me sirve.

Nuevos inicios inundan mi vida.
Libero el pasado y empiezo de nuevo.

26 de Octubre

Oración Diaria para el Arcángel Jofiel
Por: Susan Huntz Ramos

Querido Arcángel Jofiel,
con todos tus giros y vueltas,
por favor, guíame en mi camino a través de esta vida.

Muéstrame como liberar mi ego
y cómo conectar con mi Yo Superior,
la Conciencia Crística dentro de mí mismo.

Ayúdame a llevar el olor de una rosa,
la belleza de un ocaso,
y el calor del sol
en mi corazón
para que mis pensamientos, palabras y acciones
atraigan la armonía, belleza y alegría
en mi vida y en la vida de otros.

Con profunda gratitud.
Gracias por tu amorosa guía.

27 de Octubre

Oración por las Almas Vivientes Perdidas
Por: Rev. Vicki Snyder-Young

A todos los Ángeles, por favor, que su luz brille intensamente
para que las almas perdidas los vean; para que puedan
encontrar su camino.

Algunos en la tierra están perdidos y no ven el camino delante de ellos
se han vuelto oscuros y vacíos de amor por sí mismos y por los demás.
Han perdido la esperanza y su dirección esta torcida.

Muéstrenles señales de cómo pueden volver a su camino.
Guíenlos a personas y lugares apropiados
que puedan ayudarles mejor a hacer esto.

Ofrezcan sus alas para transpórtalos según sea necesario
al lugar de alegría y felicidad que tanto anhelan.
Levántenlos con sus alas y ayúdenlos
para salir de la oscuridad que han creado.

Ofrézcanles perdón.
Ellos no saben lo que hacen
y carecen de una visión espiritual de cómo sus acciones nos
afectan a todos.
Muéstrenles que con amor y luz
pueden ver el bosque a través de los árboles.
Esto ayudara a mejorar el universo para todas las almas vivientes.

Este es el momento de deshacer la negatividad que estas almas perdidas
han derramado
y reemplazarlo con la luz y positividad de su amor superior.

28 de Octubre

Oración Diaria para Luz y Amor
Por: Cathleen O'Connor

Queridos Ángeles,

Por favor, mantengan mi corazón en sus corazones ahora.
Guíenme en mis pensamientos, sentimientos y acciones.
Manténganme presente y auto-responsable.
Ábranme al perdón de mi mismo y de los demás.

Dirijan mi energía a donde más se necesita
y recuérdenme que nunca estoy solo.
No importa lo que viene a mi, fácil o difícil,
ayúdenme a permanecer en gratitud por el regalo de este día.

Muéstrenme la naturaleza Sagrada de mi trabajo
e infundan mi espíritu con amor y luz
hoy y todos los días por venir.

Y así es.

29 de Octubre

YO SOY una Luz Brillante
Por: Karri Ann Gromowski

YO SOY una Luz Brillante para este mundo,
Especialmente cuando el desafío y la turbulencia se despliegan.

Dios, Ángeles – Ayúdenme a brillar mi Luz,
Y ser un faro en el camino, en medio de la noche,
brillando siempre tan constante, libre y resplandeciente.

Iluminen la oscuridad para que todos la vean,
con consuelo en saber, este eres tú, pero también una parte de mí.

Envuélvanme en un abrazo con sus alas amorosas,
para poder sentir protección mientras camino con gracia,
no importan los problemas, ni lo que me digan
renueven dentro de mí las fuerzas ocultas que tengo.

Cuando busco su guía y la de Dios,
Enséñenme a estar aún en silencio,
para esto es importante hacer el mejor uso de mi nacimiento,
Y para saber cómo servir efectivamente en esta tierra.

Ustedes han inspirado las visiones reveladas en mi Alma,
descubrir la sabiduría que necesito, mientras veo la vida desarrollarse,
por favor, alimenten mi coraje para caminar en nuevas direcciones,
aclamándome a vivir libre con abandono salvaje.

YO SOY una Luz Brillante,
Ya sea de mañana, medio día o noche,
Siempre permaneceré eternamente brillante!

Gracias Dios y Ángeles!

30 de Octubre

Oración de Samhain
Por: Cathelijne Filippo

Amado Arcángel Uriel,
Bendíceme durante las vísperas de la noche,
cuando los velos entre los mundos están en su mayor fineza.
Puedo conectarme con los Santos y Maestros Ascendidos,
y que el Maestro Ascendido apropiado avance,
mientras me abro a mis guías espirituales de luz, para guiarme
en mi viaje.

Querido Arcángel Azrael,
Por favor, ayúdame a conectarme con seres queridos que han fallecido,
mientras brillo mi profundo amor a sus almas.
Puedo ser visitado por seres queridos o guías
de los mundos de luz mientras duermo esta noche.

Ayúdenme a usar este tiempo para soltar a alguien
con quien todavía estoy aferrado emocionalmente.
Permítanme reflexionar sobre los hermosos recuerdos,
mientras veo brillar la luz de su espíritu.
Ayúdenme a dejar ir la pena y el dolor,
sabiendo que nos encontraremos de nuevo,
regocijándonos en todo el amor una vez compartido.
Sé que siempre estoy apoyado y nunca solo.

Que así sea!

31 de Octubre

Una Bendición para tu Viaje
Por: Roland Comtois

Queridos Ángeles,

Bendíganos mientras nos embarcamos en un viaje con un propósito
divino.
Ayúdennos a ser más quienes somos y dennos la inspiración
para cumplir nuestro camino destinado.

Queridos Ángeles,

Bendigan a la humanidad con la fuerza
para superar la quietud del miedo,
y llévennos colectivamente hacia el corazón global.

Y finalmente,

Que los ángeles, guías y guardianes estén siempre presentes,
en cada momento, en cada día,
en cada obstáculo, en cada deseo,
en cada lección aprendida y en cada respiración.

Ama pacíficamente, compasivamente y con alegría
con todo lo que es divino y santo.

Noviembre

1 de Noviembre

Oración a tu Ángel Guardián
Por: Tracy Quadro Arietti

Queridísimo amigo espiritual, protector, guía,
por favor, está conmigo a través de los momentos más difíciles
de mi vida.
Recuérdame voltear mi cara y corazón hacia ti frecuentemente,
y hablar contigo a diario para comenzar a entender tu esencia única,
que ha sido igualada a la esencia única de mi.

Cuando esté herido, concédeme tu mano sanadora.
Cuando esté haciendo un esfuerzo, anímame.
Cuando esté en desesperación, préstame tu hombro relajante.
Cuando esté complaciente, enciende el fuego.

Llévame de lo que soy ahora a lo que estoy destinado a ser,
una respiración a la vez.
Susurra tus dulces palabras de amor, de coraje,
de fuerza, de confort,
en los lugares de mi corazón, mente y cuerpo
que más necesitan escucharlas.

Protégeme de daño, ya sea de
mis propios demonios internos o externos.
Aclárame las distinciones entre
las energías de la luz y de la oscuridad a mi alrededor.
Comprométeme a aceptar mis logros y alegrías con gratitud,
con los ojos abiertos a la abundancia que constantemente me rodea.

Y no dudes en cosquillear mis costillas, acariciar mi cabello o
empujarme hacia adelante,
concediéndome el humor, la gracia y la fortaleza
para triunfar a través de todos los días de mi vida.
Con agradecimiento y con un corazón confiado, así será.

2 de Noviembre

Llamando a los Ángeles
~ Un Recordatorio de los Ángeles
Por: Lindsay Marino

Pídeme guía cuando estés lleno de desesperación
cuando sientas mi presencia, sabes que estoy cerca.

Llámame todos los días, feliz o triste
tu siempre me conseguirás, porque soy tu compañero.

Puedes tener la piel de gallina, o ver un parpadeo de luz.
Ese soy yo, incluso de noche.

Mi trabajo es apoyarte y recordarte tu valor.
He estado contigo siempre, incluso antes de tu nacimiento.

.

3 de Noviembre
Oración Angelical para la Adicción
Por: Rev. Jennifer Shackford

Te envío Ángeles.

Te envío fuerza y valor!

Te envío al Arcángel Rafael para limpiar tu campo áurico,
para remover todos los archivos de baja energía que hay de ti.

Y te envío al Arcángel Miguel para enviarte luz!

Te ruego una vez más, que restaures el amor que tenías
por ti mismo cuando eras un niño.
Que puedas tomar un minuto, un día a la vez.
Que utilices todas las herramientas que esperan ser utilizadas
para ayudarte a lo largo de tu viaje de sanación.

Te ruego que veas lo que el mundo tiene para ofrecerte.

Te ruego que encuentres paz dentro de ti mismo.

Tú puedes y vas a superarlo!

Y así es!

4 de Noviembre

Un Amor que Perdona
~ Invocando al Ángel del Amor
Por: Ann Phillis

Oh la alegría!
El amor de perdonar.
Liberado del pasado
Mi corazón está cantando

Los hilos que se unen
Se liberan de mi ser.
Ángeles de esperanza,
Resucita mi vida.

Estoy en la gracia
De mi corazón, renovado.
Mi alma, como el fuego,
Energizando mi camino hacia adelante.

Mi entrega es completa,
Mis alas se abren.
Yo soy de la luz,
Totalmente aquí, en la Tierra.

5 de Noviembre

Amados Ángeles, yo Oro
Por: Lisa Clayton

Amados Ángeles, les pido que bendigan mi corazón y alma
en esta ofrenda de oración de hoy.

Oro para que el amor y el perdón sean la bandera que ondea.
Oro para que la más alta vibración salga de mi corazón,
para atraer a aquellos que yo estoy para servir.
Ruego que mis servicios se eleven de mi corazón apasionado
así puedo cantar la canción de mi alma.

Ruego "ahora" envolver mi conciencia profunda
para poder estar en sintonía con el presente
y alegremente invito todas las oportunidades a llenar los deseos
de mi corazón.
Oro para que los hermosos sueños que viven dentro de mi
corazón se manifiesten
en buenas obras para cada ser viviente y espíritu con el que estoy en
contacto diariamente.

Oro para que aquellos que me honren, me respeten,
me apoyen y me animen
estén siempre presentes en mi vida.
Oro para que se refleje la mayor verdad y sabiduría
en cada palabra pronunciada y acción tomada mientras estoy
aquí en la tierra.

Oro para que no se quede dormido mi corazón
para que pueda ver la maravilla de cada amanecer de cada día
a través de los ojos que penetran más allá de lo obvio.

Oro a mis Amados Ángeles que me ayuden a vivir este día a
través del amor.

6 de Noviembre

Bendiciones Chispeantes
Por: Rev. Jamie Lynn Thompson

Que la Divinidad y los ángeles rodeen este día
con sus poderosas alas.

Para que pueda resplandecer tu luz a todo el mundo para que puedan
ver cuan hermosamente brillante eres.

Permite que tu chispa por sí sola coloree el mundo con brillantes tonos
del arcoíris.

Bendiciones brillantes de amor y luz.

Brilla!

7 de Noviembre

Rodéame con tu Abrazo Amoroso
Por: Sue Broome

Queridos Ángeles, Ángeles por todas partes.

Les pido que me rodeen con su energía amorosa
y su sentido de la paz.
Siento que mi corazón se expande cuando sé que están conmigo.
Cada célula de mi cuerpo se desborda con su amoroso abrazo.
Veo cada color del arcoíris y mas allá
y siento su presencia serena y tranquilizadora.

Me inspiran, me animan, me ayudan a ver
lo que está bien sobre el mundo y estoy agradecido.
Cuando las cosas se sienten, me envuelven en su amor y
me animan a ver las cosas en una luz positiva y clara.

Vengan a mi vida cada momento de cada día.
Llénenme con su energía, su luz y su protección,
su guía y amor incondicional.

Los invito a entrar en mi vida y en mi corazón, hoy más que ayer.
Estoy abierto a recibir su amor y su guía,
escuchando con todo mi ser.

Sé que están conmigo, Ángeles, cuando los invoco.
Siempre están a una respiración de distancia.
Gracias, queridos Ángeles, por su amoroso abrazo.
Los quiero.

8 de Noviembre

Oración de los Ángeles para la Expansión
Por: Suzanne Gochenouer

Queridos Ángeles,

Ayúdenme a ver las posibilidades infinitas de la vida
en cada parte de mi vida.

Guíenme para expandir mi conciencia
y el amor a los límites de cada posibilidad,
y denme el coraje de ir más allá de esos límites.

Ayúdenme a reconocer oportunidades
que vengan a mí de una manera inesperada.

Recuérdenme pedir nuevas formas de explorar las profundidades de la
Luz y el Amor.

Guíenme para estar abierto a nuevas verdades y revelaciones.

Estimulen mi alma con el ilimitado Universo del cual soy parte.

Compartan conmigo el amor por el aprendizaje sin fin
y para seguir avanzando en la Fe y el Amor.

Amén, amén, amén.

Gracias, gracias, gracias.

9 de Noviembre

9 de Noviembre ~ Lauviah (Victoria)
(de la tradición de los 72 Ángeles del Árbol de la Vida)
Por: Terah Cox

Querido Lauviah,

Que tu luz me recuerde que es natural en la vida que yo, y cada uno,
podemos "ganar" a ser quienes realmente somos, y que en la
lucha por la existencia las batallas que valen la pena ganar
no pueden ser combatidas.

Cuando esté frente al éxito o la derrota aparente
haganme olvidar el tesoro de mi luz interior,
llévenme al altar de mi corazón para recordar que el verdadero éxito
pertenece al alma y la derrota pertenece solamente al mundo.
Así puedo esforzándome hacia mis propósitos del alma con dignidad e
integridad,
entregándome solamente a la co-creacion con el flujo de la vida.

Ayúdame a decir el *sí* de la aceptación a cada circunstancia que llega
para que yo pueda recibir sus dones, y decirle *sí* a quien soy ahora
aún cuando todavía estoy sacando lo mejor de mí.

Que con tu luz pueda ver que siempre
Voy a ir donde necesito estar - y que no hay otro lugar
como aquí y ahora … para encontrar mi camino hacia donde realmente
pertenezco.

Y sobre todo, déjame saber siempre que voy a triunfar en mis esfuerzos
de una manera u otra, tarde o temprano, cuando triunfe en el amor hoy.
Amén.

10 de Noviembre

Oración a Nuestros Ángeles Guardianes
Por: Giuliana Melo

Querido padre en el cielo,

Con y desde tu infinito amor por nosotros,
has creado benditos ángeles del cielo para ser nuestros guías durante este viaje terrenal.

Gracias por esta bendición, te amamos y apreciamos por esta ayuda.

Por favor, que podamos sentir, ver, oír y conocer tu ayuda
durante esta vida.
Ayúdanos a permanecer en la luz del cielo.

Por favor vigila a todos tus hijos, por esto oramos.

Amén.

11 de Noviembre

Joyas de los Ángeles
~ Invocando al Ángel del Amor
Por: Ann Phillis

Rubí rojo, la profundidad del amor
Fuego violeta, corazón transformador
Verde de la naturaleza, sanación para calmar
Luz dorada del sol, capullo de la naturaleza.

Chispa naranja, presencia de vitalidad
Rosa rosado del amor, esencia de la madre de Cristo
Azul profundo del cosmos, cerca del cielo
Blanco puro de gracia, alimento nacarado.

Aquí estamos, los ángeles de la bendición!
Aquí vivimos en armonía con el presente.
Un regalo en todos los colores, para todos los esfuerzos de la vida
hacemos brillar cada nación y cada corazón para que sea radiante!

12 de Noviembre

Oración de un Corazón Puro de Servicio
Por: Ellen Elizabeth Jones

Mi Amado Espíritu de toda la Creación...

Te abro mis brazos para que la bondad, la fe, la alegría, la risa, el amor, la
prosperidad y
la abundancia de toda dignidad entren en mi vida este día.

Sé que tú eres mi brújula, Dios, y veo la nueva dirección
Hacia donde me estás guiando

Estoy agradecido por esta orientación.

Mis horizontes se expanden, mientras tú estás trabajando a través de mi
en la capacidad de cumplir con mi servicio.

Vivo y respiro la bondad y la confianza en mí mismo.

Todos los que conozco tienen un regalo que ofrecerme, mientras yo les doy
el don del servicio y de la verdad.

Honro a Dios en su presencia.

Que este día sea bendecido, mientras me prepare para dar voz a todo lo que soy.

Acepto la luz de la paz y la divina herencia en este mundo
para dar voz a todo lo que soy.

Recibo del flujo universal todo lo que hace mi vida viva,
respirando gratitud.

Soy abundante en cada área de mi vida

Gracias Dios, y los Santos Ángeles, por iluminar mi camino.

Yo lo acepto con infinito amor, paz y alegría.
AMÉN!

13 de Noviembre

Una Oración para el Amor Incondicional y la Aceptación
Por: Anthony Trofe

Arcángel Chamuel,
Te pido que me ayudes a mirarme como lo haces tú,
con amor incondicional y aceptación.

Te pido que me des el valor y la fuerza para reconocer mis defectos
y edifica sobre ellos con gentileza y gracia.

Te pido que te unas a mí en la celebración del alma que soy,
y el espacio que tengo.

Que pueda ser una luz para que otros vean su belleza
y sientan el amor de tu presencia en todo lo que nos rodea.

Sostén nuestras manos guíanos en abrir nuestros corazones para ser
el cambio que queremos para este mundo.

A través de tu sabiduría, pedimos sanidad y comprensión, mientras
miramos en nuestro
futuro y vemos la paz
que creamos incondicionalmente sin limitación alguna.

Y así es…

14 de Noviembre

Azrael y los Ángeles de la Transición
Por: Sandy Turkington

Azrael, en el espejo de tu sanidad - en mí mismo ser – entrego mis pensamientos, mi alma/espíritu a ti.
Tú eres mi vida, mi esperanza. Mi corazón finalmente está abierto para recibirte plenamente.
Oigo el llamado de los espíritus desde hace mucho tiempo. Oigo su dolor, esperanza, sueños y deseos. Están deseando ser liberados a sus seres queridos. Quieren que sepamos su existencia, que lo están haciendo bien y que lo han hecho a salvo. Sus sueños se cumplen, con amor y paz.

Por favor, sanen nuestra pena, porque están haciendo el trabajo del creador en otro nivel.
Ayúdenos a conectar con ellos, para que podamos ayudar a otros a conectar con su amor,
y que ese espíritu continúe viviendo. Ayúdenos a entender esto completamente dentro de nuestra pérdida. Gracias por estas bendiciones y por este milagro de resurrección. Amén.

15 de Noviembre

Oración a los Ángeles para la Sanación

Por: Michelle Mullady

Ángeles del reino del amor santo y de la luz vibrante,
Invoco su presencia para que me ayuden en mi sanación ahora.
Pido que un poderoso aumento de la energía verde
esmeralda de sanación
llene mi ser en este momento; Limpiando y purificando
cada órgano, músculo, articulación, tejido y célula de mi cuerpo,
restaurándome al pleno bienestar.

Con mi corazón abierto al amor rejuvenecedor de Dios,
acepto mi Sanación.
Dame la fe para saber, en mi corazón, que el poder de Dios
me sostiene y me bendice con perfecta salud.

Ángeles queridos, en la oración de cada día,
guíenme para contemplar la vida del Espíritu interior.
Ayúdenme a afirmar que soy una creación del Espíritu,
una expresión siempre renovadora de la vida divina.
Yo soy la salud y la integridad,
y mi cuerpo sigue respondiendo con vida y vitalidad.

Por favor, ayúdenme a usar el poder de mi mente para visualizarme
como un fenómeno vibrante, caminar y hablar de la Luz de Dios.
Gracias por apoyar mi habilidad para sanar
y por llevarme a la paz de la mente,
una sensación transformadora de calma, y un espíritu fortalecido.

Amén.

16 de Noviembre

Invocando a los Ángeles
Por: Trish Grain

Invoco a todos los Ángeles a unir manos
y dejar que su energía del arcoíris fluya en mi ser
y abra mi corazón,
creando un puente mágico
entre el cielo y la tierra
para que yo pueda ser empoderado e inspirado
para ayudar a otros a alcanzar las estrellas.

Abro mis brazos y corazón para recibir sus bendiciones
trayendo esperanza, amor, alegría, abundancia e iluminación espiritual.

Los ángeles te están enviando rocío de magia y Milagros ahora.

Gracias, Ángeles.

17 de Noviembre

Oración a Zagzagel
Ángel de la Sabiduría
Por: Bobbe Bramson

Zagzagel, oh, Zagzagel
Bendito Ángel interno de sabiduría-
Llévame a la alineación sanadora
con la Luz y tibieza de tu presencia.
Devuélveme la inocencia de mi pureza
y hazme resplandecer plenamente encarnado en el Amor.

Zagzagel, oh, Zagzagel
Hazme sabio, ayúdame a atesorar la quietud
de la compañía de mi Ser Superior.
Dame la vista interior para mirar dentro, para buscar y encontrar
cada perla de sabiduría que me espera allí.
Dame oído interior dentro del sutil silencio
para intuir la suave voz de Dios.
Dame conocimiento interno y llévame al más profundo santuario
de mi corazón donde reside el reposo callado.

Zagzagel, oh, Zagzagel
Calma la charla del ego de mi mente, el interminable zumbido estático
que alimenta la duda y la negatividad,
y en lugar de esto ajústame en el claro canal,
resonante con lo armónico de mi Verdad y mi Conocimiento Interno.

Zagzagel, oh, Zagzagel
Enséñame tu arte de sabiduría y hazme experto en ello,
que yo pueda cultivar una confianza solida en mí mismo
que no sea sacudido por ninguna influencia exterior.
Rodea y llena mi halo de la Verdad Divina
y guíame para que brille el resplandor de mi alma en mi camino.

Gracias, amado Zagzagel.

18 de Noviembre

Arcángel Miguel
Oración de Protección
Por: Staci Mitchell Randall

Arcángel Miguel, por favor quédate conmigo mientras me muevo a través del día.

Coloca la luz blanca alrededor de mi para mantenerme seguro y conectado.

Ayúdame a mantener mi propia energía, para no absorber la energía de otras personas.

Ayúdame a ver y ser consciente de lo que no me sirve, y ayúdame a quitarlo de mi vida.

Guíame para llenar el espacio vacío con energía amorosa que sirva a mi propósito.

Gracias por tu fuerza y poder.

Amén.

19 de Noviembre

Ariel, Trae la Lluvia
de la Remembranza
Por: Kimberly Marooney

Amado Ariel, cómo te extraño.
La ilusión me alejó con las necesidades del mundo.
Demasiado que hacer! Dinero insuficiente.
Preocupación, ansiedad, haciendo todo yo mismo.
Esa rutina está muy desgastada y yo estaba pegado en ella.

Gracias por enviar tus lluvias de recuerdos
para suavizar el suelo y liberarme.
Tú has proporcionado una entrada de energía que me ha liberado.
Gracias. Me siento tan bendecido y amado.

Con tu ayuda, puedo sentir un cambio inmenso en mi conciencia.
Veo este cambio sucediendo a mi alrededor en el mundo.
Soy testigo de millones en oración, co-creacion y esfuerzo
llamando a tu presencia a morar en esta Tierra.
La edad de las tinieblas está pasando y tu Luz Dorada está amaneciendo.

Estoy profundamente agradecido de que estés abriendo la conciencia
colectiva.
para hacer la vida más fácil. Me siento apoyado!
Tal vez este apoyo ha estado allí todo el tiempo
y solo estoy abriendo la experiencia.
Podría ser este el estado de iluminación?
Me estaré haciendo consciente del apoyo amoroso que ya está presente?

Siento paz, alegría, amor, libertad. Mi corazón canta con soluciones.
Manténme en este estado de amorosa Unidad hoy.

20 de Noviembre

Mi Amigo para Siempre
Por: Marian Cerdeira

Sostengo mi mano hacia ti,
mi querido Amigo Guardián.
Por favor quédate aquí.
Déjame sentir tu presencia amorosa conmigo ahora
y cerca de mí a lo largo de este día.

Escucha mi corazón.
Lo siento en mi alma.
Me conoces profundamente
y mi corazón está a salvo contigo, siempre.

Yo busco tu mano cariñosa, mi Amigo Guardián,
para unirse a la mía mientras camino por lo desconocido de este día.
Mi mente está abierta a todo lo que me guía para ver y para hacer.
Estoy agradecido de que estés aquí y estar bajo tu amoroso reloj.
Bendecido de que siempre estarás cerca para mantenerme
fuera de peligro.

Mientras elevo mis pensamientos a Dios y a esta luz interior,
Pienso en ti sosteniendo mi mano.
Mi corazón está profundamente agradecido a ti,
mi querido Amigo Guardián.

Te amo.

21 de Noviembre

Invocación Diaria para una Alimentación Sana
Por: Gina Barbara

Les ruego a ustedes, Ángeles de luz pura,
que estos alimentos que como
alimenten mi alma.

Mientras los rayos del sol,
tocan el rocío de la mañana,
mi deseo de comidas no saludables
los entrego a ustedes.

Que el alimento y los dones que traigan,
sanen mi mente, cuerpo y espíritu también;
mientras crezco en gratitud,
por todo lo que digo, como y hago!

22 de Noviembre

Arcángel Uriel: Oración por la Paz
Por: Cathelijne Filippo

Amado Arcángel Uriel, Ángel de la Paz,

Te pido que hoy me bañes con tu paz.
Por favor, ayúdame a estar en paz conmigo mismo y con el mundo.
Cuando experimente agitación interna.
por favor tráeme tranquilidad y renovación de esperanza.
cuando experimente miedo, ayúdame a regresar a un estado
de amor y confianza.
Cuando experimente ira, muéstrame perdón y comprensión.
Cuando haya un malentendido, por favor, dame una visión
para que así como yo perdono a otros, así me perdone a mí mismo.
Y mientras me esfuerzo por entender a otro, que encuentre una nueva
sensación de paz.
Por favor armoniza todas mis relaciones y mi ambiente,
para que yo pueda vivir en paz.

Querido Arcángel Uriel, Llama de Dios.

Por favor trae tu Luz a lugares de oscuridad en esta tierra.
que pueda penetrar al miedo y la ira, el odio y la violencia.
Por favor, reemplaza el caos y la guerra por la paz y la comprensión.
Te pido especialmente que envíes Luz y paz a

_____.
Pueda _____ser resuelto perfectamente
por el Bien Supremo de todos.
Ayuda a la humanidad a vivir desde el corazón, abriéndose a un sentido
de unidad y fraternidad.
Que la Divina Justicia siempre prevalezca.

Que asi sea.

341

23 de Noviembre

Oración para la Sanación Emocional
Por: Stacey Wall

Arcángel Uriel,
Conoces mi corazón y los desafíos que he enfrentado.
Tú sabes dónde he estado y cómo los acontecimientos me han
hecho quien soy.
Se que cada acontecimiento sirvió como una oportunidad de aprendizaje.
Con gratitud por estas lecciones, te pido que me ayudes a salir adelante
y dejar estos eventos en el pasado.

Ayúdame a sanar cualquier herida emocional
que me impida vivir mi vida plenamente.
Trae la Sanación a cualquier relación que pueda ser forzada o dañada.
Ayúdame a ir mas allá de los viejos dolores.
Lléname de perdón para mí y para los demás.
Quítame cualquier temor que no me permita sanar.
Llena mi cuerpo, mente y espíritu con la luz del amor puro.
Transforma mi desobediencia y restaura mi equilibrio
perfecto y mi salud.

Dame fuerza para dejar de lado viejas creencias.
Dame coraje para sanar.
Dame libertad de despojarme del dolor del pasado
para poder vivir como la expresión más plena de mi ser auténtico.

Arcángel Uriel, te agradezco por tu silenciosa fuerza y tu infalible amor.
Y así es.

24 de Noviembre

Una Oración para Disfrutar lo que ya Tengo
Por: Kimeiko Rae Vision ATP®, The Angel Warrior™

Queridos Ángeles,
Por favor, ayúdenme a disfrutar genuina y felizmente de todas las cosas
de mi vida
por las que pueda estar agradecido hoy.

Ayúdenme a recibir con gracia los cumplidos,
Sorpresas felices y asistencia
de entusiastas ayudantes que verdaderamente disfrutan lo que hacen.

Por favor, ayúdenme a recordar que a veces es mejor *ser* el *dador*
y otras veces es realmente mejor para todas las partes involucradas para
mi *recibir*
y *aceptar* que me den.

Estoy agradecido por su apoyo.
Gracias!

25 de Noviembre

Oración a los Ángeles para Protección y Dirección
Por: Brenda Dowell

Ángeles, Guías, Maestros Ascendidos, Maestros
y todos los que caminan conmigo en amor y luz,
por favor entren en mi vida ahora.

Guíenme, guárdenme, protéjanme y manténganme a salvo del daño.

Por favor, permítanme ser un canal puro y abierto
para que su amor y sanación trabajen a través de mí.

Por favor, denme la claridad de mi propósito,
el coraje para seguir mis sueños y la compasión para estar al servicio.

Que no se haga mi voluntad, sino la de ustedes,
para el bien Supremo de todos los involucrados.

Y así es.

26 de Noviembre

Ser Agradecido
Por: Lisa K.

Ser agradecido es algo complicado
pero tienes mucho porqué agradecer.

Dentro del reino de esto o aquello,
tu vida te ha traído muchas cosas buenas.

Solo tienes que tomar un momento para darte cuenta de lo mucho que
tienes!!

Con tu gratitud generas un aura de energía positiva
que te rodeará con atracción magnética hacia todo lo que desees.

Cuando esto sucede, podemos fácilmente traer a las personas,
lugares y cosas que necesitas para que se manifieste lo que quieres.

– Tus Ángeles

27 de Noviembre

Arcángel Raguel:
Oración por la Amistad y la Armonía
Por: Cathelijne Filippo

Amado Arcángel Raguel,

Por favor báñame hoy con la energía de la verdadera Amistad.
Déjame ser mi mejor amigo, disfrutando de mi propia compañía
mientras me trato con amor - bondad.
Permíteme extender esa bondad amorosa a los que conozco,
con el fin de convertirme en el amigo para otros que yo desearía para mí.
Por favor envíame amigos con ideas afines para apoyo mutuo.

Que yo pueda realmente conectar de corazón a corazón
y de Alma a Alma
Mientras veo la Luz dentro de mí y del otro.
Por favor, ayúdame a comunicar abierta y honestamente
así como escuchar verdaderamente a otros.
Ayúdame a permanecer centrado dentro de mi propio corazón,
mientras que me acerco a otros
de esta manera, todas mis amistades mantendrán la calidad del corazón.

Querido Arcángel Raguel,
Por favor media en cualquier situación entre yo y mis seres queridos
donde hay desarmonía. Por favor ayúdanos a resolver la causa de esto
ya sea malentendido, irritación, frustración, ira
celos o resentimiento.
Ayúdame a ver siempre la lección en cualquier situación
mientras retrocedo y dejo que mi Ser Superior guie el camino
Gracias por tu amistad, Arcángel Raguel.

28 de Noviembre

Guía de los Ángeles:
Ayer, Mañana y Hoy
Por: KipAnne Huntz

Mis queridos Ángeles les pido por favor;
Equilibren mi empatía y compasión con mi coraje y fuerza.
Debo comenzar a equilibrar este camino en que viajamos
Les pido por favor me guíen suavemente de regreso
Aunque ustedes mis queridos Ángeles ya ven los caminos que tienen
desplegados ante mí
ustedes saben que soy yo quien debe elegir ~
Les pido ahora y siempre mis Ángeles de lejos y cerca, por favor
guíenme con la verdad.
Mientras que este día se despliega ante mí, en el deseo de mi corazón,
mi pasión también, que además de lo que sea, yo creo con ustedes
traemos belleza, amor y fuerza a aquellos
cuyos caminos nos cruzamos hoy.

Como fue ayer y como será mañana,
comienzo hoy con un sincero agradecimiento.
Gracias por rodearme mientras despierto
de todas las nuevas posibilidades que tiene este día.
Los desafíos y triunfos de ayer siempre serán parte de lo que soy.
Las bendiciones del mañana todavía no se han desarrollado.
Hoy es un lienzo blanco - lleno de infinitas posibilidades
sobre el cual construir y crear.

Mis Ángeles ~ les pido una vez más,
Guíenme en la verdad en este día que pertenece a ustedes y a mí.

29 de Noviembre

En Oración del Servicio Divino
Por: Elizabeth Harper

Gran Espíritu, Ángeles, Guías y Elementales.
Envuélvanme con su amor, luz, paz y poder.
Protéjanme, ayúdenme a estar con ustedes
Les pido que traigan luz a mi mente, cuerpo, espíritu y emociones,
límpienme de cualquier cosa que no me pertenezca
y que no me sirva

Traigan luz a mi espacio, encima de mí, debajo de mí, y a mi alrededor.
Difundan su luz y amor en cada área de mi ser,
pasado, presente y futuro, en esta vida y en todas las vidas futuras.

Les pido que centren mi energía y me ayuden
a alcanzar la vibración más alta posible
que está en alineación con mi nivel actual de conciencia.

Llamo a mis Ángeles y Guías a que trabajen hoy a través de mi
para mi mayor y mejor bien
y para el bien más alto y grande
de todos aquellos con quienes entro en contacto.

Ángeles, protéjanme cuando comparto mis dones con los necesitados.
Ayúdenme a servir desde un lugar de integridad, amor y compasión.
Ayúdenme a escuchar sus mensajes, a ver su luz divina,
para recibir orientación clara y precisa.

Con el poder de su amor, les agradezco
Amén.

30 de Noviembre

Observa, Observa
Por: Roland Comtois

Escúchame, yo soy tu ángel de la guarda.
Por la poderosa luz que brilla sobre ti.
Mientras asciendes hacia tu iluminación
que sepas que siempre estaré contigo.
Has venido abierto a expandir tu vibración
Abre tu corazón ahora y libera el dolor.

Se Amor.
Un alma que sufre no puede ascender, crecer, expandirse o convertirse.
Observa, observa la luz que te dará fuerzas.
Tu verdadera fuerza ya existe en lo más profundo de tu alma,
en tu interior.
Por hoy, a medida que asciendes hacia tu verdad,
coloca tus manos sobre tu corazón y date cuenta
que estoy contigo.

Se Amor
Observa, que ahora somos uno,
en unión con la Fuente,
en unión con lo Divino,
en unión con el Ser.

Se Amor.
Invoco a tu alma
A RECORDAR
A REAVIVAR
A ENERGIZAR
Su propósito Divino.

Diciembre

1 de Diciembre

Arcángel Chamuel
Oración para el Amor Propio
y la Aceptación
Por: Bobbe Bramson

Amado Arcángel Chamuel,
enséñame a amarme y a aceptarme
desde adentro hacia afuera, para verme como tú lo haces.
Tú de lo más puro, y la más alta octava de amor y adoración,
infunde por favor cada capa de mi ser
con tu rayo rosado de oro de amor incondicional y aceptación.

Brilla en cada célula de mi cuerpo para que yo pueda aprender
cómo tratar este templo con respeto y ternura.
Purifica mi mente y emociones de patrones de negligencia,
auto-juicio, y duras expectativas,
y entrégame a la paz de un corazón confiado y abierto.
Envuélveme a mí y las partes heridas de mí mismo
en la calidez de tu compasivo abrazo
que una reunión sanadora puede ocurrir.

Revela en mí la verdad de mi perfección en este momento, tal como yo,
y libérame de la necesidad de mirar fuera de mí
para validar mi valor.
Empodérame con un amor tan fuerte e inquebrantable
que pueda honrar mi propia autenticidad,
apreciándola como una joya rara y preciosa.

Glorioso Chamuel, te doy gracias por tu radiante Presencia en mi vida.
y por la gozosa seguridad que traes a mi corazón y alma.
Que seas bendecido mil veces.
Amén

2 de Diciembre

Comunicando con Espíritu
Por: Lisa K.

Nunca antes ha habido un mejor momento para renovar
tu interés y fuerza en espíritu.

Encontrarás que es más fácil y más rápido que nunca antes
para conectar a los reinos superiores de conciencia
y a lo que ustedes llaman Espíritu.

La tierra de la Conciencia Universal
espera tu alcance y conexión.

Así que, quédate quieto, espera por tus respuestas,
ya que vendrán a ti en símbolos, palabras, pensamientos,
imágenes y sonido.

Siempre intentaremos muchas formas de comunicación para llegar a ti!

- Tus Ángeles

3 de Diciembre

Una Oración para la Comunicación Armoniosa
Por: Tracy Quadro Arietti

Ángel Gabriel,
has sido el heraldo
de tantos momentos espirituales fundamentales.
Has compartido las buenas nuevas de los nacimientos, la salvación,
la promesa de una nueva vida y otras noticias felices.
Pero incluso cuando predices acontecimientos infelices,
hay esperanza en tu mensaje.

Por favor, ayúdame a encontrar la paz a través del entendimiento de que
todo sucede por una razón, y todas las noticias son buenas noticias.
Guíame a resonar con tu fuerza,
para que pueda ver cada pieza de información que viene a mí,
incluso las palabras que a primera vista me parecen desagradables, verlas
como un regalo.

Por favor, guíame a través de mis pasajes difíciles,
llena los malentendidos y luchas, con gracia.
Por favor, recuérdame ser misericordioso y perdonarme
cuando mi reacción a lo que otros me dicen es de poco agrado.
Dame las habilidades para ayudar a otros a encontrar un
terreno en común
y romper las barreras de comunicación que conducen al conflicto.

Empodera mi voz para que mis palabras sean un bienvenido consuelo
para los demás.
Y por favor ayúdame a encontrar las habilidades para comunicarme
para que todo lo que comparto suene como una buena noticia,
y que todo lo que oigo suene alegre.

4 de Diciembre

Conectando con la Divinidad Interna
Por: Jeanette St.Germain

Queridos Ángeles Amados del Amor y la Luz Suprema,

Escuchen mi corazón, sientan mi espíritu, apóyenme a alinearme con
la verdad de Todo lo que es.
Por favor, ayúdenme, guíenme y empodérenme
para reconocer la santidad de mi propia luz interior.

Ayúdenme a entender que soy un poderoso creador
de mi propia vida y destino,
que trabajo mano a mano con el Universo,
con el apoyo de los ángeles celestiales,
para experimentar la riqueza de lo que significa estar vivo.

Por favor envalentonen mi alma, eliminen cualquier duda de mí mismo,
y ofrezcanme oportunidades de abrazar las más altas formas de amor. Por
favor, ayúdame a recordar que soy digno, que soy capaz, y estoy
dispuesto a dar y recibir compasión, honor y conexión apasionada
dentro de mí mismo y con otros.

Ayúdenme a brillar más brillante que el sol,
emocionado y lleno de asombro cuando me siento inseguro
acerca de mi siguiente paso en este viaje.

Ángeles, por favor, ayúdenme a sentirme elevado en la fuerza y la
sabiduría de mi diseño cósmico único, ayúdenme a rendirme a la belleza,
la vulnerabilidad y la magia de mi verdadero resplandor divino.
Así sea, y así es!

5 de Diciembre
Amor Divino y Luz del Arcángel Miguel
Por: Lisa Clayton

Amado Arcángel Miguel,
Confío en tu valentía y protección para infundir mi corazón cada día.
Los milagros ocurren cuando me mantengo enfocado en creer
en el poder del amor,
a través de la conexión con tu Amor Divino.
Cualquier cosa es posible, al abrir mi corazón a la Luz Divina,
del Reino Dorado de los Ángeles, guiado por Ti.

Mi corazón late en perfecto ritmo con la presencia Divina de tu Amor,
que activa mi brújula interior para la libertad,
felicidad, alegría y abundancia.
El reino de oro de los ángeles me ofrece la luz divina
atada con armonía y gracia para elevar las vibraciones de mi corazón.
Siento su esencia de oro fluyendo a través de mis venas
con cada respiración que tomo,
reemplazando el pulso de las situaciones de miedo
que parecen imposibles de superar.

Estas son falsas ilusiones.
La esencia del Amor Divino y la Luz brilla en los tiempos oscuros,
disolviendo el miedo a medida que se desarrollan situaciones
de vida impredecibles.
El Arcángel Miguel me recuerda
que el Amor Divino y la Luz siempre triunfan sobre el miedo.
La sabia guía del Reino Dorado de los Ángeles que yo recibo a través de
la oración fiel
es el comunicado angélico que abre mis ojos, oídos y voz del corazón
para recibirla cada día.

Estoy eternamente agradecido por estas bendiciones
activado por el Amor Divino y la Luz del Arcángel Miguel.

6 de Diciembre

Oración para la Abundancia
Por: Rev. Vicki Snyder-Young

Oro al Arcángel Ariel para que genere abundancia en mi vida.
Le pido que colaboremos juntos en esta tarea de creación.
Mis pensamientos atraen todo lo que es positivo y bueno para mí.
Sólo pido lo que necesito,
que mis deseos estén alineados con mis necesidades reales
y que mis deseos y necesidades siempre están sincronizados.

Demuestro gratitud por todo lo que tengo y pido prosperidad
en todas las áreas de mi vida:
familia, amigos, amor, buena salud, oportunidades y dinero.
Con su ayuda y la ley de la atracción
Soy testigo de una cornucopia de prosperidad
y comparto estas bendiciones con todos lo que amo.

También le pido a Ariel que bañe a otros con bendiciones de abundancia.
Con esta abundancia mutua viene un cambio en el mundo.
Que no tengamos que trabajar tan duro para proveer a nuestras familias,
y así podamos disfrutar de más tiempo de calidad juntos.
Permita que esta abundancia permita que las personas
y las familias retrocedan
sobre los viejos valores familiares.

Ayúdame y a otros a no venir de un lugar de carencia
sino de un lugar de gratitud maravillosa por cada día que tenemos.

7 de Diciembre

Oración por la Paz
Por: Karen M. Winkelman

Ángel Guardianes de cada continente y nación, les ruego: Por favor, siembren semillas de paz, amor y compasión en los corazones y las mentes de todos. Ruego que estas semillas se enraícen, crezcan y den frutos, abriendo los corazones y mentes de las personas en todas partes.

Queridos Ángeles de la Paz, ayúdenme a encontrar mi propia paz interior sin importar lo que suceda en el mundo.
Ayúdenme a separarme del drama que se desarrolla a mi alrededor y saber que lo Divino está siempre conmigo.

Ayúdame a liberar todos los juicios contra los demás y contra mí mismo.

Inculca en mí la paz mental, el corazón y el alma, para que pueda encontrar quietud interior y ser menos reactivo. Ayúdame a curar mis propios conflictos internos para que pueda estar en paz conmigo mismo. Ayúdame a dejar ir la lucha y aceptar lo que es, y así pueda liberar mis apegos a la forma en que pensé debería ser.

Comparte tu gracia conmigo para que viva una vida más armoniosa y pacífica.
Ayúdame a elegir la Paz cada día.
Y que vuelva a la Paz siempre que me desvíe de ella.

Gracias. Y así es.

8 de Diciembre

Oración para la Paz Interior
Por: Michelle Mullady

Ángeles de la Serenidad,
en el silencio de este momento,
les doy las gracias por conectarme con el lugar dentro de mi
que no está afectado por ninguna forma de agitación o angustia.

Guíenme a sintonizar en este reservorio interior de paz divina
y permitan la serenidad para calmar mi alma
mientras descanso en el cumplimiento del amor de Dios.

Que pueda escuchar el silencio y sentir la presencia pacífica de Dios
dentro de mí.
En estos momentos sagrados de comunión consciente con lo Divino,
condúzcanme a entender que puedo volver a conectar
con esta paz interior
en cualquier momento durante el día.

9 de Diciembre

Oración para tus Ángeles Guía
Por: Virginia Giordano

Queridos regalos preciosos de Dios,
Gracias por rodearme con
Amor y luz cada momento de cada día
Dormido o despierto
Ustedes me Guardan y protegen
Gracias a ustedes
Nunca estoy solo
Ustedes son mis verdaderas almas espirituales
Nadie me conoce mejor
Nadie me ama más -
Incondicionalmente
Nadie me juzga menos ...
Incluyéndome a mi
Sé que con ustedes a mi lado
TODO ESTÁ BIEN, TODO ESTÁ BIEN, TODO ESTÁ BIEN

Que así sea

10 de Diciembre

Madre María: Oración por el Cuidado Gentil
Por: Cathelijne Filippo

Amada madre María, Reina de los Ángeles,

Por favor, envuélveme en tu pacífica,
energía cuidadora de suave luz azul aguamarina.
Pido que me rodee como el cálido abrazo de una madre,
curándome en todos los niveles.
Pido que me traiga dulzura y seguridad a mi niño interior.
Por favor, sana a mi niño interior y ayúdame a conectarme con él.
Que despierte en mí la capacidad de jugar y disfrutar la vida al máximo,
mientras yo cuido profundamente de este niño.

Querida Madre María,
Por favor, ayúdame a ser más amable conmigo mismo.
Permíteme aceptarme plenamente. Permíteme reconocer mi verdadero
yo.
Permíteme amarme completamente,
y tomar tiempo para descansar, renovarme y recargar mis baterías
internas.
Por favor, enséñame a amarme completamente.

Ahora permíteme extender esa dulzura y bondad a los demás.
Porque sólo después de haber cuidado de mi adecuadamente, podré estar
verdaderamente para los demás.
Reconozco este hecho y voto para estar allí para mí
y no sólo honrar las necesidades de los demás sino también las mías.
Al hacerlo, me vuelvo más pleno y completo,
añadiendo estas energías de sanación y cuidado a la Tierra.
Que así sea.

11 de Diciembre

Oración para las Festividades sin Estrés
Por: Cathleen O'Connor

Amados ángeles, los días de fiesta han llegado una vez más
con menús, planes y compras en la tiendas.
Comienza el torbellino social; mi calendario se llena
y no puedo encontrar un minuto para solo sentarme tranquilo.

Hay tarjetas para escribir y regalos para comprar;
llamadas telefónicas para hacer, regalos para envolver
y lazos para armar.
Hay listas en abundancia de "indispensables"
y no hay duendes a la vista para disminuir las tareas.

El peso de las expectativas comienza a cobrar su peaje;
¿El asado será sabroso? ¿Tendré suficientes panes?
¿Debería sentar al primo Bill junto a la nueva esposa de Ted?
o las viejas tensiones de la familia traerán conflictos?

Es demasiado; siento que no puedo soportar
así que tienes que ayudarme o no hay esperanza.
Me siento abrumado y menos entusiasmado;
incluso mis baterías han sido sobre-utilizadas!

Por favor, entra y toma mi mano
y recuérdame que este torbellino nunca fue el plan.
Ayúdame a ver que lo que más importa
son los abrazos, el amor y mantenernos cerca.

Envíanos tu luz, su gracia y amor desde arriba
con suaves y gentiles susurros de calma.
Y quita todo nuestro estrés a medida que las vacaciones se acercan
y reemplázalo con tu solo y único entusiasmo angelical.

12 de Diciembre

Ángeles de la Creación
~ Invocando al Ángel del Amor
Por: Ann Phillis

Flujo de Luz, brillo de ángeles,
Creando un cambio en nuestro mundo esta noche.
Tocando todos los corazones, toda la conciencia despierta,
centrado en el saber, nuestro planeta está esperando.

Esperando por amor, luz y esperanza,
para superar el odio, el miedo y la oscuridad.

Escojan, queridas almas, elijan el despertar,
Únanse a los ángeles, los Maestros evolucionando.
Elijan y sean libres en la luz de nuestra creación,
¡Todos juntos, en el nuevo mundo que estamos creando!

13 de Diciembre

Oración para la Sanación de 'Conflicto Interno y Externo'
Por: Gina Barbara

Invoco a los ángeles de paz a que me consuelen
en momentos de conflicto interno y externo en mi vida.

Pido que se entienda claramente
y sea capaz de expresarme fácilmente y libremente
sin duda, miedo o juicio,
en lo que hago o lo que digo.

Pido crecer hacia una comprensión mucho más profunda de mí mismo y
de los demás,
permitiendo que la belleza de la gracia se despliegue y se mueva más allá
de la ilusión de la duda, el miedo o el juicio, en mis desafíos cotidianos.

Al hacerlo les pido que me ayuden a traer la paz y el amor a mí mismo,
a otros y al mundo, a través de la claridad de su luz.

Ahora soy Uno con todo lo que es!

14 de Diciembre

Usar un Nuevo Armario del Corazón
Por: Lisa Clayton

Cambios significativos están ocurriendo en el planeta tierra, Amado:
menos mente, más corazón.
Practica vaciar tu mente, conecta con tu corazón
y aprende a escuchar los mensajes de tu corazón
a medida que te abres a la Guía Divina.
La primera cosa cada mañana, céntrate en tu alma.
deja de pensar tanto.

Tus experiencias son el resultado de tus pensamientos e intenciones.
Deja que tus intenciones sean creadas desde tu corazón
dejando ir lo que tu mente piensa que debes hacer.
Aprende a escuchar la voz de tu corazón.
Esto es fácil cuando se conecta con nuestro Divino Amor y Luz
y permite que entre en tu corazón.
Trae esta energía a través de tu chacra de la coronilla.
Honra tu cerebro y límpialo de los pensamientos que ya no te sirven;
pensamientos que se aferran a la ira, el resentimiento,
los celos y la codicia.
Limpia tu mente con energía de amor.

Lava tu cerebro diariamente.
Viste tu corazón con un nuevo armario,
Uno que te hace cantar, bailar, reír, amar a TODO
y calma el alma con colores pacíficos.
¿Qué hay en tu nuevo guardarropa del corazón para usar cada día?
¡Es hora de ir de compras del corazón! Comprométete a seguir la voz
de tu corazón
Y a escuchar lo que desea usar cada día.

15 de Diciembre

Una Oración para Sanar el Agobio
Por: Julie Geigle

Arcángel Metatrón,
Siempre hay tanto que hacer.
Los días nunca parecen tener suficiente tiempo para hacer todo.
Parece que estoy perdiendo mi vida, siempre ocupado,
corriendo de esta cosa a eso.
Estoy en constante angustia de que nunca lo haré todo.

Por favor, ayúdame a despertar a estas verdades ...
No he venido aquí para hacerlo todo.
"Cómo me siento?" Mido mi éxito.
Si surge ansiedad, PARO lo que estoy haciendo
y respiro profundamente tres veces.
Mi aliento me ayuda a cambiar de conciencia del ego
a la conciencia del Alma.
Yo irradio amor, luz y armonía desde mi Alma.
Soy un Creador de Milagros, un Manifiesto Divino de mi realidad.
El tiempo sólo existe dentro de la Conciencia del Ego, la raíz del agobio.
El tiempo se disuelve dentro de la Conciencia del Alma;
donde la energía y la motivación son infinitas.
Las limitaciones de mi ego desaparecen cuando abrazo la
intemporalidad.

Yo no soy impotente,
¡Soy PODEROSO!
Soy un alma gloriosa y magnífica
quien ha venido a experimentar el amor.
Y como me alineo con esa verdad
el agobio se disuelve.
Y así es.

16 de Diciembre

Les Pido Tiempo
Por: Carol CC Miller

Queridos ángeles, visibles e invisibles: les pido tiempo.

Pido tiempo para permitirme cambiar mi "lista de hacer"
a "lista de SER".

Les pido tiempo para recordarme que tome un momento para respirar
profundamente,
y re-centrarme en saber que todo está bien.

Les pido tiempo para que me detenga y vea la belleza en el ocupación.

Te pido tiempo para recordarme que mire hacia arriba y sepa
tengo apoyo para llamar.

Les pido tiempo para que se me recuerde que todo lo que sucede
es para mi bien supremo,
incluso cuando en ese momento, estoy inseguro.

Les pido tiempo para que pueda hacer una pausa y recordar que la vida
es mágica, misteriosa y milagrosa al mismo tiempo; no necesito saber
cómo funciona, solo necesito saber que funciona.

Te pido tiempo para que pueda sentarme un momento
en profundo aprecio
por todo lo que era,
todo lo que es, y todo lo que viene.

Queridos ángeles, gracias por su tiempo.

17 de Diciembre

Oración para comprometerse con su Camino Divino
Por: Samantha Winstanley

Pido la más alta luz divina

que se mueva a través de mí

de hoy en adelante

para que pueda servir como un molde
para el mayor bien de todos

Amén.

18 de Diciembre

Oración para Llamar al Equipo Divino de los 4 Arcángeles
Por: Giuliana Melo

Ahora invoco al Arcángel Miguel ya su brillante luz azul para que me llene de fuerza y valor.
Por favor, protégeme con su escudo y con su espada de luz. Por favor limpie mi energía de cualquier apego que me esté agotando.
Gracias y así es.

Ahora pido al Arcángel Rafael para que me llene de su luz verde esmeralda curativa, desde la parte superior de mi cabeza hasta las puntas de los dedos de los pies.
Gracias y así es.

Ahora invoco la luz blanca del Arcángel Gabriel para infundir mi ser con la calidad curativa de la comunicación. Permítanme siempre hablar claramente con verdad y bondad.
Gracias y así es.

Ahora llamo a la luz amarilla del Arcángel Uriel para impregnar mi ser con la sabiduría antigua y llenar mi mente con grandes ideas y epifanías para que pueda expandirme y crecer.
Gracias y por eso.

Gracias, queridos ángeles, por estar conmigo y por esta ayuda.
Amén.

19 de Diciembre

Orando por el Ritmo
Por: Crysti Deusterman

Mantenme consciente de tu ritmo para mí,
uno que es individual, único y siempre tiene la llave.

Cuando el mundo empuja y tira,
quiere arrastrarme a un ritmo que no puedo sostener,
mantenme consciente de mi paso, el que puedo mantener.

Cuando me pierde en la postergación,
mantenme consciente de Tu ritmo para mí.
Uno que lo haga, que no se revuelque en el estancamiento,
manteniéndome en el camino, dejándome libre.

Cuando tenga palabras de contienda,
Ruego que no salga demasiado fuerte.
En su lugar, manténgame consciente de mi papel en esta vida;
no es para demostrar quién tiene razón, quién está equivocado.

Cuando quiero lo mejor para mis hijos,
mantenerme consciente de que su educación no es una carrera.
Lo harán mejor cuando se les permita su ritmo individual.

Mi ritmo individual
es donde puedo escuchar.
Es donde encuentro Tu gracia,
donde todo queda claro.

Ayúdame a aceptar el ritmo de los demás.
que Tenga en cuenta el ritmo único de mis hijos,
y tener la disciplina para mantener la mía.

Amén.

20 de Diciembre

Una Oración para la Expresión Creativa
Por: Shanda Trofe

Arcángel Gabriel, Te invoco,
y te pido trabajes cerca de mi durante todo el día.
Ayúdame a encontrar las palabras para hablar elocuentemente;
cuando mis nervios consiguen lo mejor de mí y pierdo mi manera,
Te invito a hablar a través de mí
y permitir que esas palabras fluyan con gracia y facilidad.

Arcángel Jofiel, Te invito a colaborar hoy
sobre estos proyectos que tan gentilmente me han ofrecido.
No sólo embelleceré mis pensamientos,
y eliminaré cualquier duda que pueda surgir,
pero trabajan estrechamente conmigo para crear una obra maestra que
toque las vidas
de aquellos que están destinado a llegar.

Arcángel Miguel, por último pero no menos importante,
rodearme con tu energía azul de protección.
Escúdame de toda negatividad que pueda proyectarse a mi manera;
ofrecerme la fuerza, la guía y la confianza en mí mismo
para seguir avanzando,
y continuar en el camino del propósito de mi vida
para que yo sirva lo mejor de mi capacidad.

Y así es.

21 de Diciembre

Oración del Solsticio
Por: Cathelijne Filippo

Esta Oración es para el Solsticio de Invierno en el Hemisferio Norte;
Si usted vive en el hemisferio sur,
lea la Oración del Solsticio el 22 de junio.

Amado Farlas, Ángel del Invierno,
Bendíceme con tu presencia durante este Solsticio de Invierno,
y báñame en las bendiciones de Yuletide.
Puedo ir profundamente adentro durante este día más corto
y la noche más larga del año.
Puedo usar este tiempo para la contemplación tranquila.

Déjeme mirar atrás en el año pasado,
siendo agradecido por todas las bendiciones,
dejando ir todo lo que ya no me sirve.
Mientras descanso en el conocimiento de que este es el momento
para relajarme y rejuvenecerme,
esperando la luz nueva que se presentará.

Por favor, ayúdame a celebrar el regreso de la luz
en este momento decisivo en el tiempo.
Mientras me doy cuenta que toda la oscuridad debe llegar a su fin,
Sé que ahora es el momento de brillar mi luz interior.
Muéstrame los deseos más profundos de mi corazón,
y los próximos pasos en el viaje de mi alma.
Estoy dispuesto a abrazar la luz interior
y a irradiarla hacia el mundo.
Y así es.

22 de Diciembre

Espacio en un Corazón Ligero para Liberar el Pasado
Por: Carolyn Burke

Ángeles Divinos de Luz,
Envuélvanme en su amoroso abrazo mientras suelto lo viejo.

Gracias por ayudarme a tener el coraje para enfrentar mis miedos
y la sabiduría para avanzar en mi camino,
para el bien supremo de todos.

Al dejar sin esfuerzo los pensamientos negativos
y los patrones que me atan al pasado,
les agradezco por ayudarme a descubrir nuevas maneras de vivir mi vida.

Mientras libero el peso de las relaciones que ya no me sirven
empiezo a levantar, me siento ligero y libre.
Gracias por ayudarme a crear espacio
para que fluya nueva energía.

Estoy agradecido por la luz que irradia desde el centro de mi ser,
penetrando cualquier oscuridad mientras cambio mis percepciones
sobre mí y mi mundo.

Me siento curado en todos los niveles por el poder y la presencia del
amor en mi vida.
Mi espacio del corazón es ligero, abierto y siempre en expansión.

Gracias Ángeles por ayudarme a brillar mi luz en el mundo.
Y así es.

23 de Diciembre

Oración para Abrir mi Habilidad Clarividente
~ *Un Recordatorio de los Ángeles*
Por: Michelle Beltran

Mientras pongo atención en mi frente sobre mis cejas -
el lugar de mi tercer ojo -
Empiezo a despertar y me pongo en sintonía con mi
capacidad de clarividencia.
Yo visualizo mi tercer ojo como más grande que la vida,
abierto de par en par,
vivo y listo para recibir.
Mi tercer ojo está palpitando de vida.

Cuando empiezo a ser más consciente de mi tercer ojo, despierta.
Una vez que establezco esta intención de despertar mi tercer ojo,
el Universo me ha escuchado.
Mi única tarea es dejar que la habilidad florezca.

Pongo mi dedo de mi mano izquierda entre mis ojos.
Empujándome ligeramente hacia el centro de mi frente,
Giro mi dedo hacia la izquierda en un movimiento circular,
luego hacia la derecha.

Esta acción simple pero profunda ha enviado el mensaje a mi tercer ojo
para comenzar a abrir.
Permanecerá abierto, y está aquí para servirme cada vez que lo invoco.
Ahora estoy consciente de la apertura de mi tercer ojo
mientras voy avanzando.
Es un regalo del más alto orden que me ha sido otorgado.

Doy gracias a TODO LO QUE ES por este regalo que ahora es accesible
en cualquier momento que desee.
Sólo necesito sintonizar este espacio y recibirlo.

24 de Diciembre
Arcángel Sandalfon
Oración de Gratitud por la Música
Por: Lori Kilgour Martin

Arcángel Sandalfon,
Me gustaría compartir contigo mi profundo aprecio por la música.
Llenando mi alma con sus colores vibrantes y su rico tapiz,
estoy bendecido.
Belleza, Gracia y Divina expresión mantienen la gloria
en la que me siento completo otra vez.
Las suaves melodías respiran alegría en mi corazón.
Me dan permiso para que se revelen las vulnerabilidades.

Las armonías sagradas brillan;
los tonos antiguos se derraman como un bálsamo calmante.
Qué poderoso, qué suave, esos suaves sonidos
que dan la bienvenida a la luz de Cristo.
Distantes como ecos de tambor, despejan el camino para las
bendiciones por venir.
Gracias por el arpa, el hermoso instrumento de los Ángeles.
Ella evoca sentimientos cálidos y el puro amor del cielo.
Siempre fluyendo, este maravilloso oleaje de música trae paz.
Estamos conectados a la presencia eterna, a Dios.
La orquesta está en su lugar, los artistas están listos para unirse.

El sol se acuesta, ellos comienzan.
La luna brilla intensamente, las estrellas brillan con deleite.
La Tierra y los planetas también están sonriendo.
Oh, qué hermoso, cuando el nuevo, brillante
y magnífico amanecer se eleva,
nos alegramos y cantamos de nuevo.

Arcángel Sandalfon,
gracias por tu amor, tu presencia y por la música.

25 de Diciembre

Llamando a los Arcángeles para una Hermosa Navidad
Por: Samantha Honey-Pollock

Arcángel Jofiel,
Todas estas cosas hermosas que veo!
Por favor, permite lo mejor para mí.

Arcángel Miguel,
con alas tan fuertes,
por favor muestra en mi familia
donde puedo haber "visto" mal.

Arcángel Rafael,
alto y dulce,
permítanos todas las opciones saludables para comer.

y

querido Arcángel Metatrón (¡tú que sabes tanto!),
haz que el conocimientos técnico que tengo,
llegue a los más jóvenes. . .
suficiente.

26 de Diciembre

Perdón
Por: Patrice Morris

Queridos Ángeles

Por favor, ayúdenme con un proceso que me ha tomado toda
una vida lograr ...
La idea de perdonar este dolor es a veces difícil de concebir.

Escúchame ahora mientras suelto el pasado e invoco al Ángel Zadkiel.
Guía mi corazón a un lugar tranquilo, donde sé que puedo sanar.

Si el perdón ya no intercambia energía negativa con otra persona
Entonces oro por tu guía angelical, pero no sólo por mí mismo.

Oh Ángel por favor ayúdanos a liberar cualquier apego angustiante
cuando el podría o debería comiencen a tramar.

Proporciónanos misericordia, en algún grado
para que nuestras almas adoloridas, puedan pronto ser liberadas.

... Mientras yo estaba sentado, y estaba muy abierto para recibir
este hermoso Ángel, me susurró suavemente.

Si tienes MISERICORDIA y PERDÓN como parte de tus bases
entonces te prometo que viajarás por la vida, en una vibración más alta.

Cuando te sientas dudoso, solo cuida con AMOR
Dale todo lo que tienes, y ten fe en lo superior ...

¡LA PAZ ESTÉ CONTIGO!

27 de Diciembre

Amado Ángel Guardián
Por: Gabrielle Zale

Amado Amigo, silencioso e invisible, te pido -
Acompáñame mientras viaje por los cañones sagrados,
y acúname mientras me recuesto sobre la piel de la Madre Tierra.
Se testigo, mientras lucho con mis miedos y tristezas,
y protégeme en la oscuridad desconocida de la noche.

Amado Amigo, yo rezo -
Abre mis ojos, para que pueda ver lo que es real,
aclara mis oídos, para que pueda escuchar la verdad que tú hablas.
Silencia mi mente, para que así pueda discernir la guía que me ofreces,
abre mi corazón, para que pueda sentir el calor de tu amor,
y saber quién soy.

Bañado en la luz de la luna de ojos afilados
Me rindo.
En quietud hablas ...
a través de los murmullos de los pinos susurrando y el grito de la noche.

Y llega el amanecer, puedo recordar,
que la oscuridad cede a la luz,
y que nunca estoy solo.

Diciembre

28 de Diciembre

Arcángel Miguel
Oración para Limpiar la Energía
Por: Alicia Isaacs Howes

Querido Arcángel Miguel
Ayúdame a limpiar mi corazón, mente, cuerpo y campo de energía
de cualquier cosa y de todo lo que ya no me sirve,
a mi bien superior o simplemente no es mío.
Mientras ahora realineo con la sabiduría de mi alma, el poder curativo
y frecuencias más altas de amor y luz.

Pido que los resultados de esta limpieza
sean más grandes que cualquier cosa que pudiera esperar, soñar o incluso
imaginar.

Y así es.

Amén. Amén. Amén.

29 de Diciembre

El Sendero
Por: Lisa K.

Mientras este año llega a su fin,
convéncete que estás bien en tu camino hacia el propósito de tu vida;
que el camino que elegiste seguir no fue fácil
porque deseabas obtener algunos grandes regalos y lecciones.

Lo estás haciendo bien, estás bien
y no te has desviado de tu propósito.
todo está sucediendo de la manera que debería
y estamos aquí para hacer que todo suceda contigo.

Planea tu nuevo año con gusto y gratitud,
porque tú lo estás haciendo bien!

- Tus ángeles.

30 de Diciembre

Oración a los Ángeles para el Futuro
Por: Suzanne Gochenouer

Queridos Ángeles

Ayúdenme a encontrar empoderamiento para mi futuro brillante.

Recuérdenme cada día que la vida se merece
mi entusiasta presencia y participación.

Tráiganme pensamiento y planificación claros
mientras miro hacia adelante en lo que puedo ser
y lo que puedo compartir con otros en el futuro.

Inspírenme a pensar no sólo de lo que me gustaría ser y hacer,
sino también de lo que este mundo y el Cielo requieren de mí.

Ayúdenme a sentirme fuerte y seguro
incluso cuando no puedo ver claramente lo que mi futuro tiene.

Ayúdenme a encontrar la emoción y la promesa en cada posibilidad.

Denme un profundo deseo de ver lo que puede revelarse,
y denme una comprensión clara
de cómo mi trabajo futuro me ayudará a crecer en mi propósito superior.

Amén, Amén, Amén.

Gracias, gracias, gracias.

31 de Diciembre

La Experiencia de los Ángeles de Dios

Por: Roland Comtois

Amo a mi Dios porque nunca me abandona.
Él me da luz para ver.
Él me da sabiduría para enseñar.
Él me da amor para compartir.

Mi Dios es un radiante haz de cálida luz que llena mi corazón.
Mi Dios habla a todas las personas del mundo ...
Ninguno quedará hambriento.
Él nos llena a todos con la libertad de experimentar Su amor.

Por Su virtud Él da el amor incondicionalmente.
Él te abraza cuando el silencio necesita ser filtrado.
Te levanta cuando el camino parece tan agotador.
Él te ama cuando te sientes solo.
Mi Dios es tu Dios,
y tu Dios ... y tu Dios.

Mi Dios está en ti ... construyendo un templo que albergará Su amor.
Mi Dios establece el fundamento para que Su fuerza
Impregne tu templo.
Mi Dios te da luz para ver el verdadero palacio.

Mis bendiciones son sus bendiciones porque
Mi Dios es tu Dios, y tu Dios ... y tu Dios.

Biografías de los Autores

Le animamos a conocer a los maravillosos coautores del libro. Sus nombres están enunciados en orden alfabético. Visite sus sitios web o envíeles un correo electrónico para dejarles saber cuánto han tocado su corazón, sus oraciones originales. Cada coautor brindó su energía de amor y luz al proyecto, creando así un círculo de bendiciones y alegría.

Adriana C. Tomasino, es Maestra de Comunicación Angelical, candidata a un doctorado en literatura medieval, enfocada en una investigación sobre Hildegard von Bingen, estudiante de Dr. Jean Houston y presidenta de *Heaven Seas: Wings and Harps*, una empresa dedicada a proveer a los individuos con varias herramientas de empoderamiento. Por favor visite www.wingsandharps.com | dreemstar1@yahoo.com

Alicia Isaacs Howes, fundadora de www.yoursoulstory.com y experta en conexiones del alma está aquí para ayudar a aquellos que tienen dificultades en salud, relaciones o dinero. Ex-consultora gerencial, su crisis de salud la llevó a convertirse en sanadora, maestra y coach intuitiva. Ella canaliza en lo que sea necesario para guiar a otros de maneras prácticas y con gracia.

Allison Hayes, The Rock Girl® es psíquica profesional, médium, canalizadora de vidas pasadas, sanadora y alta sacerdotisa de piedras. Es una personalidad de radio y televisión, conferencista internacional y fundadora de The Rock Girl Sacred Stone School® donde ofrece clases y cursos de Reiki, Desarrollo Psíquico, y su propio programa Master Stone Program®. www.therockgirl.com

Amber Reinsteckt, es artista y agricultora de flores orgánicas. Pasa la mayor parte de su tiempo trabajando con los ángeles de la naturaleza y hadas que hacen casa en su rancho. También tiene una línea de tarjetas de felicitación de papel reciclado, que contienen imágenes de sus fotografías de naturaleza. www.thewoodlandelf.com

Amber Lee Scott, se dedica a desenmarañar un sistema nervioso abrumado, permitiéndole relajar el cuerpo y experimentar su verdadera esencia. Cultiva la armonía y el bienestar de adentro hacia afuera, a través de la terapia de sonido del Reiki, la sabiduría y luz de la naturaleza. www.anecologicalheart.com

Andrea Porter, consejera espiritual intuitiva, coach de vida de conciencia, autora y artista. Es maestra de la transformación compasiva del alma y del diseño de vida desde el corazón. Su trabajo inspira a los individuos a liberar su pasado mientras descubren una nueva forma de vivir conscientemente y apasionadamente desde su verdadero yo. www.passionately-you.com

Ann Albers, es una popular autora, instructora espiritual, mensajera de los ángeles y mística moderna. Sus mensajes semanales gratuitos "Mensajes de Ann y los Ángeles", alcanzan una audiencia internacional con inspiración y tips para ayudar a mantenerse conectados y activados. Aprende sobre sus libros, CDs, y su programa de televisión en internet en www.visionsofheaven.com | Facebook.com/visionsofheaven

Ann Cabano, es una defensora de la humanidad, que le da voz a la experiencia humana. Cineasta de documentales, educadora holística, autora y fundadora de la organización *Lovealution*, Ann espera esparcir su mensaje de amor a través de la creatividad, el arte, discursos, y la conexión humana. www.anncabano.com

Ann Phillis, autora, vidente de almas, clarividente de ángeles, y amante de la Tierra. Su camino personal ha sido influenciado profundamente por su conexión con los ángeles. Ann comparte su amor, esperanza, y visión a través de www.nourishingsoul.me donde ofrece ideas significativas, sabiduría del alma y prácticos tips para empoderar a caminar los senderos del corazón.

Anna Kuttner, es un ser intuitivo que recibe guía divina de Dios, Maestros Ascendidos, Arcángeles, Ángeles, Ángeles Guardianes, Guías Espirituales y seres queridos. En sueños vívidos y meditación profunda Anna recibe esos mensajes y visiones. Su camino es traer la luz sanadora a aquellos que están llamados a recibirla. www.annakuttner.com

Conocida como "la Voz de los Ángeles", **Anna Grace Taylor**, cantautora, Angel Therapist® certificada y Practicante de Theta Healing®, ofrece sesiones y eventos privados a clientes en todo el mundo. Su música ha sido destacada en la BBC y en la radio de *Hay House*, y también comparte inspiraciones diarias con millones de personas en las redes sociales. Conoce más sobre ella en www.annagracetaylor.com

Anthony Trofe, es el dueño y fundador de Divine Apothecary, una compañía de productos infundidos con energía de Reiki y terapia angelical. Facultativo de mente, cuerpo y espíritu, Anthony se especializa en el trabajo de sanación espiritual mientras ayuda a sus clientes en sus propios caminos, usando varias modalidades. www.anthonytrofe.com

April-Anjali, es inspiradora, sanadora de alta vibración, conferencista, maestra, emprendedora y voz de las diosas. A través de la enfermedad, transformó su mundo. Al abrazar su poder interior, lo que una vez pareció como un viaje oscuro, se convirtió en una historia increíble de un retorno al amor y al descubrimiento interior de una sanadora de sueños. Conecta con ella en www.aprilanjali.com

April L. Dodd, Maestra en Artes, lidera con amor una vida bendecida, es coach ejecutiva, actriz reconocida, autora y alquimista de una vida apasionada. Siendo una fuerza experimentada y positiva para el cambio real, April comparte sus secretos frescos e inspiradores para vivir una vida extraordinaria a aquellos que no se atreven a estar satisfechos con la mediocridad. www.aprildodd.com

Asia Voight, es una mensajera de animales reconocida internacionalmente, consejera intuitiva, maestra, conferencista inspiradora, y anfitriona de radio. Asia es también una autora que ha publicado con el Dr. Brian Weiss y Jack Canfield. Su trabajo ha sido mostrado en ABC, NBC, CBS y FOX, de costa a costa, y en Hay House. www.asiavoight.com

Autumn Vicky Cole, Ph.D, es facultativa certificada de mente, cuerpo y espíritu, e instructora de invocación a los arcángeles. Es coach de felicidad y ama inspirar a otros a crear verdadera alegría en sus vidas. Como Psicóloga Clínica, se especializó en trabajar con niños maltratados. Puede comunicarse con Autumn por autumnatsunset@hotmail.com o www.joyusconnections.com

Belle Salisbury, es médium psíquico y consejera espiritual. Ella es la dueña y creadora de Bellesprit Magazine, una revista digital gratuita. Belle es anfitriona de su propio programa de radio en línea, *Live with Belle Salisbury* que se transmite cada viernes a las 8:00pm hora del este. Visita su página web www.bellesalisbury.com

Betty Sue Hanson, trabaja con los Ángeles en su práctica como IET® Master Teacher y es practicante de la liberación de Karma en los condados de Westchester, Orange y Passaic. Su creencia es que en última instancia USTED mismo es el sanador. Ella facilita este proceso a través del reino angélico. Betty Sue puede ser contactada a través de angelwork444@gmail.com

Bobbe Bramson, es una talentosa mujer de medicina angelical, sanadora intuitiva, autora, maestra espiritual y ministro angelical de la Universidad de Gateway. Sus estrategias de sanación únicas y herramientas de transformación están diseñadas para ayudar a las personas a reconectarse con su divino resplandor y brillar para el mundo. Contacta a Bobbe a bramsongs@verizon.net o vía www.angelhearttoheart.com

Bonnie Larson, es ministro de sanación, ministro laico, autora reconocida y una exitosa ejecutiva de negocios. Su pasión es compartir ideas, superando la brecha entre la religión y la espiritualidad, ayudando a las personas a alcanzar su máximo potencial. Contacta a Bonnie a larsonlumber@frontiernet.net

Brenda Dowell, avanzada Maestra de Yoga registrada E-RYT 1000, terapeuta de yoga, instructora de anatomía y trabaja con energía del cuerpo, que enseña principalmente en Ontario, Canadá y en todo el mundo. A través de su pasión por la vida y profundo deseo de apoyar a los demás, ella inspira, capacita y guía a la gente de vuelta a sus corazones. www.brendadowell.com

Caitlyn Palmer, es una joven mujer que creció moviéndose a lo largo de Australia Occidental, y a la edad de 15 años descubrió el mundo de los ángeles, cristales y Reiki. Desde entonces ha seguido una vida de sanación y espiritualidad. Actualmente es Maestra de Reiki y espera curar y enseñar a otros. Contacta a Caitlyn a través de caitlyn_palmer@hotmail.com

Carol CC Miller, es entrenadora de positivismo, activadora de paz y abrazadora global, que ha tocado millones de vidas ayudándoles a centrarse en el amor en vez del miedo, mientras que vive la vida con mucha alegría y pasión a través del coaching personal, la escritura, y las conferencias que dicta a través de su organización sin fines de lucro Positive Focus. www.carolccmiller.com | www.positive-focus.com

Carolyn Burke, MSW, E-RYT, co-fundadora de DevaTree School of Yoga en Canadá, es educadora de yoga internacionalmente, terapeuta familiar y madre de dos ángeles terrenales. Comparte su pasión de trabajar con los reinos sutiles a través de su enseñanza ayudando a otros a nutrir lo sagrado, en la vida diaria. www.devatree.com

Carolyn McGee, es una maestra intuitiva que combina los mensajes de los ángeles, la terapia del color y el trabajo de energía en su coaching para ayudarle a las personas a descubrir su pasión, brillo interior y a vivir con alegría. Es coautora del best-seller internacional "Embracing Your Authentic Self" y es la anfitriona BTR de "Angels on Air" y "The Spiritual Book Club". www.GatewayToYou.com

Cathelijne Filippo, es psicóloga, coach angelical, sanadora, artista, maestra espiritual y autora. Reúne lo espiritual y lo creativo en su negocio, Angel Light Heart. Crea esculturas, dibujos de ángeles y cartas del Tarot, prepara esencias, produce talleres, da consultas, lecturas y sanaciones. Lea más sobre su trabajo en su sitio web en www.angellightheart.com

Cathleen O'Connor, Ph.D., es una escritora, profesora, conferencista, coach e intuitiva que ofrece servicios de edición, publicación, distribución de libros y marketing a otros escritores. Ella ha sido citada en el Huffington Post por sueños y blogs que regularmente son de numerologist.com. Conecta con ella en www.cathleenoconnor.com y www.facebook.com/TheBalanceWhisperer . Síguela en twitter @cathleenoconnor

Chandra Easton, se esfuerza por vivir en la luz, trayendo el cielo a la tierra. Ella ama los reinos estrellados, los ángeles, los lugares sagrados y la humanidad. Como astróloga esotérica, sanadora y visionaria, da poder a otros y comparte alegría. Bendecida de conocer y entrenar con Lady Ananda Tara Shan, trabaja para la Tierra. www.starastrologyhealing.com | chandra@starastrologyhealing.com

Christina Scalise, es autora, maestra de Reiki certificada, organizadora profesional, esposa y madre de tres, siempre presta atención a las señales, ríe como loca y nunca toma la vida muy seriamente. Su último libro: *Are We Normal? Funny, True Stories from an Everyday Family and Organize Your Life and More*. www.authorchristinascalise.com

Cindy de Jong, DSW, ATP® es guía angelical, maestra de Reiki, practicante chamánica y coordinadora en *Awakenings*, un centro para las ciencias psíquicas y las artes sanadoras en la bella Ontario, Canadá. Ha ayudado a muchos durante sus años de estudio y práctica con su enfoque terrenal a la espiritual. Para contactar a Cindy, por favor envíe un email a: cindy.dejong@yahoo.ca

Cindy Nolte, es una personalidad de la televisión y autora de *Finding Peace in an Out of Control World*. Tiene su oficina de práctica privada donde ofrece cursos y sesiones individuales. Cindy es reconocida internacionalmente por su certificación e instrucción en la hipnosis y el Reiki—para personas y animales—es médium, intuitiva, coach, conferencista y más. www.freshlookonlife.com | cindy@freshlookonlife.com

Connie Gorrell es escritora independiente y fundadora de la organización DreamSTRONG, una plataforma caritativa para mujeres y niñas que trabajan hacia la prosperidad a través de la inspiración, educación y justicia social. A Connie le apasiona ayudar a mujeres de todos los caminos de la vida, a superar adversidades e identificar sus metas personales y profesionales. www.conniegorrell.com | www.dreamstrong.org

Coryelle Kramer es una vidente dotada naturalmente y una mensajera que ha estado conectando y hablando con animales, la Divinidad y espíritus desde la infancia. El propósito en su vida es "aDivinación", prever, conectarse y ser inspirada por el Universo. Ella se comunica con espíritus, guías y animales para interpretar sus mensajes para usted www.coryellekramer.com

Courtney Long, MSW, LC, CHt, ATP® es una mensajera de ángeles, intuitiva del propósito de vida, autora, conferencista, hipnoterapeuta, trabajadora social de nivel maestro, y Angel Therapy Practitioner® entrenada por Doreen Virtue. Ella te inspira a cumplir tu propósito Divino de vida en una manera próspera y apasionada, brillando con luz y compartiendo tus dones.
www.CourtneyLongAngels.com | courtney@courtneylongangels.com

Crysti Deusterman, es una ama casa quien se convirtió en madre un poco más tarde, cuando tuvo a sus hijos a los 36 y 39. Parte de su tiempo lo pasa abogando por la dislexia y la reforma educativa. Mucho de su tiempo lo pasa aprendiendo de sus hijos. Puedes conectar con ella por Facebook.

Cynthia Helbig es una coach de vida angelical de AngelsTeach y miembro de la comunidad *Living with the Angels*. También es una coach de meditación, terapeuta Bowen, profesora y profesional de Attunement y maestra Reiki. La meditación es su pasión y ama compartir su sabiduría angelical, guía y alegría a través de sus meditaciones.
www.empoweredheart.com.au

Cynthia Stoneman fue bendecida con el don de tener las palabras que la gente necesita oír, cuando necesitan escucharlas. Es profesional certificada en mente, cuerpo y espíritu, tiene una maestría en energía sanadora, intuitiva, y oficial de ceremonias. La puede contactar por email a cynthia.stoneman@gmail.com | www.cynthiastoneman.com

Dajon Ferrell, es una veterana que sirvió por 13 años en la Armada Estadounidense. Después de pasar por un Desorden de Estrés Post-traumático, por trauma sexual militar, trabajó la sanación escogiendo la meditación en vez de la medicación. Dajon ahora sirve como una diseñadora intuitiva de vida y marcas, ayudando a sus clientes a atravesar las ilusiones y los bloqueos. www.DajonSmiles.com

Debbie Labinski conecta con sus clientes para crear un lugar seguro donde explorar sentimientos de esperanza y encontrar respuestas del corazón, dándoles guía y así crear ajustes positivos en sus vidas. Debbie está dedicada a empoderar a otros a creer en sus habilidades intuitivas. Ella es tu canal mientras tus ángeles ofrecen asistencia para ayudarte a alcanzar eléxito. www.debbielabinski.com www.facebook.com/debbiejoyfullabinski

Debby Tamborella es una profesional de Reiki, mensajera de cartas de los ángeles, ama hacer jabones naturales, cremas, y te usando hierbas de su jardín, miel y cera de sus panales. www.facebook.com/lavenderangels

Debra Snyder, Ph.D. es una conferencista inspiradora, maestra espiritual, y autora reconocida de *Intuitive Parenting and Ignite CALM*. Tiene un Doctorado en Filosofía de Metafísica y se enfoca en traer sus métodos y técnicas al mundo para inspirar, promover la sanación, y mejorar la comunicación amorosa entre la gente. www.ignitecalm.com

Dennis Seeb, guerrera de la verdad, de pesca almizclada, vida alegre, dadivosa de luz, fiel y dispuesta a todo, de risa desbordante, escritora de libros, de alimentación saludable, valiente, y romántica. Contacta a **Dennis** por dennisseeb@hotmail.com

Diana Blagdon, coach psíquica de vida y negocios, asiste a sus clientes en la alineación con su propósito Divino. Es presentadora de un programa de radio, autora, profesora y maestra de Reiki, quien utiliza su trabajo de energía, regresión a vidas pasadas, y técnicas de coaching en su práctica. Es dueña del *Star Gazers Metaphysical Resource Center* en Fish Creek, WI. Visita a Diana en www.dianablagdon.com

Elizabeth Harper es una artista aclamada internacionalmente, médium angelical, maestra y autora. Su trabajo ha sido destacado en revistas populares como *Woman's World*, *Redbook*, y *Health*. Ella es columnista, y regularmente contribuye con la radio australiana, autora ganadora de premios por *Wishing: How to Fulfill Your Heart's Desires*, y fundadora de *365 Days of Angel Prayers*.
www.sealedwithlove.com | www.sealedwithloveacademy.com

Habiendo encontrado su primer ángel a la edad de 17 años, **Ellen McCrea** empezó una fervorosa investigación sobre el reino angelical. Ella escribe "Cartas a los Ángeles" para la gente en búsqueda de sanación y amor. También lee las cartas de los ángeles. Puede contactarla por ejmccrea@yahoo.com

Ellen Elizabeth Jones es una maestra espiritual, mensajera mística, conferencista y autora. La pasión de Ellen es empoderar a otros a través de sesiones privadas, cursos, y retiros para que abracen y confíen en la sabiduría de su propio corazón, inspirándolos a vivir una vida de paz, amor y alegría. ellen@ellenelizabethjones.com

Emily Berroa-Teixeira de *Halo Angel Therapy* and *Healing*, practica lo que se conoce como *Inteligencia Angelical*, es médium e intuitiva habilidosa y reside en Taunton, Massachusetts. El propósito del alma de Emily es traer mensajes del reino angelical, promoviendo la confianza a otros para así encender sus propias pasiones y propósitos. Conecta con Emily por emilyberroa@yahoo.com

Emily Rivera es conferencista nacional, consejera espiritual, y sanadora con energía, da clases sobre el poder de la conciencia eterna y sirve como canal para las luces ascendidas. Sus eventos populares y también sus lecturas privadas, exploran estos principios y ofrecen ideas, consejos, y guía a mucha gente alrededor del mundo.
www.theangelcoach.com | emily@theangelcoach.com

Gabrielle Zale es una reflexóloga certificada nacionalmente y fue presidenta de la Asociación de Reflexología del Estado de Nueva York. Estudiante de chamanismo y espiritualidad, Gabrielle también es una artista que se expresa a través de varios medios. La compasión y presencia gentil de Gabrielle están acompañadas por su guía intuitiva, que ofrece una experiencia de profunda sanación. www.holdingthesoul.com

Gina Barbara ofrece un coaching único y un estilo energético de sanar y motivar a sus clientes, deseando que florezcan en sus vidas auténticas y se nutran ellos mismos, a otros y al planeta. *Consejera Certificada; Life Coach Transformacional; Terapista de Color; Sanadora de Cristales, EFT* y muchas otras modalidades. www.innerselfcare.com

Giuliana Melo, certificada como *Ángel Intuitiva*, coach de empoderamiento con arcángeles y diosas, que ama ayudar a la gente a comenzar su camino de sanación e inspirarse a través de lecturas de cartas y sesiones de energía. Se retiró de una carrera en el campo de la salud y ahora está enfocada en construir su negocio espiritual. Tiene 30 años de casada y tiene un hijo de 19 años. www.giulianamelo.com

Guy Isabel (Gisabel) es un médium espiritual que recibe mensajes a través de un estilo de escritura automática. El se comunica regularmente con su ángel guardián, los guías espirituales y las almas que son parte de su familia de almas, para recibir guía en la vida y mensajes de amor. Su página web es www.gisabelspiritualmedium.com

Helene D. Kelly es una enfermera retirada, gerente/directora/intérprete de cabaret, y aeromoza. Una mujer agnóstica que cree totalmente en los ángeles y en su enorme poder de asistirnos y enseñarnos todos los días. Kelly se siente honrada de que su trabajo los *Ángeles están en Todas partes* esté incluido en este hermoso libro.

Jamie Clark es una médium psíquica reconocida que vive en Phoenix, Arizona. A través de sus años de servicio a los demás una de sus metas principales es empoderar a la gente a usar sus regalos espirituales y liderar una vida más llena, rica y feliz. www.jamieclark.net

Rev. Jamie Lynn Thompson, tiene la pasión de ayudar a empoderar y animar a otros y dejarlos destellar su brillo y vivir divinamente. Ella es un ministro sin denominación religiosa, con un Doctorado en Metafísica. Es una sanadora espiritual, maestra, conferencista, escritora y artista, también presentadora de *Younique* en *Color Me Sparkly by Toadily Jamie*. Para más información www.RevJamieLynn.com

Jan Harper es maestra de Reiki, especializada en trabajar con caballos. Es una artista de pinturas botánicas en acuarela de 1542 a 1900. Mientras fue dueña de caballos y competidora de shows equinos, fue cuando su alma se comenzó a revelar poco a poco. A los 64 todavía monta caballos y está estudiando astrología evolutiva.

Jeanette St. Germain es autora espiritual, maestra y conferencista. Ella ha servido a clientes de todo el mundo como un canal multidimensional, es médium psíquico y sanadora energética, comprometida con ayudar a los demás a abrazar su propio brillo interno. Para más información visite www.jeanettestgermain.com

Rev. Jennifer Shackford, mensajera de ángeles, y Practicante Angelical avanzada inscrita en la Academia *Divine Blessings* para obtener su licenciatura en Sanación Espiritual y la certificación como profesional holística. Está certificada como médium psíquico y es miembro de la Federación Americana de Médium Psíquicos Certificados. Conecta con Jennifer en www.faithandangels.com

Jill M. Jackson, es una médium psíquica reconocida internacionalmente, comunicadora de animales, maestra espiritual, conferencista, presentadora de radio, y autora. Es miembro de *Shay Parker's Best American Psychics* y está aprobada en la sociedad certificada de psíquicos. Puede ser contactada por www.jillmjackson.com o por email a admin@jillmjackson.com

Jillian Leigh, es profesora con un Post-grado en Pensamiento Holístico de Graduate Institute. Tiene una certificación en comunicación angelical de la Reverenda Elvia en AngelsTeach.com y es certificada en Reiki II como sanadora de energía. Jillian disfruta compartir su amor de ángeles con otros. Visítala en www.angelicawakenings.net

Jodie Harvala con visión de futuro, espíritu amoroso, y espacios limpios, es una maestra psíquica y fundadora de *"The Spirit School"*. Jodie ama enseñar a través de su experiencia y cómo conectar con el espíritu en los momentos sagrados del día a día. Caminó de una vida llena de miedos, a una vida sin miedo llena de amor a través de su trabajo. www.JodieHarvala.com

Joelle Rose Szlosek es una numeróloga intuitiva que ofrece a individuos, parejas, y negocios, un espacio animado para descubrir sus planos numéricos, únicos, de energía. Ella ofrece sesiones en persona y a distancia, así como también ofrece clases de numerología en línea, y cursos disponibles en www.joelleroseszlosek.com

Julie Geigle es una médium psíquica internacional, y guía certificada de *The Casa*, asiste a la gente en su camino de sanación y transformación a través de la experiencia "Juan de Dios". Es sanadora espiritual, maestra, canal Metatrón de arcángeles, y miembro del Directorio de *Shay Parker's Best American Psychic*. www.heavensenthealing.us

June y Treena Many Grey Horses, son unas hermanas dinámicas del signo Géminis, y de las primeras naciones Kainai. Tienen el don de conectarse con los reinos espirituales. Son médium psíquicas, maestras de Reiki, facilitadoras de Ángeles y Espíritus, dueñas de *Angel Abundance 8*, y están en el Facebook. Su email es angelabundance8@gmail.com

Justin Roberge es un *Angel Card Reader*® certificado y sanador de clientes alrededor del mundo. A través de su crecimiento ha tenido muchas experiencias de desdoblamiento, que lo han ayudado a saber con total fe que el espíritu es real y que nuestras almas son quienes realmente somos. Se conecta con los clientes por esa misma verdad de despertar su Divinidad. www.awakenyourdivinity.org

Karen Cowperthwaite es una talentosa susurradora de ángeles, sanadora y nutridora del alma. En su práctica privada *Souly Sister Coaching & Energy Work*, su naturaleza sutil apoya a individuos de todas las edades a seguir adelante y a reconectarse con su espíritu. Ella es guiada cariñosamente por los ángeles para crecer y compartir sus experiencias con sus clientes. Visítala en www.soulysister.com

Karen Paolino Correia, conocida como "La Mensajera Milagrosa". Es reconocida como una maestra intuitiva y cariñosa que ha compartido sus talentos con miles de personas en todo el mundo. Es autora de cuatro libros de renombre internacional y se le puede contactar para hacer presentaciones y lecturas en www.CreateHeaven.com

Karen M. Winkelman, es maestra espiritual, mentora, guía de vidas pasadas, numeróloga, conferencista y escritora. Trabaja guiada por el Espíritu, mezclando la intuición, sabiduría y enseñanzas metafísicas con guía práctica, compasión y humor. Ha ayudado a cientos de personas, en todo el mundo, a afrontar sus miedos, integrar sus sombras y transformar sus vidas. www.TheLifeCraftingGuide.com

Kari Samuels, es una consejera intuitiva, coach de felicidad y numeróloga, con el don de hacer lo místico como algo común. Su pasión es ayudar a la gente a recuperar su intuición natural para que puedan realmente brillar con luz propia y vivir el propósito de su alma. Visítala en www.karisamuels.com

Karri Ann Gromowski es una sanadora espiritual intuitiva, lectora, médium, *Angel Therapy Practitioner*®, mentora, sanadora energética, consultora de salud y bienestar, autora, defensora de los animales, la naturaleza y la fauna. Ella con gratitud ilumina, inspira y capacita a otros a través de la facilitación de sus productos únicos, servicios, talleres y retiros, ayudando a las personas y los animales.
Www.KaleidescapesOfLight.com | www.karriann.com

Katherine Glass es una médium, psíquica internacional, sanadora energética y consejera espiritual intuitiva. Ella ha disfrutado durante los últimos 22 años, de su propio consultorio privado en Concord, MA. Katherine comparte sus dones a través de la televisión y la radio, también apariciones en vivo para grupos. Las lecturas son por teléfono, Skype y en persona. www.katherineglass.com

Katrina L. Wright es creadora y artista, consumada y consciente. Una yogui, intérprete, escritora y empresaria que ha buscado la verdad durante toda su vida, ayudando a otros. Le gusta vivir en la "cueva del corazón" mientras reside en el sur de California. Tiene un M.A. en Psicología Espiritual de la Universidad de Santa Mónica. Puede contactarla a través de su aplicación personal: Katsoma (descarga gratuita en Google y en iTunes).

Kelly Jenkins es practicante certificada en mente, cuerpo y espíritu. Desde que era joven, se dio cuenta que tenía una conexión profunda con los ángeles que la influyeron a compartir su bondad con otros. Creyendo que al final sólo la bondad importa, ella creó *Caring Confetti*, una campaña para difundir la bondad.
www.caringconfetti.com | Kell@caringconfetti.com

Keysha Sailsman/Alberga es Terapista de Ángeles licenciada o Angel Therapy Practitioner®, certificada por Doreen Virtue, PhD., certificada en Heal Your Life® como coach y maestro de taller. Keysha cree que todos somos seres Espirituales con un potencial ilimitado. Contáctala en www.birthofangels.com | Keysha@birthofangels.com.

Kia Abilay es profesora de Registros Akashicos, comunicadora de energía intuitiva y ministra interreligiosa de un solo espíritu. Kia trabajó en el Centro de Bienestar del Instituto Omega en Rhinebeck, Nueva York durante 13 temporadas. Kia es de Hawai y tiene un consultorio en Uptown Kingston, NY, donde hace consultas de larga distancia y en persona. www.rainbowheart.net

Kim Richardson es autora, maestra, conferencista motivacional, coach, mentora, ministra y practicante certificada en mente, cuerpo y espíritu. Al compartir sus propias experiencias personales, ella capacita a los individuos para transformar sus vidas. Kim facilita talleres a aquellos que buscan sanar, perdonar y expandirse. Contacta a Kim en
www.excitemylashes.com | www.leadcoachinspire.com

Kimberly Marooney ha ayudado a cientos de miles de personas en todo el mundo a tener experiencias personales del amor de Dios, que resultan en una profunda sanación y una mayor conciencia, mejorando las relaciones y llevando las prioridades a un enfoque más nítido. Kimberly es una mística, maestra, talento de radio, autora reconocida internacionalmente de *Angel Blessings Cards*, fundadora de TheAngelMinistry.
www.KimberlyMarooney.com

Una maestra artista de la Comunicación del Reino Angélico, **Kimeiko Rae Vision ATP®,** The Angel Warrior™, le encanta presentarte a tus ángeles guardianes para que siempre puedas acceder a su Guía y Apoyo Divino! Kimeiko es conferencista transformacional, y Angel Therapy Practitioner® certificada por la autora más vendida galardonada por el New York Times, Doreen Virtue. www.AngelWarriorVision.com

KipAnne Huntz, artista, certificada en el nivel uno de Toque Sanador. Ha dibujado con ángeles desde 2001 y es un canal para los ángeles que desean ser vistos. Incorpora energía sanadora en dibujos y camisetas que creó con los Ángeles. Puedes contactarme a través de Facebook y Etsy en *Angel Vision Creations* o por correo electrónico en kipannehuntz@gmail.com.

Kris Groth es sanadora de energía craneosacral, mentora espiritual, artista intuitiva y escritora. Le apasiona ayudar a las personas a conectarse con su alma y lo divino, trayendo luz y sanación al mundo. Ofrece sesiones de curación/mentoría en persona y remotas, meditaciones guiadas de sanación con cuencos de cristal. www.krisgroth.com

Krista Gawronski es autora y filántropo. Ella escribió el best seller, *Soul Purpose*. Su mensaje inspirador da poder a la gente para vivir valientemente y devolver al mundo. Ella está trabajando actualmente en otro Cuento para la Caridad llamado *Be Good* , una conversación sobre fe, amor, y caridad. Conéctate con Krista en www.KristaGawronski.com

Leslie Perrin, es una defensora del niño interno, tejedora de energía interdimensional y embajadora de la Abundancia de los Ángeles. Ella aspira ver la vida a través de la positividad y promueve la sanación interna inspirando admiración. Su movimiento es ayudar a los niños a que no olviden para que nacieron: ser Almas de Luz y Amor. Para contactar a Leslie, por favor envíe un correo electrónico a LWarrick@gmail.com

Lilly Wong, "Comparto mi expresión creativa guiando a mujeres y hombres en su desarrollo espiritual. Me veo como un ARQUITECTO DE VIDA dando apoyo energético en el diseño y la estructuración de la vida a través de sesiones privadas, talleres, conferencias y canalizaciones de vida en español, inglés y alemán." www.lilly-wong.com

Linda Xochitl Avalos, una vidente de 10ª generación, aparece en Telemundo, una red de televisión internacionalmente sindicalizada, como experta en espiritualidad en el estudio y comunicación de ángeles. Con más de 15 años de experiencia, la pasión de la Xochitl es ayudar a las mujeres que luchan en las relaciones a encontrar claridad, orientación y dirección, aprender a confiar en sí mismas y en cada decisión que toman. www.lxavalos.com

Lindsay Marino es médium psíquico internacional, anfitriona de radio, y creadora de *Unlock Your Intuition* y *Unlock Your Inner Medium*. Después de que ella perdió a su prometido, Nicolás, en un trágico accidente de motocicleta, su duelo se convirtió en un despertar espiritual y su regalo fue revelado. Conecta con Lindsay en
www.LindsayMarino.com | Lindsay@LindsayMarino.com.

Lisa Clayton es fundadora de *Source Potential*, sirviendo como maestra, facilitadora, coach intuitivo, conferencista inspiradora y líder espiritual que ayuda a los individuos a recuperar su pasión, poder y potencial a través del aprendizaje del corazón interno. Lisa es *Ministro de Ángeles* y proporciona servicios intuitivos trabajando con arcángeles, guías espirituales y ángeles del Reino Dorado. Conéctate con Lisa en www.lisaaclayton.com.

Lisa K. es conferencista, autora y maestra de desarrollo de la intuición. Es autora contribuyente en la revista *OmTimes* y escribe con frecuencia sobre la intuición. Lisa K. aparece públicamente como invitada a través de los medios de comunicación en línea, como Angel Therapy Practitioner® y en su programa de radio, *"Between Heaven and Earth"*. Conéctese con Lisa en www.lmk88.com.

Lisa Nicole es una trabajadora de luz espiritual que abraza el amor y la auto-sanación. Ayudar a guiar a otros a través de sus viajes y pruebas de la vida es su pasión. Liberar los corazones de miedo y dolor para que puedan volar es su misión. Para lecturas, sesiones, retiros privados, eventos y ceremonias, visite www.lisanicole.net

Lisa Wolfson es sobreviviente de cáncer de mama y dedica su tiempo al crecimiento espiritual y holístico de sí misma y de los demás. Ella es Maestra de Reiki, Ministra Interreligiosa, Doula del Final de la Vida y Sanadora con Cristales que guía a sus estudiantes en el entrenamiento y avance del Reiki, trabaja con clientes de manera regular y facilita talleres para un crecimiento holístico, psíquico y espiritual. Envíe un correo electrónico a Lisa en reikiwithlwolfson@gmail.com

Lori Kilgour Martin es una consejera angelical y artista de teatro musical, de Canadá. Se entrenó a través de las enseñanzas de los Ángeles y está agradecida por el Reino Angélico; "nuestras luces guiadoras que nos mantienen en gracia y amor." Lori se siente honrada de caminar en sociedad con ellos mientras ayuda a otros en su viaje. Visite www.diamondheartangel.com

Lori Siska es médium espiritual y certificada como lectora de cartas de los ángeles. Ella proporciona energía sanadora y Reiki para los animales dondequiera que sea necesario en el mundo. Visita a Lori en www.guidedbyspirit.ca.

Lynn Ames es una autora reconocida que ha vendido trece novelas y también es escritora, directora, y productora del largometraje "Extra Innings". Lynn Ames es la fundadora de *Phoenix Rising Press*. También es ex secretaria de prensa, del líder de la minoría del Senado del estado de Nueva York y portavoz del tercer sistema penitenciario más grande del país. Por más de la mitad de una década, fue periodista de televisión galardonada. Es conferencista reconocida nacionalmente y profesional de relaciones públicas con experiencia en imagen, planificación de comunicación en crisis y gestión de crisis. www.lynnames.com

Maggie Chula es una maestra espiritual y canal para los Arcángeles y Maestros Ascendidos. Es también la maestra y el canal terrenal para la clase de Sanación Espiritual y Certificación Mística *"Open the Doorway to Your Soul: the Akáshic Vibration Process"*. Obtenga más información en www.MaggieChula.com.

Marci Cagen es una autora de gran éxito, una maestra dinámica y una guía espiritual dotada. Durante más de una década, Marci ha realizado miles de sesiones privadas de coaching, lecturas y talleres que han ayudado a personas de todo el mundo a transformar sus vidas. Más información en www.marcicagen.com

María Alejandra Celis es coach espiritual y de vida. Su pasión por enseñar y servir a las personas ha ayudado a muchos a descubrir sus dones y talentos para lograr su potencial ilimitado. Le encanta crear puentes y conexiones entre los seres humanos y disfruta cultivando la autoestima, la educación y la espiritualidad entre diferentes culturas y nacionalidades. www.marialejandracelis.com

Marian Cerdeira es médium y canal intuitivo. En el 2004, comenzó una conexión hermosa con el espíritu, inicialmente con los ángeles y los individuos que habían hecho la transición del mundo físico, y eventualmente a un grupo amado de seres conocidos como La Fraternidad. Sus mensajes del espíritu y de la Hermandad están publicados en su página de Facebook *A Slice of Light*. También, visite www.asliceoflight.com.

Marla Steele, psíquica de mascotas, mezcla la comunicación animal con la sanación energética, las esencias florales y la aromaterapia. Creó las cartas de *Animal Chakra, Animal Communication Journeys CD*, co-autora de *When Heaven Touches Earth* y ha aparecido en NBC, ABC, CBS y FOX TV. Marla comparte estos regalos en su programa de entrenamiento de *Access Animal Consciousness*. www.HealingWithEnergy.com

Mary O'Maley es sanadora holística y médium psíquico. Es una personalidad de la radio, co-autora de *Your Soaring Phoenix*, hipnoterapeuta ganadora de premios, e instructora profesional de modalidades holísticas. Obtenga más información acerca de sus dones en www.maryomaley.com y su enfoque único y poderoso para la transformación personal y la curación.

Mayuri Rana es sanadora energética, buscadora espiritual y una trabajadora de luz que regularmente se adapta a la inteligencia universal para la guía. Ella cree que somos seres de energía y juntos podemos usar nuestra energía colectiva para elevar a una persona, una familia y el mundo hacia la luz y el amor. www.mayurirana.com

Melanie Barnum, CH, es una consejera psíquica, médium, intuitiva, hipno-coach e hipnotizadora y organiza talleres y clases. Melanie es autora de varios libros, entre ellos: The Book of Psychic Symbols: Interpreting Intuitive Messages, The Steady Way to Greatness: Liberate Your Intuitive Potential and Manifest Your Heartfelt Desires, and Psychic Abilities for Beginners: Awaking your Intuitive Senses. www.MelanieBarnum.com

Micara Link, es terapeuta integrativa, escritora, activista del amor, y tiene la pasión de darle poder a la gente para vivir su verdad y accesar su potencial. Utilizando un enfoque holístico, Micara combina la intuición, el trabajo energético, el Soul Coaching®, el yoga y la Somatic Experiencing® como un enfoque completo para la sanación, el despertar y el empoderamiento de las personas. Obtenga más información en www.micaralink.com

Michele Ryan su experiencia con el cáncer y la pérdida de un ser querido, ha impulsado su pasión y el propósito de ayudar a los que se enfrentan con un diagnóstico de cáncer. Ella es autora, conferencista, instructora certificada de los principios de éxito de Jack Canfield y Coach de capacitación y empoderamiento contra el cáncer. Su mensaje es claro: "Tu vida es mayor que tu enfermedad." www.livingthedream.coach

Michelle Barr es la coach de negocios para las mujeres intuitivas, ayuda en la formación y apoya a las ayudantes y sanadoras del mundo para que conviertan su llamado en un negocio rentable, basado en la libertad, para que puedan crear una visión de la vida que quieren vivir y crear un negocio que las apoye y sostenga. Visite a Michelle en www.michellebarr.com

Michelle Beltran es médium psíquica reconocida mundialmente y es la conductora del Podcast de iTunes *The Intuitive Hour*: *Awaken Your Inner Voice*. Ella es también la autora del libro de desarrollo psíquico, *Take the Leap*: *What it really Means to be Psychic*. Fue presentada en Hay House Radio y habló en Hay House World Summit. www.MichelleBeltran.com

Michelle Mayur es la autora #1 más vendida por su libro de inspiración angelical, Embraced by the Divine: The Emerging Women's Gateway to Power, Passion, and Purpose . En *Angel Wings Healing* se especializa en la creación transformacional de cambios energéticos en las mujeres listas para vivir su propósito de vida. Ella ve clientes globalmente desde Melbourne, Australia.
www.angelwings-healing.com | www.embracedbythedivine.com

Michelle McDonald Vlastnik, especialista en aptitud física y bienestar de cuerpo y mente, entrenadora personal NASM certificada, intuitiva mística, hipnoterapeuta y profesional de la energía intuitiva del cuerpo, posee una Licenciatura en Ciencias de Grand Canyon University, con especialidad en Fitness Corporativo y Bienestar. También estudió en el Southwest Institute of Healing Arts (SWIHA). Visita a Michelle en Facebook www.facebook.com/HighEnergySixSensoryPersonalTraining.

Michelle Mullady es internacionalmente reconocida como la mentora de la vida con alegría, maestra de energía intuitiva, guía intuitiva y espiritual, autora galardonada de *The Joy of Loving Yourself: 101 ways to a Happier You*. A través de consultas privadas, talleres, apariciones en radio y escritura durante 20 años, ella ayuda a otros a sanar sus vidas y a descubrir la auténtica felicidad. www.michellemullady.com

Misty Proffitt-Thompson, es lectora de las cartas de los Ángeles, *Life Coach Angelical*, médium psíquico, autora mejor vendida, conferencista y practicante certificada en mente, cuerpo y espíritu, que está disponible para citas individuales en persona o por teléfono, y grupos de personas. Contacta a Misty por www.mistymthompson.com

Pam Perrotta, ha pasado la mayor parte de su vida en servicio. Ella ha sido voluntaria durante muchos años para *Hospice, St. Jude Children's Hospital* y para *Omega Institute* en Rhinebeck, NY. Ella es una maestra de Reiki y certificada de Doula de fin de vida con Hospice.

Patrice Morris vive en N.Y. con su esposo. Como una jubilada ama de casa, anhela el regreso a casa de sus dos hijos, y el día en que ella salga de su retiro para ser una "Abuela de Casa". Mientras tanto, ella es presta sus cuidados en el Instituto Omega y ha sido voluntaria allí durante los últimos siete años.

Patty Nowell es una mensajera angelical certificada, artista, y Coach de vida certificad. Ella utiliza sus habilidades en las tres áreas para ayudar a otros a reavivar su creatividad, reforzar su propia magnificencia y volverse a conectar con la esperanza y los sueños. Www.Soaring-Heart.com

Peggy Shafer es una mentora y coach intuitiva, escritora, una "oyente inspiradora" que desafía y motiva a sus clientes a soñar más grande y decir con valentía, ¡SÍ! Ella entrena grupos e individuos a través de teléfono, Skype y en persona desde su oficina en Granville, Ohio. Aprenda más sobre el trabajo de Peggy en www.BeYourOwnBestSelf.com

Phoenix Rising Star se ha conectado con los ángeles desde la infancia. Sus canalizaciones aparecen en sus libros, *The Recipe for Your Soul: 5 steps to a Delicious Life* y *Ask the Angels! 3 Breakthrough Strategies the Live You Desire*. Contacto con support@phoenixrstar.com para su cita personal. Visite www.phoenixrisingstar.com para obtener más información.

Por más de 15 años **Rachel Cooley** ha ayudado a sus clientes a aprovechar los reinos angélicos para la curación y guía. Como una *Angel Therapy Practitioner*® certificada por Doreen Virtue, Rachel se dedica a servir a las madres que quieren detener el caos y empezar a disfrutar de la calma y la confianza disponible cuando son apoyadas por los ángeles. www.rachelcooley.com

Ramona Remesat es una Coach de Éxito Intuitivo, conferencista y *Angel Therapy Practitioner*® certificada por Doreen Virtue. Mujeres Emprendedoras Avanzadas que se sienten abrumadas y estresadas contratan a Ramona para ayudarlas confidencialmente a conseguir que sus negocios y metas de vida estén alineadas con sus propósitos y así puedan crecer los negocios que aman con facilidad. Consigue a Ramona en www.ramonaremesat.com o ramón@ramonaremesat.com

Robert Haig Coxon: es un compositor canadiense e interprete mundial mejor conocido por sus CD Meditativos *The Sacred Music* que incluyen *The Silent Path Prelude to Infinity* y *The Infinite...essence of Life.* *www.robertcoxon.com*

Roland Comtois es un conferencista inspirador a nivel nacional, médium espiritual, presentador de radio y autor de *And Then There Was Heaven*, y *16 Minutes*. Roland es un sanador profesional con más de 30 años de experiencia como enfermero de gerontología, Maestro de Reiki, maestro metafísico y especialista en dolor. Es el fundador de *Talk Stream Spiritual Radio* y *After Loss Expo*. www.blessingsbyroland.com

Rosemary Boyle Lasher, RM, IETP, fue capaz de sentir las energías sutiles del cuerpo desde la infancia. Como practicante de Reflexología, Reiki, IET, Balance de Chakras y Aromaterapia, Rosemary guía a sus clientes en un estado profundo de relajación a través del cual el cuerpo puede balancearse y sanarse. Contacte a Rosemary a través de su sitio web: www.rosehealingcenter.com

Rosemary Hurwitz, MA.PS, maestra espiritual, autora, presentadora y coach, trabaja con grupos o individuos en el área de Chicago y por internet. Ella está en la facultad de Common Ground, The Present Moment y Harper College. Su enfoque es el Eneagrama y la profundización del proceso intuitivo. Su libro de *Enneagram* se espera en el 2017. Encuéntrala en: www.spiritdrivenliving.com o www.facebook.com/rosemaryhurwitz

Sama Akbar es sanadora espiritual. Ella ha sido empática, devota y ha estado en contacto con su lado espiritual desde la infancia. De niña, era siempre consciente de presencias más allá de las visibles a los ojos. Fue enseñada y guiada por numerosos mentores espirituales a lo largo de su vida. Puede comunicarse con Sama en hipmomy@gmail.com o en su página de Facebook www.facebook.com/RememberingMyInnerChild

"La Guía Bendecida por los Angeles" **Samantha Honey-Pollock** ayuda a individuos de todo el mundo a reconectarse con su conocimiento celestial a través de retiros, skype y en persona. Ella es también una columnista de Cosmopolitan y Women's Health. Visite a Samantha en www.samanthahoney.com "Verdaderamente inspirador: me sentí escuchado y entendido, y estoy tan feliz de que los ángeles estén aquí con nosotros."

Samantha Winstanley es una diseñadora y artista creativa inspirada en el alma, basada en el corazón. Ella crea sitios web y marcas que ayudan a los líderes, los sanadores y los empresarios en las profesiones espirituales para intensificar, brillar e inspirar a un mayor número de personas. Ella infunde todo su trabajo con la energía del amor puro y el espíritu. www.ArtoftheAngels.com

Sandy Turkington tiene 35 años de experiencia como maestra y demostradora en disciplinas de Ángeles, bendiciones del Hogar, como médium y maestra. Ella es una autora, ministra y tiene un doctorado en espiritualidad. Está certificada en muchos otros cursos también. Es miembro de la SNUi. www.sandyturkington.com

Sarah Berkett es una maestra espiritual, coach de vida angelical, intuitiva de animales, autora y maestra de Reiki. También enseña la interpretación de los sueños y la regresión de vidas pasadas. Su objetivo es educar y compartir con otros todas estas modalidades y despertar estos regalos intuitivos dentro de cada uno de ustedes. Contacta a Sarah en www.beamerslight.com

Sarah De La Mer es la Mística famosa de Irlanda, vidente, coach de vida, escritora, presentadora de radio, personalidad de la TV y facilitadora de la conciencia. Ashton Kutcher la identificó en el Show de Jimmy Kimmel como su psíquica, y Simon Cowell quedó atónito cuando ella predijo la alineación completa de las estrellas de Pop irlandeses SIX antes de que él mismo hubiera decidido. Encuentre a Sarah en www.sarahdelamer.com

Shalini Breault comenzó su camino con un MBA en Finanzas en Corporaciones Americanas. La vida le dio un giro en 2006 y ahora es maestra de Reiki y Coach de Hipno-fertilidad. Su pasión por el canto védico, la fabricación de joyas, el tejido de punto para hacer bufandas y el diseño de ropa brillante hace que sea natural con esa expresión artística. Conéctate con Shalini en shalini_chandini@yahoo.com

Shanda Trofe es una autora, editora y coach de autores de mucho éxito. Ella siente que todos tenemos un mensaje importante para compartir, y ella ha hecho del trabajo de su vida, ayudar a los escritores a encontrar su voz y extraer esos mensajes únicos de adentro. Además, Shanda es practicante certificada en mente, cuerpo y espíritu, y *Angel Therapy Practitioner*®. www.shandatrofe.com

Sharina es una de las psíquicas famosas más populares de Australia. Es anfitriona del programa 2UE Radio's Psychic Encounters y aparece regularmente en el canal 9 en las mañanas con Sonia y David. Su libro más vendido, "The Fortune Teller", es un ganador del premio RAW y sus columnas aparecen en ocho periódicos de Nueva Gales del Sur y Queensland, incluyendo Take 5 Magazine. www.sharinastar.com

Shelley Robinson, conocida como Mystic Shelley es una médium psíquica nacida naturalmente así, que lee su energía y trae luz y visión a sus situaciones en pasado, presente y futuro. Ella es miembro de los mejores psíquicos americanos de Shay Parker, y una Maestra de Reiki que también tiene experiencia en Tarot, numerología y astrología. Conéctate con Shelley en www.mysticshelley.us

Shelly Orr es una maestra inspiradora, conferencista, autora y practicante certificada en mente, cuerpo y espíritu. El camino tan único de la vida de Shelly la ha conducido en una trayectoria para inspirar e impactar positivamente a otros. Ahora comparte las herramientas que ha aprendido y desarrollado para ayudar a guiar a otros hacia su propia esperanza, amor y alegría. Si usted se siente guiado para conectarse con ella, visite su sitio web en www.shellykayorr.com

Solara Skye es una humanitaria, poeta y buscadora de la verdad durante toda su vida. Ella fue bendecida con el deseo del corazón de servir a las personas necesitadas y la capacidad de servir de manera amorosa y profunda. Solara Skye disfruta apoyando y animando a la gente a lo largo de sus viajes físicos y espirituales. Para ponerse en contacto con Solara, envíe un correo electrónico a shalama444@cox.net

Stacey Wall, ATP® es una Chamana que ha pasado más de 25 años explorando diferentes modalidades curativas. Ella tiene la pasión por trabajar con animales y sus humanos para ayudarles en su viaje de auto-sanación. Conéctate con Stacey en www.connectionsforhealing.com

Staci Mitchell Randall disfruta expresarse a sí misma a través de proyectos creativos - sobre todo garabatear- como una salida, y una forma de sanación a través de sus propios retos personales y profesionales. Staci vive en Ogden, Utah con su esposo Steve, su gato Oscar y su perro Spike. Póngase en contacto con Staci directamente en 444.skeetr@gmail.com

Sue Broome es una sanadora intuitiva con energía, lectora de cartas de los ángeles y maestra. Publicó *Signs From Your Loved Ones*. A Sue le encanta difundir la palabra de los Ángeles en sus talleres y charlas. Abrace su camino espiritual a través del empoderamiento y la auto-sanación. Conéctese con Sue en su.broome@gmail.com, www.SueBroome.com, y en Facebook en Empowerment4You.

Sunny Dawn Johnston es una autora de gran éxito, conferencista, médium psíquico y activista espiritual. Ayuda a las personas a conectarse con su corazón y liberar lo que les impide ser la mejor versión de sí mismos. Combinando el amor incondicional de una madre y el decirlo como es, la honestidad de un mejor amigo, Sunny ayuda a las personas a moverse en una vibración más alta de la vida... y el Ser. www.sunnydawnjohnston.com

Susan Hegel ha estado estudiando la sanación alternativa y la iluminación espiritual durante 35 años. Susan es Practicante *Elemental Space Clearing®* y practicante certificada en mente, cuerpo y espíritu. Ella está certificada en Usui Reiki y Sanación Angelical. Otras áreas de estudio incluyen Prácticas Intuitivas, Reinos Angélicos, Numerología, Interpretación de Sueños, Médium y Aromaterapia.
www.hegelhealing.com

Susan Huntz Ramos es coach holístico de vida y bienestar certificada en Reiki. Con la guía del Espíritu y los Ángeles, su pasión es enseñar a la gente a aprovechar su propia sabiduría interior, inspirando un equilibrio saludable a su mente, cuerpo y vida. www.susanhuntzramos.com

Susie Robins vive en Wichita, Kansas, con su esposo, Dave. Es madre de cuatro hijos y abuela de ocho nietos. Susie es maestra de Usui y Karuna Reiki y actualmente trabaja con estudiantes con necesidades especiales en el sistema de escuelas públicas. A Susie le encanta compartir Reiki con su familia, amigos y estudiantes. Póngase en contacto con Susie en srobins4444@gmail.com

Suzanne Gochenouer es coautora de cuatro libros, autora de artículos e historias publicadas y editora de un libro de poesía y arte. Ella publica semanalmente en www.TransformationalEditor.com sobre la edición y la escritura. Certificada como entrenadora de LOA, y como escritora fantasma, Suzanne es apasionada de ayudar a los escritores a definir y alcanzar sus metas.

Tamika Schilbe, MSW, E-RYT es una autora, consejera premiada, consultora, educadora de yoga y arqueóloga de la verdad. Es cofundadora y profesora de Filosofía en DevaTree School of Yoga en Canadá. Una conferencista y entrenadora experimentada, Tamika guía a la gente a compartir su voz auténtica en el mundo para crear vidas más claras y más decididas. www.tamikaschilbe.com

Tanya Dzingle se mudó a Arizona y encontró allí su espiritualidad. Actualmente trabaja como terapeuta en Nebraska y continúa trabajando para aumentar el amor y la conciencia de esta espiritualidad. Ella es sanadora, soñadora y creyente. ¡Cada día es un regalo con los Ángeles! Para llegar a Tanya, envíe un correo electrónico a tdzingle@yahoo.com

Terah Cox es la autora *de The Story of Love & Thruth the Birth Angels Book of Days series You Can Write Song Lyrics*, y mucho más. Ella es también una mentora de la verdad, coach de escritura y amante de las palabras como puertas al significado y la conexión. www.TerahCox.com

Thea Alexander, Ph.D., es una médium espiritual de tercera generación e intuitiva, regresionista de vidas pasadas, psicólogo clínico, autora y conferencista motivacional cuyo trabajo conecta la espiritualidad y la experiencia humana. La Dra. Thea cree que venimos del amor y que nuestro propósito es vivirlo incondicionalmente. LOVEstrong, LLC www.LiveFromLove.org | Www.DrTheaAlexander.com | IamLove@LiveFromLove.org

Tracy Quadro Arietti es empática, intuitiva y una persona cuyos sentidos pueden percibir lo que muchos otros no pueden. Abogada y mediadora en el día, es una lectora de tarot, artista, escritora y fabricante de joyas en las tardes y fines de semana. Conéctese con Tracy en www.tracyquadro.com o por correo electrónico en Novemberfire62@yahoo.com.

Tracy Una Wagner, CHT, es una coach intuitiva y transpersonal de vida que trabaja con el Reino Angélico usando enfoques creativos y divertidos para guiar a la gente a alcanzar sus metas, sueños y deseos. Tracy empodera a las personas a conocer finalmente la verdadera abundancia viviendo su auténtico camino de vida. Visite a Tracy en www.versatileinspirations.com | Tracy@versatileinspirations.com.

Trina Noelle es actualmente coautora y cofundadora del blog, *Enlightenment for Schmucks*, donde puedes leer todo acerca de *Random Sagittarian Bluntness*. Ella es la autora de *Roadtripping the Dream*, coautora del libro electrónico, *Traveling Toward Enlightenment*, y trabajando en su próximo libro, The Lady Player's Manual: How to Win at Love and Life. Visite Trina en www.EnlightenmentforSchmucks.com

Trish Grain es una maestra de Ángeles, Reiki, terapeuta de *Heal Your Life* y profesora de *Relax Kids* que ama ayudar a otros a nutrir su propia luz interior. Está certificada en consejería y tiene un diploma en Hipnoterapia / Psicoterapia. Conéctate con Trish en www.angel-radiance.com que refleja el corazón y el alma de su trabajo.

Rev. Vicki Snyder-Young está certificada como un medio, lectora de cartas de los ángeles, lectora de los Reinos Espirituales y sanadora espiritual. Ella enseña clases en la sanación, médium, lectura de cartas y facilita grupos mensuales. Recibe gratis sus mensajes de ángeles semanales en su página de Facebook, *Divine Angel Messages.*
www.vickisnyder.webs.com

Auténtica, sin mentiras, **Vicki Ann Martinelli** es corredora de seguros de éxito durante el día, y una auténtica trabajadora, maestra de Reiki, certificada en mente-cuerpo-espíritu, certificada en lectura de cartas a los ángeles, maestra espiritual y ministro por la noche. Ella aporta su energía ilimitada y estilo de motivación infecciosa a todos sus talleres y lecturas, ayudando a otros a reconocer sus bendiciones en medio de la culpa. Envíe un correo electrónico a Vicki a ladyvicki@hotmail.com.

Vicky Mitchell es una coach de sanación cuya pasión es servir al capacitar a la gente para mejorar su salud reduciendo su estrés de la manera más fácil. Comparte sus herramientas y conocimientos para guiarlo en su viaje de sanación que ilumina sus caminos hacia la alegría. Vicky se unió a los ángeles en vuelo mientras este libro estaba en producción. Ella ya no puede ser contactada en el plano terrenal, pero le ofrecemos su sitio web como una manera de honrar su hermoso trabajo en el mundo. Vicky era un faro de luz y tenemos la bendición de tener su energía y oración, escritas apenas dos semanas antes de su transición, como parte de este libro.
www.vickymitchell.com

Virginia Giordano es la presidente de la Fundación Barbara E. Giordano Women's Health and Education, cuya misión es capacitar a las mujeres, proporcionándoles oportunidades que apoyen y nutran su salud espiritual, emocional, física y de crecimiento. Puede visitar la Fundación en www.giordanofoundation.org

Virginia Pasternak es buscada como chamán, maestra y sanadora en Santa Fe, Nuevo México, y continúa siendo estudiante del chamanismo y sanación practicándolo por más de 15 años. Es su gran alegría traer luz y plenitud a todos los seres www.virginiapasternak.com

Sé un Ángel para Nosotros!

Esperamos que te hayan encantado los mensajes de luz, esperanza, sanación y alegría que tantos maravillosos mensajeros de ángeles alrededor de mundo, han compartido dentro de las páginas de este libro.

Ahora tú puedes ser un ángel para nosotros. Si te gustó el libro, ve a Amazon.com y publica una pequeña reseña dejándole saber a otros cuánto te gustó el libro. Mientras más reseñas tengamos, más visible se convertirá el libro, y brillará más la luz de los ángeles.

También, asegúrate de chequear nuestra página web y blog www.365daysofangelprayers.com. Allí estaremos compartiendo todo con respecto a los ángeles… historias, poesía, música, productos y más.

Por último, si te gustan las redes sociales, asegúrate de darle Me Gusta a nuestra página de Facebook https://www.facebook.com/365diasdeOracionesdeAngeles Ve nuestros videos en vivo y forma parte de nuestro círculo de oración mensual, y conéctate con otros que aman a los ángeles tanto como nosotros.

Estamos muy agradecidos de tu amor y apoyo.

Bendiciones angelicales,

Sunny Dawn Johnston y 151 Mensajeros de Ángeles

www.ingramcontent.com/pod-product-compliance
Lightning Source LLC
Chambersburg PA
CBHW062356090426
42740CB00010B/1294